GOLDMANN

Lesen erleben

Buch

Die Welt dreht sich, und wir drehen uns in den sozialen Medien mit ihr. Warum gibt es so viel Empörung, so viel Wut im Netz? Und was können wir dagegen tun? Gina Schad plädiert dafür, dass wir eine digitale Zivilcourage brauchen, um die sozialen Medien zurückzugewinnen.

Autorin

Gina Schad, geboren 1984, lebt in Berlin. Sie hat Medienwissenschaft an der Humboldt-Universität Berlin studiert und dort die Plattform »medienfische.de« mit einer Interviewreihe zum digitalen Wandel ins Leben gerufen. Sie arbeitete bereits für Medienunternehmen und forscht derzeit zum Thema Privatheit.

Gina Schad

Digitale Verrohung?

Was die Kommunikation im Netz
mit unserem Mitgefühl macht

GOLDMANN

Verlagsgruppe Random House FSC N001967

Dieses Buch ist auch als E-Book erhältlich.

1. Auflage
Originalausgabe Juli 2017
Wilhelm Goldmann Verlag, München,
in der Verlagsgruppe Random House GmbH,
Neumarkter Straße 28, 81673 München
Umschlag: UNO Werbeagentur, München
Umschlagmotiv: FinePic®, München
Redaktion: Dunja Reulein
Satz: Buch-Werkstatt GmbH, Bad Aibling
Druck und Bindung: CPI books GmbH, Leck
JE · Herstellung: IH
Printed in Germany
ISBN 978-3-442-17632-8
www.goldmann-verlag.de

Besuchen Sie den Goldmann Verlag im Netz:

Inhalt

»Der Brief ist ein unangenehmer Besuch,
der Briefbote der Vermittler unhöflicher Überfälle.
Man sollte alle acht Tage eine Stunde zum Briefempfangen
haben und danach ein Bad nehmen.«
Friedrich Nietzsche

Vorwort

Ich liebe das Internet. Ein Leben ohne Glasfaserkabel kann ich mir nicht mehr vorstellen. Ich gehöre zwar nicht zu den Däumlingen, wie der französische Philosoph Michel Serres die jüngere Generation beschreibt, aber ich hatte zumindest als Jugendliche eine E-Mail-Adresse und einen Röhrencomputer, der im Arbeitszimmer meines Vaters stand und den ich ab und zu benutzen durfte.

Mit 16 Jahren bekam ich zu Weihnachten mein erstes eigenes Mobiltelefon geschenkt – heute auch belächelt als »Totschläger« –, mit dem ich mich mit meinen Freunden vernetzen konnte. Die neue Technik hat mir fortan die Möglichkeit geboten, völlig unabhängig von Ort und Zeit in Echtzeit zu kommunizieren. Ich gehöre zu einer Generation, die zwar ohne digitale Medien aufgewachsen ist, aber gerne der Generation der Däumlinge angehören würde.

Weil mich die altehrwürdigen Medien interessierten, studierte ich Medienwissenschaft in Berlin. Das Studium beinhaltete jedoch mehr technische Aspekte, als ich mir vorgestellt hatte. Nach einem ersten Jammern merkte ich, dass es nicht schaden konnte, auch mal in einem Technikmuseum vorbeizuschauen und den ersten Computer – von Konrad Zuse gebaut – aus nächster Nähe zu betrachten. Spannend fand ich bereits damals, dass das Netz nicht aus Daten und Informationen, sondern aus Kabeln und Knoten besteht. Den technischen Aspekt bei der Sache hatte ich bislang gänzlich unterschätzt.

Was mich an den digitalen und vernetzten Medien fasziniert: Wir können in andere Lebensrealitäten eintauchen und an gesellschaftlichen Entscheidungen partizipieren, eine großartige Entwicklung. Seit einiger Zeit aber ist das Netz für viele Menschen ein Ort geworden, an dem sie sich aufgrund von Pöbeleien und Anfeindungen mittlerweile nicht mehr so gerne aufhalten. Gerade in den sozialen Medien – die erst durch den Gebrauch der Nutzer entstehen – geht es hoch her. Warum gibt es so viel Empörung, so viel Wut im Netz? Und dann stellt sich noch die Frage: Warum werden einige bei Großereignissen im Netz zu Experten, andere zu Kritikern? Wie kann es uns gelingen, einen »digitalen Zivilisierungsprozess« anzustoßen?

Mit diesem Buch möchte ich vermitteln, dass die Nutzer selbst Strategien entwickeln sollten, um im Netz den Überblick zu behalten – und nicht darauf warten, dass Plattformen, die Politik oder die Justiz das Problem lösen.

Dieses Buch wird einen Blick in die Zukunft werfen, um herauszufinden, wohin sich der gesellschaftliche Trend im Netz bewegt. Gerade wenn die nächste Stufe der Vernetzung eingetreten und diese näher an unseren Körper herangewachsen ist, werden wir um die Frage, wie unsere Kommunikation in der digitalen und vernetzten Welt in Zukunft aussehen soll, nicht mehr herumkommen.

Einleitung

Unsere Welt wird bunter, die technische Entwicklung schreitet unaufhörlich voran: Seit sich das Internet vom Expertennetz zum gängigen Kommunikations- und Informationsmedium für alle Schichten der Bevölkerung gewandelt hat, herrscht Aufregung über die neuen Möglichkeiten unserer digitalen Gesellschaft. Internetnutzer gehören nicht länger einer auserwählten Avantgarde an, seitdem das Netz für den Großteil der Weltbevölkerung zugänglich geworden ist.

Unsere Gesellschaft steht damit vor einer neuen Ära: Eine neue Form der Kommunikation ist entstanden, die einerseits Zugänge zu Wissen erleichtert, die Gesellschaft aber auch vor neue Herausforderungen stellt. Das Internet eröffnet durch den technischen Fortschritt die Möglichkeit, Informationen ortsungebunden, global und schnell auszutauschen. Damit verändert der technische Wandel jedoch nicht nur unsere Arbeit und unser Wohnen, sondern auch unser Kommunikationsverhalten.

Durch das Aufkommen der sozialen Medien werden Diskussionsprozesse in der digitalen Welt verstärkt, weil sie allein durch die rasende Geschwindigkeit schneller und mit bisher nicht gekannter Breitenwirkung in den öffentlichen Raum vordringen. Immer wieder sind in den letzten Jahren jedoch auch neue Themen und Probleme diesbezüglich in den Fokus der Öffentlichkeit geraten: Hate Speech, Fake News oder Menschen, die sich gegen Stalking und Diffamierung im Netz wehren.

Durch die Flüchtlingsdebatte etwa werden Hass und Gewalt im Netz mitunter deutlicher sichtbar. Nicht nur unter den in Netzforen Diskutierenden, der Hass richtet sich auch gegen Personen, die in der Öffentlichkeit stehen, wenn sie sich für mehr Menschlichkeit einsetzen. Seit einigen Jahren diskutieren Medienexperten und Internetnutzer darüber, wie ein richtiger Umgang mit Gefühlsäußerungen in einer solchen Situation im Netz auszusehen habe.

Die Gesellschaft steht durch den technischen Wandel nicht nur vor rechtlichen, sondern auch vor philosophischen, ethischen und pädagogischen Herausforderungen. Die Fragen lauten: Woher kommt der Kritikpegel im Netz? Wie gehen wir mit Wut und ideologisch aufgeladener Hetze um?

Bei dem vorliegenden Buch handelt es sich um eine Quintessenz eigener Beobachtungen und Einschätzungen. Vor dem Hintergrund teilweise konträrer Auffassungen zum Kommunikationsverhalten im Netz werden zudem Wissenschaftler, Blogger und Netzaktivisten in Expertenbefragungen zu Wort kommen. Das Ziel dieser Befragungen ist eine praxisnahe Bestandsaufnahme des Zustands einer immer digitaler werdenden vernetzten Gesellschaft.

Das Buch gliedert sich in sieben Kapitel. Das erste befasst sich mit der Geschichte der digitalen und vernetzten Medien. Hier geht es darum, wie sich die sozialen Medien in den vergangenen Jahren entwickelt haben. Es ist als Grundbaustein aller folgenden Kapitel anzusehen. Das zweite Kapitel beschäftigt sich mit der Entstehung der Privatheit und was wir heute im Netz darunter verstehen. In Kapitel drei geht es um die negativen Seiten unserer Kommunikation im Internet. Das vierte Kapitel versucht zu ergründen, weshalb manche Nutzer im Netz zu Kritikern werden, andere zu Experten. Das fünfte Kapitel widmet sich hingegen den Chancen, die uns das Internet eröffnet und die wir bereits nutzen. Im sechsten Kapitel werden Strategien für eine zivilisierte und empathische Debattenkultur im Netz aufgezeigt. Im siebten und letzten Kapitel werde ich meine Ergebnisse zusammenfassen.

Das Buch soll in erster Linie den Leser informieren. Es geht um ein Nachspüren der fast unbemerkt stattfindenden Entwicklung im Netz. Fehlentwicklungen und Missbräuche sollen ebenso offen angesprochen werden wie die Chancen, die sich durch die globalisierte Vernetzung weltweit ergeben.

Kapitel 1: Die Mär von der bösen Technik

Andy Warhol, Vertreter der amerikanischen Pop Art, ist vielen ein Begriff. Er war schon im Jahr 1966 der Ansicht, dass in Zukunft jede und jeder für 15 Minuten weltberühmt sein werde. Sein oftmals zitierter Satz, »In the future, everyone will be world-famous for 15 minutes«, der eigentlich von dem Medientheoretiker Marshall McLuhan stammt, prophezeit sehr pointiert die Flüchtigkeit des medialen Erfolgs und der Selbstdarstellung.[1] Was McLuhan damals noch nicht ahnen konnte: Seitdem sich das Internet zum gängigen Kommunikationsmittel der Gesellschaft entwickelt hat, können sich Menschen mithilfe der sozialen Medien im Internet selbst inszenieren und damit Aufsehen erregen. Seine Zukunftsvision wurde Wirklichkeit.

Der Soziologe Niklas Luhmann beginnt sein Buch »Die Realität der Massenmedien« mit folgendem Satz: »Was wir über unsere Gesellschaft, ja über die Welt, in der wir leben, wissen, wissen wir durch die Massenmedien.«[2] Durch den digitalen Wandel ist es jedoch nicht mehr wie bei den klassischen Massenmedien ein Sender, der zu einer Vielzahl von Empfängern spricht. Alle Empfänger können auch selbst zum Sender werden und darüber hinaus sogar noch miteinander in einen Dialog treten.[3] Die Recherchemöglichkeiten des Netzes möchte niemand mehr missen, auch wenn andererseits persönliche Diffamierung und Verletzung der Privatsphäre möglich sind. Unbehagen kommt ferner auf, wenn sich Organe des Staats allenthalben für unsere Inhalte im Netz interessieren. Wir erinnern uns an George Orwell, der bereits in seinem 1948 verfassten Roman *1984* seinen Zeitgenossen die alltägliche Gegenwart eines Überwachungsstaats in drastischen Bildern ausmalte.[4]

Man kann behaupten, dass das Web 2.0 für den Durchbruch der gegenwärtigen digitalen Medienrevolution verantwortlich war. Diese lässt sich mit dem Buchdruck oder der Elektrifizierung vergleichen.[5] Man könnte sogar noch weiter gehen und behaupten, dass die Digitalisierung die Auswirkungen des Buchdrucks und der Elektrifizierung bei Weitem übersteigt. Schauen wir uns einmal an, was dadurch möglich geworden ist.

Durch die Vernetzung von Fernsehgerät, Computer, Internet und Smartphone werden Medieninhalte in unseren Alltag integriert. Und wir können sie jederzeit und überall abrufen. Dies gab es früher nicht. Unsere Gesellschaft, in den vergangenen Jahren zu einer »Mediengesellschaft«[6] avanciert, befindet sich in einem radikalen Umbruch.

Spätestens seit der Veröffentlichung von Informationen über die Abhör- und Aufzeichnungsprogramme der USA und Großbritanniens – Prism und Tempora – durch den Whistleblower Edward Snowden scheint die Wirklichkeit George Orwells Fiktion überholt zu haben. Prism ist ein digitales Überwachungsprogramm der US-amerikanischen National Security Agency (NSA), das seit 2007 existiert. Auch bei Tempora handelt es sich um ein Spähprogramm, das vom britischen Nachrichtendienst Government Communications Headquarters (GCHQ) seit Ende 2011 betrieben wird.[7]

Mit seinen Enthüllungen hat Snowden einer überraschten Weltöffentlichkeit gezeigt, dass unsere Kommunikation in einem nicht vorstellbaren Ausmaß mitgelesen wird. Damit hatte der europäische Durchschnittsbürger nicht gerechnet. Außer vielleicht kluge Köpfe, die schon seit Jahren in ihren Büchern vor den Folgen der Massenüberwachung gewarnt haben.

Der Journalist Patrick Beuth beschreibt es so: »Wenn ich morgens aus dem Haus gehe, lasse ich meine Wohnungstür nicht offen stehen. Ich trage in der S-Bahn kein Namensschild, und ich führe dort auch keine langen Telefongespräche, während andere neben mir sitzen und mithören. Meine Privatsphäre ist mir eben wichtig. Bis ich zu Hause meinen Computer anschalte. Dann lasse ich die Türen zu meinem digitalen Leben weit offen stehen, verrate permanent, wer ich bin, und nehme in Kauf, dass jemand mitliest, was ich schreibe.«[8]

So manchen Nutzern ist nicht klar, dass es an ihnen selbst liegt, für mehr Privatsphäre und Datenschutz zu sorgen, auch wenn dies mit einem nicht unerheblichen Aufwand verbunden ist.

Ein nicht zu unterschätzender Faktor der Verunsicherung ist die Geschwindigkeit technischer Innovationen, hinter denen die soziokulturellen wie die rechtlichen Anpassungen zurückgeblieben sind: Durch die Entwicklung digitaler Speichermedien und die Beschreibbarkeit der sozialen Medien können digitale Inhalte rezipiert, verbreitet und beschrieben werden – ohne dass die Nutzer darüber immer im Bilde sein müssen.

Die Möglichkeiten, die sich aus der Digitalisierung ergeben, führen zu unterschiedlichen Reaktionen in der Gesellschaft: Manche Nutzer sammeln mithilfe von Spendenplattformen Geld für soziale Projekte, während auf der anderen Seite Datenschützer gegen den Datenhunger einzelner Plattformen protestieren. Man hat das Gefühl, es würden zwei Seiten miteinander streiten – die Gegner und die Befürworter. Dabei ist die fortschreitende Vernetzung nicht mehr aufzuhalten, selbst wenn wir es wollten.

Der technische Fortschritt lässt sich anhand der Entwicklung des

Smartphones sehr gut veranschaulichen: Hervorgegangen aus dem Mobiltelefon, dient es zwar immer noch der Übermittlung von gesprochenen oder im Short Message System (SMS) geschriebenen Botschaften, es nimmt aber auch Funktionen eines Minicomputers wahr und dient als Navigationssystem, Zeitung, Video- und Audioplayer, Kamera sowie Terminplaner. Ich kann mit meinem Smartphone also nicht nur fernsehen, sondern auch Mails schreiben oder es als Navigationsgerät benutzen. Wie praktisch. Unsere Gesellschaft hat durch den technischen Wandel, wie dieses Beispiel zeigt, an Vielfalt gewonnen, sie ist aber auch unübersichtlicher geworden. Deshalb müssen wir uns der neuen Kommunikationswege und Nutzungsmöglichkeiten erst einmal bewusst werden.

Ebenso, wie es signifikant viele Befürworter des Netzes gibt,[9] gibt es natürlich auch Gegner, die in erster Linie einen Verlust der Privatsphäre sehen oder sogar die These vertreten, dass das Internet dumm mache.[10] Die Reaktionen auf die neuen digitalen Möglichkeiten zeigen eine deutliche Polarisierung. In jüngster Zeit haben sogar Befürworter der fortschreitenden Vernetzung geäußert, dass sie sich Sorgen um das freie Internet machen. Und nicht, weil sie Angst vor Internetgiganten wie Google oder Facebook hätten, sondern weil der Staat und die Geheimdienste sich mehr und mehr Einblicke in unseren Privatbereich verschaffen.

Aber wie konnte sich das Internet überhaupt entwickeln? Es wird geschätzt, dass inzwischen 300 000 Kilometer Glasfaserkabel die verschiedenen Erdteile miteinander verbinden.[11] Das Internet wäre ohne Seekabel nicht denkbar, diese gelten als Basis für die globale Kommunikation im Internet. So wurden in den letzten Jahrzehnten lange Kabel unter dem Meeresgrund verlegt, der Meeresboden wurde aufgespült, was wiederum dazu führte, dass sich der Sand als Schutzschicht über die Kabel legte. Darüber hinaus dienen Satelliten, die über bestimmten Punkten der Erdoberfläche schweben, dem Datenverkehr. Sie stellen eine Kommunikationsmöglichkeit für diejenigen Orte auf der Erde sicher, die nicht mit Glasfaser in Berührung kommen.[12]

Das Internet erinnert an ein Fischernetz: ein Netz aus Leitungen, Knoten und Computern als Endpunkten. Ein Blick in die Geschichte macht deutlich, dass sich Menschen schon immer gerne untereinander vernetzt haben: Ob in der Antike durch den Ausbau von Straßen, Kanälen und Schiffsverbindungen, die es ermöglichten, dass die Handelswege zugleich neue Kommunikationswege erschlossen haben, oder auch in der Moderne durch den Übergang von der Postkutsche zur Eisenbahn, zum Auto und zum Flugzeug. Jedoch war die Vernetzung noch nie so dicht wie heute. Oberflächlich betrachtet hat es den Anschein, als ob wir ausschließlich den technischen Möglichkeiten unsere neue Vernetzung zu verdanken hätten und es sich folglich beim digitalen Wandel um einen rein technischen Prozess handeln würde. Es handelt sich jedoch in erster Linie um einen sozialen.

Das eigentlich Revolutionäre an der Digitalisierung besteht darin, dass Daten und Informationen jeglicher Art, seien es Buchstaben, Zeichen, Töne oder Bilder, in Zahlen – die Zahlen des binären Zahlensystems 0 und 1 – aufgelöst und mithilfe elektronischer Impulse von plus und minus leichter verarbeitet und gespeichert werden können. *Digitus* (aus dem Lateinischen) bedeutet ursprünglich Finger und Zehe, das Adjektiv *digital* bezeichnet »die Finger oder Zehen betreffend«.[13] Da die Römer wie die Griechen mithilfe ihrer Finger am Abakus, einem mit Steinen (*calculi*) versehenen Brett, ihre Rechenaufgaben durchführten, wurde die Fingerfertigkeit zu einem Synonym für Rechenfertigkeit.[14] Digital bedeutet daher »in Zahlen oder in Ziffern dargestellt«.

Was ist das Internet aber nun? Ob es ein Medium ist, darüber lässt sich streiten. Die Wissenschaft hat sich auf keine einheitliche Definition geeinigt. Der Begriff »Medium« stammt aus dem Lateinischen und bedeutet wörtlich übersetzt Mittel. Demnach könnte all jenes als Medium bezeichnet werden, das eine Verbindung zwischen zwei oder mehreren Personen herstellt.

Für eine Bestandsaufnahme ist ein Blick auf die Geschichte der Medien nicht zu umgehen: Er richtet sich zuallererst auf den Begründer der modernen Medientheorie, den kanadischen Medientheoretiker Marshall McLuhan. Das Medium ist für ihn die Botschaft als solche einschließlich ihres Inhalts. Er versteht Medien nicht nur als reine Vermittlungskanäle. Für den Medientheoretiker Friedrich Kittler sind Medien – im Gegensatz zu McLuhan – Bücher oder Computer und nicht etwa die Dampfmaschine,[15] auch wenn sie – wie zum Beispiel die Lokomotive – Verbindungen zwischen Menschen herstellen kann. Es gibt also unterschiedliche Definitionen des Begriffs Medium, die wiederum von einem unterschiedlichen Verständnis herrühren.

Das Neue an der Digitalisierung ist, dass die sozialen Medien eine Kommunikation ermöglichen, die von Raum und Zeit losgelöst ist. Die technischen Innovationen bringen eine neue kulturelle Praxis hervor, von der ich erwarte, dass Technik und Kultur in naher Zukunft noch stärker zusammenwachsen. Kommunikation ist daher künftig immer mehr an solche technischen Faktoren gebunden, die sich sozial verhalten.[16]

Erst seit der Einführung der Schrift ist es möglich, über räumliche und zeitliche Distanz hinweg zu kommunizieren.[17] Dies hatte aber den Nachteil, dass sich ein größerer Spielraum für Interpretationen ergab, die Eindeutigkeit der Botschaft des gesprochenen Worts, das Rückfragen erlaubte, ging verloren. Die von den Sumerern 3300 v.

Chr. erfundene Keilschrift wurde ursprünglich in Tonplatten geritzt. Die nächste Stufe der Verschriftlichung erreichten die Griechen im 8. Jahrhundert vor unserer Zeitrechnung mit der von ihnen entwickelten Alphabetschrift.[18]

Die Einführung der Schrift stellt einen wichtigen Parameter unserer kulturellen Entwicklung dar, da auf diese Weise erstmals Informationen außerhalb des menschlichen Gedächtnisses abgespeichert werden konnten. Dies wurde von den damaligen Zeitgenossen jedoch nicht uneingeschränkt für gut befunden. Als sich in Griechenland im 1. Jahrtausend v. Chr. die Schrift entwickelt hatte, glaubte Platon, dass das Schreiben schädlich sei, weil es die Gedächtnisleistung vermindere.[19] Platon hat sich damals jedoch insofern widersprochen, als er ja selbst nicht gerade wenig geschrieben hat. Heute wissen wir: Weder die gut gemeinten Ratschläge des elitären Platon an seine Zeitgenossen, das Schreiben bleiben zu lassen, noch Versuche von weltlichen und kirchlichen Obrigkeiten, den Buchdruck zu verhindern, waren letztlich erfolgreich.

Diese Debatte führen wir auch heute wegen des Internets. Mittlerweile können Nutzer die Medien beschreiben und somit aktiv am Internet teilnehmen: Inhalte erstellen, teilen, kommentieren, verlinken sowie Fotos und Videos für die Öffentlichkeit zugängig machen. Das Netz erscheint als eine weltweite »Agora«, ein digitaler Marktplatz, wo jeder Bürger seine Angebote, seien sie kommerzieller, ideeller oder politischer Art, feilbieten und sich selbst inszenieren kann. Der Unterschied zwischen der griechischen Agora und unseren neuen Öffentlichkeiten besteht darin – wie der Plural bereits besagt –, dass es sich um viele Räume handelt und nicht nur um einen großen digitalen Marktplatz. Doch sind die digitalen Angebote genauso ambivalent wie das Feuer, das Prometheus der griechischen Mythologie zufolge einst der

Menschheit gebracht hat? Oder handelt es sich sogar um die Büchse der Pandora, die wir in harmlos-naiver Verblendung geöffnet haben? Ich verrate schon so viel: weder noch.

Die Geschichte des Computers kann bis ins 17. Jahrhundert zurückgeführt werden. Bereits zu Beginn dieses Jahrhunderts wurde von G. W. Leibnitz das binäre Zahlensystem erfunden: Der binäre Code besteht lediglich aus zwei Zeichen, der 0 und der 1. Später entwarf der Engländer Charles Babbage im 19. Jahrhundert eine Rechenmaschine, die mit Lochkarten arbeitete. Konrad Zuse konzipierte in den Jahren 1936 bis 1937 den Z1, der bis heute als der erste frei programmierbare Rechner gilt, zu militärischen Zwecken.[20] Zuse hatte es sich zum Ziel gesetzt, eine Rechenmaschine mit Schaltgliedern zu erbauen: Es handelte sich hierbei um das erste programmierbare Rechengerät auf der Basis von binären Zahlen. Nachfolger vom Z1 waren unter anderem der Z3 und der Z4: universell programmierbare Computer. Fast gleichzeitig mit Zuse arbeitete der Engländer Alan Turing an seinem als »Universal Discrete Machine« bezeichneten Rechengerät. Im Jahr 1949 wurde schließlich der erste vollelektronische Universalrechner »Electronic Numerical Integrator and Computer« (ENIAC) mit Röhrentechnik fertiggestellt, der an der amerikanischen University of Pennsylvania entwickelt worden war.[21] Auf die Röhrentechnik folgte der Transistor – es handelte sich um Chips mit »integrierten Schaltkreisen«[22] –, der zu einer Arbeitsleistung führte, die den Personal Computer (PC) erst möglich machte. Ein wesentlicher Schritt bei der Entwicklung des Computers zu dieser Universaltechnik war unter anderem die grafische Benutzeroberfläche. Danach wurde der PC immer kleiner, schneller und billiger. Zunächst im Büro als komfortabler Schreib- und Rechenautomat eingesetzt, fand er später seinen Weg in die Privathaushalte.

Einer der nächsten Schritte war folglich die Vernetzung der Computer, die Entstehung des Internets und des Web 2.0.

Werfen wir einen Blick auf die Entstehung des Web 2.0. Es gibt mehrere Bezeichnungen dafür: Web 2.0, Hypernet oder auch das Mitmach-Web.[23] Hierbei handelt es sich nicht um eine neue Technologie, sondern vielmehr um eine internetbasierte Erweiterung der Nutzungsmöglichkeiten. Nutzer können die Medien erstmals interaktiv mitformen: Beispiele für nutzerbeeinflusste Seiten sind insbesondere die Enzyklopädie Wikipedia, soziale Medien wie Twitter, aber auch Videoportale wie YouTube.[24]

Der »Web 2.0«-Begriff hatte sich durchgesetzt, nachdem ihm in der Nutzergemeinde ein mythosähnlicher Status zugeschrieben worden war. Mit ihm wird eine Software-Entwicklung verbunden, die mit innovativen Technologien, neuen Geschäftsmodellen und positiven Veränderungen in der Gesellschaft verknüpft ist.[25] Der Computer ist zu einem »Universalmedium« geworden, das andere Medien in sich vereint, schreiben die einen[26], man kann an dieser Stelle jedoch auch von einer »Universaltechnik«[27] sprechen, so die anderen. Doch bei genauer Betrachtung stellt das Internet überhaupt kein Medium dar, sondern vielmehr eine Plattform, die Medien erzeugen kann.[28]

Der Computer besitzt die Fähigkeit, Daten anderer Medien zu absorbieren und zu verarbeiten. Inhalte werden digitalisiert und sind damit losgelöst von ihrem Trägermaterial.[29] Die neuen technischen Möglichkeiten der Kommunikation führen jedoch nicht zu einer einheitlichen Nutzungsveränderung des Netzes. Die neue Nutzung zeigt sich in verschiedenen Praktiken, die gänzlich unterschiedliche soziale Konsequenzen nach sich ziehen.

Ich möchte einen Blick auf die Entstehung der sozialen Medien werfen: Die ersten sozialen Medien entstanden kurz nach der Jahrtausendwende: Den Anfang machte Flickr im Jahr 2002, MySpace startete 2003. Ein Jahr später, 2004, folgte das Freundschaftsnetzwerk Facebook. Das führende Videoportal, 2005 gestartet, ist YouTube, das 2006 von Google übernommen wurde.[30] Im Jahr 2006 öffnete der Kurznachrichtendienst Twitter seine Pforten. 2011 kam schließlich das Freundschaftsnetzwerk Google+ hinzu. Beim Online-Dienst Instagram, 2010 eingeführt, können Nutzer Bilder und Videos veröffentlichen und mit einem eingebauten Filter bearbeiten. Beim Instant-Messaging-Dienst Snapchat, 2011 gegründet, können Bilder und Videos sowohl an Privatpersonen verschickt als auch öffentlich gepostet werden.

Das Besondere an Snapchat ist, dass die Inhalte, welche die Nutzer erstellen, bereits nach wenigen Sekunden automatisch gelöscht werden. Damit ist sie eine Echtzeit-App, die – anders als Facebook – für die Gegenwart konzipiert ist. Dies suggeriert jedoch für Nutzer eine Sicherheit, die es so nicht gibt. Das Unternehmen Snap Inc. ist bereits in der Vergangenheit aufgrund seiner Datenschutzbestimmung in die Kritik geraten. Wer garantiert, dass die Fotos von Snap Inc. wirklich gelöscht werden?

Twitter (zu Deutsch: Gezwitscher) ist ein Microblogging-Dienst, mit dem mit maximal 140 Zeichen Echtzeitkommunikation ermöglicht wird. Der Dienst ist damit zu einem unübersehbaren Faktor in der Medienlandschaft geworden. Über Twitter können Informationen verbreitet, politische und soziale Systeme gefestigt, aber auch bedroht werden. Es sind jedoch nicht nur politische, wirtschaftliche oder sonstige tagesaktuelle Nachrichten, die mithilfe von Twitter in den sozialen Medien nach oben gespült werden, sondern auch ganz triviale Mitteilungen, die Tagebucheinträgen ähneln.

Die erste Mitteilung, der erste »Tweet«, wie es in der Twittersprache heißt, wurde am 21. März 2006 von Jack Dorsey, dem amerikanischen Programmierer und Entwickler der Microblogging-Idee, abgeschickt: »Just setting up my twttr« [31] – Twitter hieß damals noch twttr. In Deutschland konnte sich der Dienst – anders als in den USA – nicht so leicht durchsetzen. Im Jahr 2009 wurde die Zahl seiner Nutzer auf lediglich 27 000 geschätzt.

Beim Twittern handelt es sich um eine Art der Öffentlichkeit, die erst durch den Gebrauch des Mediums entsteht und sich – auf dieser Bedingung basierend – zu dem formt, was die Nutzer daraus machen. Die Art, wie Twitter heute genutzt wird, war bei seiner Entstehung noch nicht absehbar. So waren es die Anwender, die sogenannte Hashtags einführten. Der Begriff ist eine Zusammensetzung der englischen Wörter *hash* (= Doppelkreuz oder Rautenzeichen) und *tag* (= Markierung). Ein Hashtag ist also ein Doppelkreuz (#), das einem Wort vorangestellt ist, um dieses zu verschlagworten. Eine Suchanfrage nach dem so markierten Schlagwort würde dann gezielt zu diesem Beitrag führen.

Auch Unternehmen kennen mittlerweile die Vorteile von Twitter: Sie nutzen die Möglichkeit, um mit ihren Kunden in Echtzeit zu kommunizieren, da sie so zeitnah auf öffentliche Kritik oder Anregungen reagieren können. War früher der Kundendienst noch ausschließlich auf das Telefon ausgerichtet, so können Unternehmen heutzutage nicht mehr auf das Internet als Informationsweg zu den Kunden verzichten. Die Social-Media-Redakteure, die in den sozialen Medien das Beschwerdemanagement regeln – und nichts anderes ist das oft –, sind aber nicht immer zu beneiden. Mittlerweile rechnen große Unternehmen aber mit Beschwerden dieser Art und reagieren hierauf professionell, wenn es sein muss, sogar mit einer Prise Humor. Was bleibt ihnen auch anderes übrig …

Facebook startete einst als soziales Freundschaftsnetzwerk. Heute werden Nutzern immer mehr News und Unterhaltungsplattformen in der Timeline angezeigt. Facebook ist – allen Prognosen zum Trotz – 2016 immer noch das meistgenutzte soziale Netzwerk, gefolgt von Instagram und Snapchat. Twitter hingegen stagnierte 2016.[32]

Facebook selbst führt immer wieder neue Funktionen ein, so können Nutzer beispielsweise mit »Facebook Live« ihre eigene Live-Übertragung in Echtzeit starten.[33] Zunächst ermöglichte dies die Twitter-Tochter Periscope.

Durch den digitalen Wandel entstehen neben der ständigen Erreichbarkeit auch neue Übertragungs- und Empfangsformen und damit für die Rezipienten auch neue Chancen der Partizipation. Für das Aufbrechen medialer Grenzlinien ist der *Tatort* am Sonntagabend ein gutes Beispiel: Es geht nicht mehr nur darum, die ARD-Sendung vor einem herkömmlichen Fernsehbildschirm zu konsumieren: Mithilfe des sogenannten Second Screen stehen vielmehr die Kommentare auf Twitter im Vordergrund, die gleichzeitig gelesen und bewertet werden können. Second Screen, wörtlich übersetzt »zweiter Bildschirm«, beschreibt die Nutzung eines zweiten Bildschirms als Ergänzung zum normalen Fernsehprogramm. Dabei kann der zweite Bildschirm auch die Oberfläche eines Smartphones oder Tablet-Computers sein.

In seiner Radiotheorie entwickelte Bertolt Brecht bereits in den 30er-Jahren das Szenario, dass Empfänger, also die Hörer, zu Sendern werden sollten.[34] Brecht wollte das Radio in einen »Distributionsapparat«[35] verwandeln, der es dem Publikum ermöglichen sollte, sich selbst aktiv in die Sendung einzumischen. Seine damaligen Vorstellungen erscheinen aus heutiger Sicht visionär und wurden durch den Aufschwung der sozialen Medien in den vergangenen Jahren wieder aktuell.

Die Autorin Mercedes Bunz vergleicht unsere heutige Zeit mit der industriellen Revolution des 19. Jahrhunderts.[36] Ihrer Ansicht nach verändert die Technologie unsere Gesellschaft auf rasante Weise: Im 19. Jahrhundert sei dies durch Maschinen und die Automatisierung geschehen, heutzutage durch die Digitalisierung.[37] Und damit hat sie nicht ganz Unrecht. Die Auswirkungen der Digitalisierung übertreffen die der industriellen Revolution jedoch bei Weitem. Für die Gesellschaft ist die Vielfalt, die unsere Vernetzung möglich macht, eine Riesenchance. Jeder kann seine eigene Öffentlichkeit schaffen und in Echtzeit kommunizieren. Die Grenze dessen, was möglich ist, wird in erster Linie von den Nutzern gezogen, sie ist erst sekundär von den technischen Gegebenheiten determiniert.

Die Digitalisierung ist damit nicht nur ein technischer Prozess, sondern sie hat durch die Tatsache, dass das Internet beschreibbar und damit zu einer Spielwiese für unsere Gesellschaft geworden ist, einen sozialen Prozess in Gang gesetzt. In den demokratischen Staaten sind die sozialen Medien schon seit einiger Zeit kritische Begleiter der Politik geworden. Doch auch autoritäre und diktatorische Regime sind vor ihnen nicht mehr sicher, wie das Beispiel des Arabischen Frühlings zeigt. Darunter versteht man die Reihe von Aufständen und Revolutionen, die Ende 2010 in Tunesien begonnen und sich dann auf viele Staaten in Nordafrika und im Nahen Osten (Ägypten, Libyen, Marokko, Jemen, Jordanien, Bahrein und Syrien) ausgebreitet haben. Dies hatte auch Auswirkungen auf nichtarabische Staaten wie China, Iran und Israel, und selbst Protestbewegungen in Spanien sind nach Auffassung von Politologen von den Massenprotesten des Arabischen Frühlings inspiriert worden. Auch die Proteste im Gezi-Park in Istanbul wurden mithilfe der sozialen Medien organisiert. Seitdem wird in der Öffentlichkeit immer häufiger darüber diskutiert, inwieweit digitale Plattformen am Entstehen sozialer Unruhen beteiligt sind.

Jedoch muss an dieser Stelle darauf hingewiesen werden, dass die sozialen Medien zwar einen Trend verstärken können, es aber zu weit gehen würde, die technischen Werkzeuge als alleinigen Grund für die Mobilisierung der Menschen anzusehen. Wirft man einen Blick in die Geschichte, lässt sich feststellen, dass Menschen sich in Situationen extremer sozialer Ungerechtigkeit schon immer zusammengeschlossen haben. Andernfalls wären weder die Bauernaufstände im 16. Jahrhundert noch die Französische und die Russische Revolution erklärbar. Gleiches gilt für die Sklavenaufstände oder die Erhebungen indigener Völker gegen ihre Kolonialherren. Damals waren es die verbesserten Möglichkeiten, die der Buchdruck mit der Herstellung von Flugblättern und die zunehmende Alphabetisierung eröffneten, heute sind es die sozialen Medien, die Zusammenschlüsse gesellschaftlich gleichgesinnter Gruppen erleichtern.

Bereits vor einigen Jahren beschrieb Colin Crouch die Unzufriedenheit der Bürger, die sich darin ausdrückte, an politischen Prozessen nicht ernsthaft partizipieren zu können, mit dem Begriff der Postdemokratie. Damit war ein Gemeinwesen gemeint, in dem zwar regelmäßig Wahlen stattfinden, bei denen aber nur solche Themen zur Abstimmung gestellt werden, die zuvor Experten ausgewählt hatten. Die Folge ist, dass die Zivilgesellschaft nicht mehr handelt.[38] Crouch erklärt, dass es durchaus Chancen gäbe, den postdemokratischen Prozess abzuwenden. Er formuliert drei Postulate: Die ökonomische Macht müsse eingeschränkt, die politische Praxis reformiert und die Bürger müssten neue Handlungsoptionen ergreifen.[39]

Der digitale Wandel hat unserer Gesellschaft freien Zugang zu Wissen, erweiterte Kommunikationsmöglichkeiten und die Option zur Erstellung von eigenen Inhalten gebracht. Auf diese Weise eröffnet die Digitalisierung neue Möglichkeiten der politischen Partizipation und damit auch der besseren Kontrolle von Politik und Wirtschaft durch die Zivilgesellschaft. Clay Shirky, ein Forscher auf dem Gebiet sozialer und technologischer Netzwerke, glaubt, die heutige Situation erfordere es, Partizipation anzunehmen, weil das Veröffentlichen zu einer neuen Form von Alphabetentum geworden sei.[40]

Die digitalen Medien sind also mehr als nur eine lustige Plattform, um sich mit Freunden auszutauschen oder selbst erstellte Videos in den sozialen Medien zu veröffentlichen. Ohne das Smartphone und die Möglichkeit zur digitalen Kommunikation und damit Vernetzung hätten viele Flüchtlinge aus Syrien, dem Irak und Afghanistan ihre Route gar nicht antreten können – oder eine Flucht wäre weit gefährlicher gewesen. Digitale Kommunikation ist daher auch ein wichtiges Thema für Menschen, die aus Krisengebieten stammen und gezwungen sind, ihre Heimat zu verlassen.

Durch die sozialen Medien kann ein viel freierer und schnellerer Diskurs geführt werden, der auch keiner Zensur unterliegt. Seit der Aufklärung und der Französischen Revolution war es ein großes Anliegen der bürgerlichen Bewegung, dafür zu sorgen, dass keine staatliche Zensur stattfindet.[41] Und dies wurde mit dem Internet erreicht, was aber nicht heißt, dass nicht von autoritär geführten Staaten immer wieder Versuche unternommen werden, die sozialen Medien zu überwachen beziehungsweise durch technische Eingriffe innerhalb ihres Staatsgebiets vollständig abzuschalten. Nichts ist für Diktatoren gefährlicher als frei geäußerte Gedanken und eine freie Presse. Bei dem Putschversuch in der Türkei im Sommer 2016 nutzte Präsident Erdogan – der es selbst nicht gerne sah, wenn sich seine Kritiker in den sozialen Medien organisierten – ironischerweise selbst die Videotelefon-App FaceTime, um seine Anhänger dazu aufzurufen, zum Schutz der Demokratie auf die Straße zu gehen.

Wir müssen uns darauf einstellen, dass die Debatten um Vor- oder Nachteile digitaler Medien nicht so schnell abreißen werden. Egal, über welches Ereignis in Zukunft berichtet wird oder welchen gesellschaftlichen Skandal wir erleben, wir werden davon immer häufiger und schneller über die sozialen Medien erfahren. Nicht nur die Printmedien befinden sich auf dem Rückzug, auch das Fernsehen orientiert sich mit experimentellen Formaten zunehmend an den sozialen Medien. Es wird nicht mehr lange dauern, bis es nur noch das Internet gibt.

Der technische Wandel ist also weitgehend abgeschlossen. Die Technik schafft folglich nur noch die Basis dafür, dass sich die sozialen Medien überhaupt erst entfalten können. Beispiele aus der Vergangenheit haben gezeigt, wie erfolgreich die Vernetzung bisher funktioniert und welchen Mehrwert sie der Gesellschaft gebracht hat.

Das Internet wird nicht mehr verschwinden, es bleibt und wird immer weiter in unser Leben vordringen. Im Jahr 2016 ist die Zahl der Online-Nutzer in Deutschland auf 58 Millionen angestiegen. Außerdem beträgt die Nutzung des Internets erstmals mehr als zwei Stunden am Tag.[42] In naher Zukunft werden wir nicht mehr darüber sprechen, wann wir »ins Netz gehen«. Unser Körper wird dann – wie bereits heute das Smartphone – immer mit dem Netz verbunden sein.

Kapitel 2: Sind wir noch privat?

2.1 So ging Privatheit früher

Genauso wichtig, wie die Entstehung der sozialen Medien zu beschreiben, ist es, die Geschichte und den Stellenwert von Privatheit zu beleuchten. Es stellt sich die Frage, inwiefern sich unser Verständnis von Privatheit durch die Vernetzung verändert hat und noch weiter verändern wird.

Für den Begriff der Privatheit gibt es bis heute keine eindeutige Definition. Was unter privat und was unter öffentlich verstanden wird, wurde früher von sozialen Organisationen bestimmt. Mittlerweile definiert jeder für sich persönlich, was für ihn privat bedeutet.[43] Der Begriff lässt sich vom lateinischen *privatus* ableiten. Das bedeutet »der Herrschaft beraubt, gesondert, für sich stehend«.[44] Was nicht alle wissen: Privatheit ist ein Grundrecht des Menschen: In der Resolution der Vereinten Nationen vom 10. Dezember 1948 heißt es in Artikel 12 der Allgemeinen Erklärung der Menschenrechte:»Niemand darf willkürlichen Eingriffen in sein Privatleben, seine Familie, seine Wohnung und seinen Schriftverkehr oder Beeinträchtigungen seiner Ehre und seines Rufes ausgesetzt sein.«[45]

Bei uns wird der Begriff »privat« als das Gegenteil von »öffentlich« verwendet – doch woher kommt das?

Zum ersten Mal wurden Privatsphäre und Öffentlichkeit in der antiken griechischen Polis unterschieden. Auf dem Marktplatz, der Agora, spielte sich das öffentliche Leben ab,[46] die Privatsphäre war räumlich auf die häuslichen vier Wände beschränkt. Erst gegen Ende des 18. Jahrhunderts wurde in den europäischen Gesellschaften der Schutz der Privatsphäre als Wert erkannt.[47] Dies war eine Folge der Aufklärung, in deren Verlauf sich das bürgerliche Individuum von der Vormundschaft durch Kirche und Adel zu befreien suchte und in der Französischen Revolution Menschenrechte einforderte. Durch das Aufkommen regelmäßig erscheinender Zeitungen im 19. Jahrhundert konnten private Informationen mit einem größeren Wirkungsgrad verbreitet werden, was dazu führte, dass die ersten Definitionsversuche von Privatheit in den Vereinigten Staaten von Amerika unternommen wurden. Die Juristen Samuel D. Warren und Louis D. Brandeis veröffentlichten im Jahr 1890 einen Aufsatz mit dem Titel »The Right to Privacy«, in dem sie Privatheit als »right to be let alone« beschrieben haben.[48]

Hannah Arendts Theorie der Öffentlichkeit greift das Bild der Polis auf, die Theorie von Jürgen Habermas knüpft an die Epoche der Aufklärung an. Hannah Arendt untersuchte Öffentlichkeit und Privatheit in der Antike. Die Philosophin erarbeitete eine Definition von Öffentlichkeit, die noch heute anerkannt ist. Im antiken Griechenland gab es die Vorstellung, dass jeder stimmberechtigte Bürger der Polis, das heißt des griechischen Stadtstaats, ein politisches und ein privates Leben führe. Nach Arendt entsteht erst dann eine Gesellschaft, wenn die Abgrenzung zwischen heimischem Haushalt und politischer Öffentlichkeit verschwimmt.[49]

Habermas zeigte in den 60er-Jahren des vergangenen Jahrhunderts den Strukturwandel der Öffentlichkeit[50] auf. Aus der repräsentativen

Öffentlichkeit wurde die »bürgerliche Öffentlichkeit«, bestehend aus Privatleuten. Bürgerliche Öffentlichkeit versteht Habermas als epochaltypische Kategorie[51], die zu der bürgerlichen Gesellschaft seit dem Mittelalter gehört und sich nicht abtrennen lässt: Habermas nennt drei Merkmale für Öffentlichkeit: die Gleichheit, die Tatsache, dass alles Gegenstand des Diskurses werden kann, und darüber hinaus die Unabgeschlossenheit des Publikums. Da er ein Kritiker der Massenmedien war, war eigentlich zu erwarten, dass er die neuen Möglichkeiten des Internets in den Himmel loben würde. Er hielt sich beim Thema Internet aber weitgehend bedeckt.

Für den amerikanischen Blogger Jeff Jarvis sind Privatsphäre und Öffentlichkeit keine Gegenpole, sondern haben eine große Wirkung aufeinander. Er äußert sich zum Thema Privatsphäre und Öffentlichkeit wie folgt: »Man kann das Private nicht einfach als das definieren, was nicht öffentlich ist.«[52]

Jessica Einspänner-Pflock ist Medienwissenschaftlerin an der Universität Bonn und forscht zu den Themen Privatheit, Online-Kommunikation und Social Media. Sie ist der Ansicht, dass wir selbst entscheiden, was für uns privat ist und was nicht. Im Interview hat sie formuliert, dass Privatheit ein stark individuelles Konzept ist: »Ich finde, es geht zu weit zu sagen, dass wir nur aufgrund von Medientechnologie oder Medienkommunikation weniger privat sind oder weniger privat kommunizieren. Es ist auch ein Stück weit – je kompetenter der Mediennutzer, desto eher – eine bewusste Entscheidung, Teile der eigenen Privatheit aufzugeben. Das ist die eine Sache. Die andere Sache ist, dass es auch ganz stark darauf ankommt, wer Medien zu welchem Zweck verwendet und wer das dann interpretiert.«

2.2. Privat bei Social Media?

Wir wissen nun, wie sich ein Bewusstsein für den Schutz der Privatsphäre entwickelt hat. Nicht erst seit dem Aufkommen der sozialen Medien wird über die Gefahren für die Privatsphäre debattiert: Schon die industrielle Drucktechnik für Zeitungen und das Aufkommen der Fotografie im 19. Jahrhundert erzeugten Ängste, dass Menschen ungewollt öffentlich gemacht werden könnten.[53] Von der Antike bis zur Aufklärung war der an öffentlichen Orten gepflegte persönliche Diskurs Voraussetzung für das Verständnis von Öffentlichkeit. Bereits im Verlauf der Aufklärung entstanden Medien wie Flugschriften oder Zeitungen, die dazu beitrugen, dass wir heute diesen Begriff mit der veröffentlichten Meinung in den Massenmedien gleichsetzen. Die Massenmedien ermöglichten jedoch, anders als die sozialen Medien, nur eine einseitige Kommunikation. Lediglich Leserbriefe oder Anrufe waren als Reaktion auf Artikel möglich. Eine Debatte gab es erst dann, wenn ein weiteres Medium auf das Thema reagierte.[54] Durch das Internet aber konnten Teile der Öffentlichkeit wieder entstehen, die in Zeiten der Massenmedien ausgeklammert wurden; Nutzer können sich nun an Debatten beteiligen.[55] Durch diese neue Möglichkeit der Partizipation wird unsere Gesellschaft zu einer öffentlichen Gesellschaft, da nicht nur unsere Gedanken und Wünsche, sondern auch unsere Aufenthaltsorte über soziale Plattformen mitgeteilt werden.[56] Folglich können wir uns gar nicht mehr vorstellen, lediglich Informationen zu konsumieren und nicht digital zu kommunizieren.

Die Besonderheit von Öffentlichkeit, die in der Antike in Gestalt der öffentlich zwischen den bürgerlichen Eliten der Polis geführten Debatten entstanden ist und sich in der Aufklärung in den Diskursen der bürgerlich geprägten Wissenschaft wiederfindet, wird nun also im Internet durch die technische Umstrukturierung wieder ermöglicht.[57] Die offene Kommunikation – auch über Ländergrenzen hinweg – ist ein großer Gewinn für unsere Gesellschaft, auf der anderen Seite ist sie auch eine Herausforderung.

Eine Folge unserer Vernetzung und dem Teilen von persönlichen Informationen sind persönliche Öffentlichkeiten, die im Internet entstehen.[58] Der Soziologe Jan Schmidt beschreibt, dass an denjenigen Orten im Internet persönliche Öffentlichkeiten entstehen, bei denen Nutzer Dinge ohne jegliche Relevanz veröffentlichen. Wir Menschen sind soziale Wesen, und als solche brauchen wir den Austausch mit anderen Menschen und die Öffnung hin zur Gesellschaft. Gleichzeitig haben wir (zumindest die meisten von uns) aber auch das Verlangen nach Kontrolle, was den Schutz unserer persönlichen Informationen angeht.[59]

Jedenfalls nicht gewahrt ist der Schutz persönlicher Öffentlichkeiten im Internet, wenn fremde Beobachter soziale Plattformen wie beispielsweise Facebook zum Objekt einer Recherche machen.[60] Doch wer ist in der ethischen Verantwortung, wenn zum Beispiel Arbeitgeber Nutzer-Profile in den sozialen Medien einsehen, der neugierige Leser oder der unbedachte Verfasser? Meine Einschätzung lautet hier: Es sind die Nutzer, die in der Verantwortung stehen, die Profile vor ungewollten Eingriffen zu schützen. Die Privatsphäre spielt sich somit immer in einem Spannungsfeld zwischen freiwilliger Preisgabe und unfreiwilligem Eindringen ab, wobei die Situationen oftmals sehr komplex sind: Ein Faktor ist ein fehlendes Bewusstsein des Postenden für den Datenmissbrauch, ein weiterer sind die ständig sich verändernden Rahmenbedingungen in der Gesellschaft. Gerade für die jüngeren Nutzer könnte die Schlussfolgerung lauten: Inhalte in den sozialen Medien erstellen und veröffentlichen, grundsätzlich ja, jedoch nicht ohne den Schutz der eigenen Daten – gerade im Hinblick auf Personen, die die Inhalte für fremde Zwecke missbrauchen könnten – zu vergessen.

Größere Datenbanken, Speichermöglichkeiten, neue Überwachungstechnologien, soziale Medien sowie Smartphones stellen unsere Vorstellung von Datenschutz auf den Kopf. Die Frage dabei ist älter als das Internet: Was passiert mit unseren Daten, und von wem und wo werden sie gespeichert? Bedenken unterschiedlichster Art gab es bereits bei der Einführung der Schrift, der Drucktechnik und des Fernsehens.[61] Durch die Erfindung des Computers und die Entstehung der sozialen Medien steht der Schutz unserer Daten jedoch vor einer neuen Herausforderung.

Scott McNealy, der Chef des Computerkonzerns Sun, äußerte sich bereits im Jahr 1999 folgendermaßen: »You have zero privacy anyway, get over it.« (»Sie haben null Privatsphäre, finden Sie sich damit ab.«) Der Facebook-Gründer Mark Zuckerberg setzte noch einen drauf: »Privacy is no longer a social norm.«[62] (»Privatsphäre ist keine gesellschaftliche Norm mehr.«) Frank Rieger schrieb in einem Essay, dass diejenigen, die am Netz verdienen, die Auffassung vertreten, die Nutzung des Netzes bringe zwangsläufig einen Verlust der Privatsphäre mit sich. Seiner Ansicht nach geht es den Konzernen in erster Linie darum, die Lebensgewohnheiten der Nutzer für die Algorithmen ihrer Produkte ausfindig zu machen.[63] Der Autor beschreibt auch, dass seit dem 11. September 2001 Überwachungsmaßnahmen ergriffen worden seien mit dem Ziel, den Terror zu bekämpfen. Jedoch stelle sich nach und nach heraus, dass sich die Daten gar nicht für die Terrorbekämpfung eigneten und sie inzwischen weitaus umfangreicher erfasst würden, als dies ursprünglich geplant war.[64]

Unsere Mobiltelefone mit Ortungsfunktion dokumentieren unsere räumliche Position mit der Folge, dass unsere Welt zu einer Art Benutzeroberfläche wird.[65] So weiß der Suchmaschinen-Riese Google beispielsweise, wo sich der Nutzer gerade aufhält, und kann ihn auf diese Weise mit der passenden Werbung versorgen.[66] Der Vorstand von Google, Eric Schmidt, äußerte sich im US-Fernsehsender CNBC auf die Frage nach dem Schutz der Privatsphäre so: »Wenn es etwas gibt, von dem Sie nicht wollen, dass es irgendjemand erfährt, sollten Sie es vielleicht gar nicht erst tun.«[67]

Für Plattformen wie zum Beispiel Google ist das natürlich ein Vorteil. Je mehr das Unternehmen über uns weiß, desto besser kann es seine Angebote auf uns zuschneiden.[68] In Deutschland gab es eine »Google Street View«-Debatte, als der Dienst die Straßen und Häuser abfotografierte, um sie im Netz zu veröffentlichen. Man kann nicht behaupten, dass alle Bewohner den Google-Aufnahmen mit Freude entgegensahen. Manche widersprachen schriftlich der Veröffentlichung ihres Wohnhauses, andere griffen zu härteren Methoden. So wurden in Oldenburg an einem Street-View-Auto Kabel der Kameras durchtrennt, in Österreich griff sogar ein Rentner zu einer Spitzhacke, weil er nicht wollte, dass sein Haus fotografiert wurde.[69]

Wir Deutsche haben ein besonderes Verhältnis zu unserer Privatsphäre und zum Thema Datenschutz. Auf der einen Seite wollen wir die ganze Welt bereisen, aber nicht, dass unser Wohnort im Netz auffindbar ist. Der Soziologe Jan Schmidt verweist auf das »Privacy Paradox« – wir sammeln Payback-Punkte, wollen aber nicht, dass unsere Daten gesammelt werden.[70] Diese deutsche Angewohnheit kommt im Ausland nicht gut an: Auch Jeff Jarvis hat auf den seltsamen Umgang der Deutschen mit ihrer Privatsphäre hingewiesen. Und er hat recht.

Medienrechtler geben zu bedenken, dass Konzerne wie beispielsweise Google oder Facebook fleißig unsere Daten sammeln und es nicht auszuschließen sei, dass der amerikanische Staat im Fall einer möglichen Terrorgefahr die Daten auswerten lässt und im Zuge dieser Maßnahme ein Persönlichkeitsprofil von uns erstellt.[71] Jedoch sollte an dieser Stelle auch festgehalten werden, dass wir Google freiwillig nutzen und die Suchmaschine immense Vorteile für uns bringt, die viele nicht mehr missen möchten.

Auch der Netzaktivist Eli Pariser warnt vor einer zunehmenden Personalisierung der in den sozialen Medien preisgegebenen Daten. Er meint, wir seien gezwungen, den Betreibern zu vertrauen, dass sie uns so darstellen, wie wir wirklich sind. Pariser glaubt, Medienkonzerne seien sogar in der Lage, Identitäten zu kreieren.[72] Jedoch sind es nicht nur Unternehmen, die es auf Daten abgesehen haben. Spätestens seit bekannt ist, dass der amerikanische Geheimdienst NSA (National Security Agency) weltweit Daten von Privatpersonen ausspäht, wird eine öffentliche Debatte über die Sicherheit personenbezogener Daten geführt. Es sind aber nicht nur die USA, China oder Großbritannien, auch Frankreich zieht bei der Spionage nach: Die im Jahr 1997 gegründete staatliche Ausbildungsakademie École de Guerre Économique (Schule für den Wirtschaftskrieg) bietet sogar Wirtschaftsspionage als eigenen Studiengang an.[73]

Die Datenschutzexpertin Juli Zeh zeigt sich durch die Überwachung der Geheimdienste nicht überrascht. Für sie geht die Gefahr weniger von Wirtschaftsunternehmen als vielmehr von staatlichen Institutionen aus: »Diese Geheimdienstaktivitäten sind politisch gewollt, nicht nur von der amerikanischen und britischen Regierung, sondern auch von unserer.«[74] Die Entwicklung übersteigt ihrer Meinung nach, insbesondere was die Anzahl der abgeschöpften Daten angeht, sogar die Orwell'schen Ahnungen.

Der Datenschutzexperte Peter Schaar glaubt, dass das Datenschutzrecht so, wie es bisher ausschließlich auf nationaler Ebene praktiziert wird, nicht mehr in unsere Zeit passt.[75] Er gibt zu bedenken: »In einer Welt der globalisierten Datenverarbeitung in Netzen ist der globale Datenschutz dringender denn je. Vielleicht ist dies ja eine neue Aufgabe für die Vereinten Nationen, denn nicht nur die Umwelt braucht nachhaltigen Schutz, sondern auch die Privatsphäre.«[76] Die Autorin Anja Seeliger nimmt an, dass die Geheimdienste mittlerweile globalisiert sind. Deshalb bräuchten wir eine europäische Plattform, auf der europäische Bürger sich im Netz beraten und Optionen zur Gegenwehr besprechen können.[77]

Die Rechtsgrundlage für die Verarbeitung personenbezogener Daten in Europa ist derzeit noch die Europäische Datenschutzrichtlinie aus dem Jahr 1995, eine Vorschrift, die den einzelnen EU-Mitgliedsstaaten einen großen Spielraum für die Umsetzung in nationales Recht gelassen hat. Seitdem bekannt wurde, dass große Internetanbieter aus den USA persönliche Daten in großem Umfang an die US-Sicherheitsbehörden weitergegeben haben, wurde daher in den EU-Mitgliedstaaten die Forderung an das Europäische Parlament gerichtet, die europäischen Datenschutzregelungen zu verschärfen und zu vereinheitlichen.[78]

Auf diese Forderung hin ist die Europäische Kommission aktiv geworden und hat am 25. Januar 2012 eine EU-Datenschutzreform mit dem Ziel der Vereinheitlichung des Datenschutzes auf europäischer Ebene vorgestellt, deren wichtigster Baustein die Datenschutz-Grundverordnung (EU-DSGVO) ist. Im Gegensatz zur Europäischen Datenschutzrichtlinie von 1995 gilt die Datenschutz-Grundverordnung ohne Umsetzungsakt durch die Parlamente der Mitgliedsstaaten unmittelbar in allen EU-Staaten, allerdings erst ab dem 25. Mai 2018

(Inkrafttreten). Die nationalen Parlamente dürfen den von der Verordnung festgeschriebenen Datenschutzstandard durch nationale Regelungen weder abschwächen noch verstärken. Lediglich bei einzelnen Aspekten des Datenschutzes, die durch sogenannte Öffnungsklauseln bestimmt sind, dürfen die Mitgliedstaaten im nationalen Alleingang Sonderregelungen treffen.

Die Ziele der EU-DSGVO sind der Schutz der Grundrechte und Grundfreiheiten natürlicher Personen und insbesondere deren Recht auf Schutz personenbezogener Daten und der freie Verkehr personenbezogener Daten (Art. 1, Abs. 2 und 3). Diese Ziele sollen dadurch erreicht werden, dass bei der Verarbeitung personenbezogener Daten folgende Grundsätze beachtet werden: Rechtmäßigkeit, Treu und Glauben, Transparenz, Zweckbindung, Datenminimierung, Richtigkeit, Speicherbegrenzung, Integrität und Vertraulichkeit sowie Rechenschaftspflicht (Art. 5). Der EU-Gesetzgeber hat die Rechte der Betroffenen, auch im Vergleich zur gegenwärtigen Rechtslage in Deutschland nach dem Bundesdatenschutzgesetz, gestärkt und ausgeweitet. So hat er unter anderem ein Recht auf Datenportabilität und ein Recht auf Vergessenwerden (Datenlöschung) eingeführt. Übrigens gelten die neuen Transparenz- und Informationspflichten der EU-DSGVO nicht nur für Unternehmen, die ihren Sitz innerhalb der EU haben, sondern auch für solche, die – wie Facebook und Google – außerhalb der EU angesiedelt sind, sich aber an EU-Bürger wenden. Trotz intensiver Lobbyarbeit konnten sich die US-amerikanischen Großkonzerne in diesem Punkt nicht gegen das EU-Parlament durchsetzen, das die Datenschutz-Grundverordnung am 14. April 2016 beschlossen hat. Datenschützer kritisieren jedoch an der Grundverordnung – trotz der anerkannten Verbesserungen gegenüber der bisherigen Rechtslage und der begrüßten Rechtsvereinheitlichung auf europäischer Ebene –, dass sie die aktuellen Probleme des Datenschutzes, die sich unter anderem aus den sozialen Medien, der Beherrschung der Datenflut (»Big Data«), den Suchmaschinen und dem Cloud Computing ergeben, nicht aufgegriffen habe. So werden weiterhin zahlreiche Probleme des Datenschutzes der Rechtsprechung des Europäischen Gerichtshofs überlassen. Dieser hat noch vor dem Inkrafttreten der EU-DSGVO übrigens zum zweiten Mal geurteilt, dass das anlasslose Speichern von Daten einen Eingriff in unsere Grundrechte darstellt.[79]

Deutschland und Brasilien reichten auf internationaler Ebene beim Menschenrechtsausschuss der Vereinten Nationen einen Resolutionsentwurf ein. Die Initiative führte am 18. Dezember 2013 zum Erfolg, als die UN-Generalversammlung die Resolution »Das Recht auf Privatheit im digitalen Zeitalter« verabschiedete. Im März 2015 beschloss der Menschenrechtsrat, dass das Recht auf Privatheit auch im digitalen Raum geschützt sei; außerdem wurde zur Überprüfung der Einhaltung dieses Rechts ein Sonderberichterstatter eingesetzt.[80] Auf nationaler Ebene hat die Bundesforschungsministerin Johanna Wanka zudem ein interdisziplinäres »Forum Privatheit und selbstbestimmtes Leben in der digitalen Welt« gegründet. Damit sollen Privatheit und Selbstbestimmung im Internet ermöglicht werden.[81]

2.3 Das Netz als neues Zuhause

Ein Tweet vom 10.09.2014, der 311-mal bei Twitter favorisiert wurde, bringt unser Nutzungsverhalten der digitalen Technik auf den Punkt: »Orwell hätte auch nicht gedacht, dass wir uns eines Tages unsere elektronische Fußfesseln selbst kaufen und ums Handgelenk binden«.[82] Durch unser Multifunktionsgerät Smartphone, das wir sowohl als Telefon als auch als Kamera-, Foto- oder Navigationsgerät nutzen, sind wir mittlerweile fast ohne Unterbrechung online und breiten unser Leben auf verschiedenen Plattformen vor einer unübersichtlichen Öffentlichkeit aus.

Meine Generation nutzt selbstverständlich soziale Medien wie Facebook, die Jüngeren wiederum sind unter anderem bei Instagram oder Snapchat zu Hause. Darüber wundert sich die Generation unserer Eltern und Großeltern, die den Umgang mit den sozialen Medien teilweise kritisch beobachtet. Natürlich bestätigt auch hier die Ausnahme die Regel. Es gibt Angehörige der älteren Generationen, die sich beruflich mit den sozialen Medien befassen oder ihr gesamtes Leben bei Facebook ausbreiten, genauso wie es auch immer Jugendliche geben wird, die sich nie bei Snapchat anmelden werden.

Der französische Philosoph Michel Serres hat die Generation, die als Kinder und Jugendliche bereits Smartphones benutzen, als digitale Däumlinge bezeichnet. Er schreibt über sie: »Die Kinder haben sich also im Virtuellen eingerichtet. Wie die Kognitionswissenschaften zeigen, aktivieren die Nutzung des Internets, das Lesen und Schreiben von Nachrichten mit dem Daumen, der Besuch von Wikipedia und Facebook nicht die gleichen Neuronen und Hirnregionen wie der Gebrauch von Büchern, Tafeln, Heften. Sie können mehrere Informationen zugleich aufnehmen. Sie erkennen, verarbeiten, synthetisieren sie anders als wir, ihre Vorgänger. Sie haben nicht mehr den gleichen Kopf.«[83] Er glaubt, dass die jüngere Generation nicht mehr im selben Raum wie die Generationen vor ihr lebt: »Durch ihr Handy sind ihnen alle Personen zugänglich, durch GPS alle Orte, durch das Netz das gesamte Wissen. Während wir in einem metrischen, durch Entfernungen konstituierten Raum lebten, bewegen sie sich in einem topologischen Raum von Nachbarschaften. Sie wohnen nicht mehr im selben Raum.«[84]

In ihrer Dissertation hat Jessica Einspänner-Pflock zu Jugendlichen und Online-Privatheit geforscht und ist zu folgenden Erkenntnissen gelangt: »Zum einen habe ich herausgefunden, dass diese Jugendlichen Online-Medien selbstverständlich nutzen – gerade auch um sich selbst und ihre Persönlichkeit darzustellen. Für die Jugendlichen erscheint dies unproblematisch. Sie glauben nicht, dass sie etwas Persönliches von sich preisgeben. Der Erwachsene, der das auf der Facebook-Seite sieht, glaubt, dass die Jugendlichen ihr ganzes Leben online stellen. Und da sieht man schon sehr deutlich, dass sich das Verständnis von Privatheit tatsächlich gewandelt hat oder im Wandel begriffen ist.«

Der Blogger Michael Seemann gesteht, dass er selbst versucht, einen Großteil seines Lebens Post-Privacy zu führen. Post-Privacy bedeutet, dass man den überwiegenden Teil seines Lebens bewusst öffentlich lebt. Seemann glaubt, dass diese Art, sein Leben zu führen, immer bedeutender werden wird: »Natürlich schließe ich die Klotür hinter mir, trage Textilien an meinem Körper, und natürlich habe auch ich Geheimnisse. Aber ich nutze die neuen digitalen Technologien Computer, Smartphone, Internet, um möglichst viel über mein alltägliches Leben öffentlich zugänglich zu machen.«[85] Seemann unterscheidet zwischen den Begriffen »Überwachung« und »Post-Privacy«: Post-Privacy strebt in einem transparenten Verfahren mehr Daten für alle an, während Überwachung in einem geheimen Prozess alle Daten für sich beansprucht.

Post-Privacy, so wie Seemann es beschrieben hat, stellt für manche Nutzer eine Möglichkeit dar, jedoch gilt dies nicht für alle Altersgruppen. Kinder zum Beispiel können die Folgen eines möglichen selbst gedrehten Videos im Internet nicht so gut abschätzen wie Erwachsene. Dafür braucht es Anwendungskompetenz, die zum Beispiel in der

Schule oder in der Familie ausgebildet werden könnte. Sobald Eltern ihren Kindern ein Smartphone anvertrauen, sollten sie sie dafür sensibilisieren, dass es Dinge gibt, die man besser nicht teilt. Außerdem ist es wichtig, gerade auch bei Kindern und Jugendlichen das Bewusstsein dafür zu schärfen, was mit den Daten auf ihrem Smartphone passiert und was es mit Algorithmen auf sich hat. Ist erst einmal ein Bewusstsein bei Jung und Alt vorhanden und wurden mögliche Missbrauchsrisiken abgewogen, könnte eine bewusste Veröffentlichung privater Informationen, wie Seemann sie praktiziert, eine interessante Option darstellen.

Nutzer sollten sich dennoch dafür einsetzen, Zugang zu den Informationen zu bekommen, die über sie gesammelt werden, und einen Einblick fordern, wer ihre Daten speichert und an wen diese weitergegeben werden. Es ist unerlässlich, dass wir Nutzer unsere Komfortzone verlassen und ein Bewusstsein für unsere persönlichen Daten entwickeln.

Kapitel 3: Wozu wir im Netz fähig sind

3.1. Geht's nicht ohne Shitstorm?

Die Erfindung des Buchdrucks durch Johannes Gutenberg im 15. Jahrhundert kann als eine der größten Erfindungen der Menschheit bezeichnet werden. Durch das neue Druckverfahren mussten Texte nicht mehr, wie bisher üblich, in Klöstern einzeln abgeschrieben werden, sie konnten erstmals in einem technischen Verfahrensgang vervielfältigt und somit massenhaft verbreitet werden. Nicht von ungefähr prägte Marshall McLuhan den Begriff der »Gutenberg-Galaxis«. Dieser beschreibt die weitreichenden, ein neues Zeitalter einleitenden Auswirkungen für die Gesellschaft durch die Gutenberg'sche Erfindung.[86]

Der Begriff »Mass Media« entstand in den 1920er-Jahren, als zu den bereits vorhandenen Medien das Medium Radio hinzukam. Aus Mass Media wurde auf Deutsch: Massenmedien.[87] Die elektronischen Massenmedien erlebten im 20. Jahrhundert ihren Aufschwung. Die technische Entwicklung brachte in der ersten Hälfte des Jahrhunderts zunächst den Hörfunk hervor, in der zweiten Hälfte wurde das Fernsehen zum dominierenden Medium. Für beide sogenannte elektronische Massenmedien gilt: Massenmedien sind technische Vermittler, die eine Nachricht von einem Sender zu vielen Empfängern übertragen.[88]

Die große technische Neuheit des Fernsehens bestand darin, Bilder mithilfe von Kabeln über eine Distanz zu übertragen. Das Fernsehen nahm eine immer wichtigere Stellung ein, es wurde zum Leitmedium in der Gesellschaft. Das Radio wurde schließlich zum »Nebenbei-Medium«.[89] Das Fernsehen, das in zunehmendem Maße dem Konsum und der Entspannung diente[90], wurde im Jahr 1988 von Hans Magnus Enzensberger im Nachrichtenmagazin *Der Spiegel*[91] als »Null-Medium« beschrieben, das man anschaut, um es anschließend wieder auszuschalten. Damit kritisierte er das Fernsehen, das sich seiner Meinung nach zu einem Medium entwickelte, das inhaltlich belanglos geworden sei.

Das Internet wird, anders als das Fernsehen oder das Radio, nicht ein- und ausgeschaltet. Der Nutzer ist es, der beschließt, wann und wo er auf Nachrichten zugreift. Die Zeit, in der klassische Medien darüber entschieden haben, welcher Beitrag oder Kommentar für die Anwender relevant sein könnte, ist vorbei. Versteht man das Internet als Medium, dann ist es eines, das längst alle anderen Medien in sich vereint. Nutzer können folglich nicht nur eigene Beiträge veröffentlichen, sondern auch die Beiträge anderer kritisch oder zustimmend kommentieren.

Dies gab es in der Geschichte der Menschheit bis dato noch nicht. Es hätte an ein Wunder gegrenzt, wenn die plötzliche Freischaltung von Hunderten Millionen von Sendern ohne Reibungen und Friktionen abgelaufen wäre. Über Phänomene wie Shitstorms oder Hate Speech im Internet sollten wir uns daher nicht wundern, zumal nicht damit zu rechnen war, dass die breite Mehrheit der Nutzer sich auf dem Niveau von Intellektuellen äußern würde. Die Tatsache, dass täglich Millionen von Menschen ihr Wissen, Halbwissen und Nichtwissen ungefiltert veröffentlichen können, stellt eine große Herausforderung für unsere Gesellschaft dar, für die es keine einfache Patentlösung gibt.

Der Begriff Shitstorm wird zumeist mit »Welle der Empörung« übersetzt. Damit sind negative Äußerungen in den sozialen Medien wie Facebook oder Twitter gemeint. Der *Duden* versteht darunter einen »Sturm der Entrüstung in einem Kommunikationsmedium des Internets, der zum Teil mit beleidigenden Äußerungen einhergeht«.[92] Die Medienwissenschaftler Pörksen und Detel definieren wie folgt: »Der Begriff steht für einen online aufflackernden, sich rasend steigernden Sturm der Empörung, der sich gegen Einzelne, aber auch gegen Gruppen oder Unternehmen richten kann.«[93]

Aber woher kommt der Begriff? Er wurde von dem Blogger Sascha Lobo in die deutsche Öffentlichkeit getragen, als er ihn in seinem Vortrag »How to survive a shit storm« auf der Internetkonferenz re:publica 2010 erstmals thematisiert hat.[94] Bereits im Jahr 2011 wurde der Shitstorm zum Anglizismus des Jahres gewählt. Lobo selbst hat sich mittlerweile für die Begriffsbildung entschuldigt und bittet darum, sie nicht unbedacht zu gebrauchen.[95]

Doch wie sieht so ein Shitstorm aus? Ein vielfach zitiertes Beispiel ist der Fall von Justine Sacco, der PR-Verantwortlichen einer großen US-amerikanischen Firma. Sie flog von New York nach Kapstadt, als sie twitterte: »Going to Africa. Hope I don't get AIDS. Just kidding. I'm white!« Obwohl sie nur 170 Twitter-Follower hatte, ging ihr Tweet um die Welt. Millionen Menschen empörten sich über ihre Worte, es folgte ein heftiger Shitstorm. Sacco bekam von all dem zunächst nichts mit, sie befand sich im Flugzeug auf dem Weg nach Kapstadt. Als sie dort landete, war ihr Tweet bereits um die Welt gegangen, und sie verlor ihren Job.[96] Shitstorms sind nicht zuletzt deshalb so gefürchtet, weil sie, wie der Fall Sacco zeigt, selbst einen Medienprofi überrollen können.

Es gibt jedoch auch Shitstorms gegen Institutionen, wie der, der über den Nudelhersteller Barilla niedergegangen ist, nachdem sein

Firmenchef, Guido Barilla, in einem Interview geäußert hatte, dass er für sein Unternehmen keinen Werbespot mit einer homosexuellen Familie schalten würde. Barilla hatte offenbar die Solidarität der Menschen im Internet unterschätzt, es folgte eine heftige Welle der Empörung.[97]

Auch Politiker sind vor diesem Phänomen nicht sicher, wie sich bei einem Bürgerdialog in Rostock zeigte, wo sich Bundeskanzlerin Angela Merkel den Fragen von Schülern stellte. Die 14-jährige Reem Sahwil aus Palästina, die mit ihrer Familie vor Jahren nach Deutschland kam und kein Bleiberecht hatte, fragte Angela Merkel, ob sie in Deutschland bleiben dürfe. Die Kanzlerin antwortete, dass Politik manchmal hart sei und nicht alle Geflüchteten in Deutschland bleiben könnten, woraufhin das Mädchen zu weinen begann. Angela Merkel ging spontan auf das Mädchen zu und streichelte es mit den Worten, dass sie das prima gemacht habe. Dem Mädchen ging es jedoch nicht um die Aufregung vor der Kamera, sondern um die Unsicherheit der Abschiebung. Darauf folgte im Netz eine gewaltige Welle der Empörung, die Nutzer kritisierten das Vorgehen von Merkel mit dem Hashtag #MerkelStreichelt.[98]

Bleiben wir bei der Politik: Nach den Terroranschlägen am 13. November 2015 in Paris wurden auch in Deutschland erhöhte Sicherheitsvorkehrungen getroffen. So wurde in Hannover – offenbar nach einem Hinweis des französischen Geheimdienstes, wie sich später herausstellte – ein Fußball-Länderspiel abgesagt. Dies gab Bundesinnenminister de Maizière in einer Presseerklärung bekannt, wobei er Genaueres zur Gefahrenlage nicht mitteilen wollte mit der Begründung, dies würde die Bürger nur zusätzlich verunsichern. Mit dieser Aussage verunsicherte er jedoch erst recht die Bevölkerung und wurde unter dem Hashtag #DoItLikeDeMaiziere im Netz verspottet.

Auch der Schauspieler Til Schweiger musste einen Shitstorm gegen sich erdulden, nachdem er auf seiner Facebook-Seite dazu aufgerufen hatte, Geflüchteten zu helfen. Im Nachgang schrieb er auf seiner Facebook-Seite: »Verpisst Euch von meiner Seite, empathieloses Pack!« Die Masse schimpfte unter seinem Post jedoch, oder gerade deshalb, munter weiter.

Es gibt Themenbereiche, die eine besondere Shitstorm-Anfälligkeit aufweisen. Hierzu zählen insbesondere die Themen Emanzipation und Gleichberechtigung von Frauen, die mitunter für manche Männer Reizthemen darstellen. Die ZDF-Reporterin Claudia Neumann musste zum Beispiel allein aufgrund der Tatsache, dass sie als erste Frau live ein Fußballspiel bei einer Europameisterschaft kommentierte, einen heftigen Shitstorm über sich ergehen lassen.[99]

Es gibt auch Beispiele, bei denen sich die Empörung im Internet nicht gegen den Täter, sondern gegen das Opfer richtet. So auch bei der Sportlerin Ariane Friedrich, die sich gegen ihren Stalker zur Wehr setzte. Als sie dessen Identität im Internet veröffentlichte, galt die Empörung nicht ihm, sondern ihr.[100]

Doch der Shitstorm ist kein Phänomen, das wir nur aus dem Internet kennen. Der klassische Skandal ist älter als das Netz. Analoge Empörungswellen gibt es bereits seit dem Beginn der Menschheit. Bereits früher sind Gerüchte verbreitet worden, Menschen wurden auch öffentlich an den Pranger gestellt.

Pörksen und Detel erinnern an die Merkmale eines klassischen Skandals. Sie zeigen in einem ersten Schritt eine Normverletzung auf, in einem zweiten Schritt die von Journalisten betriebene Enthüllung, daran anschließend den Aufschrei und die Empörung des Publikums. Es folgen die Aufarbeitung und öffentliche Anklage, die Genugtuung der Masse und in einem letzten Schritt das Vergessen.[101]

Ein wesentlicher Unterschied zwischen einem Shitstorm und einem klassischen Skandal besteht darin, dass durch den technischen Wandel die Nutzer selbst zu Sendern geworden sind, weil jede einzelne Person ihre Meinung im Netz veröffentlichen kann. Darüber hinaus besitzen Nutzer im Internet mehr Kommunikationskontakte. Auch Patrick Breitenbach, der sich als Blogger und Dozent mit den Themen Shitstorms und emotionale Ansteckung beschäftigt, glaubt, dass im Internet die Gefahr der Ansteckung tendenziell größer ist. Allerdings weist er auch darauf hin, dass es empirisch schwer nachzuweisen ist, ob die positive oder die negative emotionale Ansteckung tendenziell größere Auswirkungen hat. Die Ansteckung kann seiner Ansicht nach in beide Richtungen gehen: »Momentan haben wir natürlich alle das Gefühl, dass die Laune insgesamt schlechter wird und die Ansteckung in Hass und in mieser Laune überwiegt. Aber es funktioniert tatsächlich umgekehrt. Wir sprechen aber eher über die Dinge, die uns aufregen, erregen und Angst machen. Von daher sind solche Themen bei uns unmittelbar im Bewusstsein, und das kann insgesamt den Eindruck verzerren und verfälschen.«

Der Netzaktivist Christoph Kappes vertritt sogar die These, dass ein Shitstorm nicht schlecht sein muss. Im Interview erklärt er, weshalb er das so sieht: »Es geht immer darum, neue soziale Regeln zu finden. Ist es richtig, dass man sich so verhält? Oder ist es nicht richtig? Und ich betrachte das eben so abstrakt, dass ich sage: Es gibt keinen wirklichen Knigge mehr, es gibt auch keine Institutionen mehr wie die Kirche oder die Schule, wo wir lernen, ob wir das dürfen oder ob wir das nicht dürfen. Also wir machen es im Leben eben, und dann geht es manchmal schief.«

Wie von Kappes überzeugend beschrieben wurde, muss ein Shitstorm im Internet nicht direkt etwas gänzlich Negatives bedeuten: Durch das Anprangern von Fehlverhalten einer Person, Institution oder auch eines Unternehmens können vielschichtige gesellschaftliche Prozesse in Gang gesetzt werden. Ein Shitstorm kann folglich dazu beitragen, dass bestehende Werte oder Normen in einer Gesellschaft neu austariert und angepasst werden. In diesem Fall führt die allgemeine Empörung zu einer gesellschaftlichen und sozialen Vergewisserung oder auch Neuorientierung.

Es ist also nicht mehr nur so, dass die klassischen Medien festlegen, wann eine Enthüllung stattfindet oder nicht; diese initiieren die Nutzer mittlerweile selbst. Die Zeiten sind vorbei, als User lediglich einen Beschwerdebrief an eine Partei oder ein Unternehmen geschickt haben. Grundsätzlich ist es positiv, dass die Nutzer nicht länger die Rolle der passiven Zuschauer innehaben, die von den Massenmedien mit aufbereiteten Informationen versorgt werden. Beim Auftreten eines Shitstorms sollten wir uns jedoch fragen: Möchte ich auf diese Welle mit aufspringen? Kann diese oder jene Empörung unsere Gesellschaft zum Besseren verändern? Auch beim Adressaten der Kritik wäre zu unterscheiden, ob ich ein Fehlverhalten eines Großkonzerns anprangere oder ob sich meine Entrüstung gegen minderjährige Einzelpersonen richtet, bei denen ich nicht einschätzen kann, welche Folgen sich hieraus ergeben können. Als aktiv an der Netzdebatte Teilnehmende sollten wir wissen, dass wir mit scharfer Kritik im Internet Lebensläufe zerstören und Menschen dehumanisieren können. Mit einem Shitstorm können also nicht nur gesellschaftliche Themen neu justiert, sondern auch Einzelpersonen ausgegrenzt werden.

Die Nutzer befinden sich noch in einem Übergangsprozess, der jedoch in naher Zukunft übergehen wird in ein Verständnis für die Mechanismen, die dem Internet und seiner Kommunikation zugrunde liegen. Schon früher haben Menschen einen medialen Wandel durchlebt, zum Beispiel bei der Erfindung des Buchdrucks, des Telefons oder des Fernsehens. Die Fähigkeiten im Umgang mit den neuen Medien mussten erst nach und nach erlernt werden, und bis heute sind die Diskussionen, ob Computerspiele nun schädlich seien, nicht gänzlich verstummt. Die Machtverhältnisse zwischen Sendern und Empfängern haben sich, bedingt durch den technischen Wandel, verschoben. Dies ist eine der größten Errungenschaften der Digitalisierung, die es zu verteidigen gilt. Es bedeutet jedoch auch, Eigenverantwortung zu zeigen und nicht in jeden Shitstorm mit einzusteigen. In erster Linie sind es die Nutzer, die sich ihrer Verantwortung und der Folgen ihrer Kommunikation bewusst werden sollten.

3.2. Haters gonna hate

Hate Speech in der klassischen Form gibt es bereits seit Beginn der Menschheit. Dies ist – genau wie der Shitstorm – kein Phänomen, das die Entstehung der sozialen Medien hervorgebracht hat, sondern es rührt von den Nutzern, die sich des Internets bedienen. Was ist Hate Speech (deutsch: Hassrede)? Darunter versteht man den »sprachliche[n] Ausdruck von Hass gegen Personen oder Gruppen [...], insbesondere durch die Verwendung von Ausdrücken, die der Herabsetzung und Verunglimpfung von Bevölkerungsgruppen dienen«. Hassrede unterscheidet sich vom alltagssprachlichen Begriff der Beleidigung dadurch, dass Letztere dann gegeben ist, wenn jemand als Individuum verunglimpft oder herabgewürdigt wird, also nicht als Mitglied einer Gruppe oder über seine Zugehörigkeit zu dieser Gruppe.[102]

Die Journalistin Dunja Hayali, homosexuell und mit Migrationshintergrund, wurde bei der Goldenen Kamera 2016 in der Kategorie

»Beste Information« ausgezeichnet. Damit wurde ihre Arbeit wertge-
schätzt, weil sie immer wieder den Dialog mit den Nutzern suchte:
»Ich setze einfach wirklich immer noch auf den Dialog, mich interessieren andere Meinungen, andere Argumente. Auch zur Selbstreflexion. Aber was da gerade abgeht, ist wirklich mit Verrohung von Sprache
überhaupt nicht mehr zu beschreiben. Bedrohungen, Beschimpfung,
Beleidigung, Vergewaltigungswünsche. Keiner hört keinem mehr zu,
Worte werden einem im Mund verdreht, aus dem Zusammenhang
gerissen. Und wenn man nicht die Meinung des Gegenübers widerspiegelt, ist man ein Idiot, eine Schlampe, ein Lügner oder total ferngesteuert.«[103]

Franziska Koch hat im Rahmen ihres Masterstudiums New Media
Journalism bei der *Tagesschau* Hasskommentare ausgewertet. Die To-
nalität im Internet hat sie am meisten überrascht, wie sie im Interview erklärte: »Ehrlich gesagt, hat mich am meisten der beleidigende
und harsche Ton der Kommentare überrascht, sowohl gegenüber einzelnen Journalisten und Politikern als auch untereinander. Bei Facebook ist der Großteil der Kommentare negativ. Viele User schreiben
aggressiv, beleidigend und unkontrolliert. Während meiner Tätigkeit
bei der *Tagesschau* konnte ich mein Vokabular bezüglich Schimpf-
wörter und Beleidigungen unfreiwillig erweitern. Interessant ist, dass
nicht alle Medienkanäle diesen Hass hervorbringen. So sind Kommentare bei Instagram zum Beispiel deutlich positiver als bei Facebook.« Für negative Kommentare braucht es keinen speziellen Anlass,
beobachtete sie: »Ich habe den Eindruck, es ist ganz egal, wie und
was gepostet wurde. Als ich im März 2016 vor Ort bei der *Tagesschau*
war, standen eigentlich unter jedem Post aggressive, negative und rassistische Kommentare. Themen, die immer wieder Aggressionen ge-

schürt haben, sind die Flüchtlingskrise, ›Merkels Willkommenspolitik‹, Pro-Europapolitik und die Türkei. Ich würde sogar behaupten wollen, dass es für einige User keinen speziellen Anlass braucht, um Hasskommentare zu schreiben. Selbst in den Posts über Wetter oder Sport befanden sich fremdenfeindliche Äußerungen und derbe Beleidigungen.«

Doch werden Frauen und Männer im gleichen Ausmaß mit Hate Speech konfrontiert? Anne Wizorek hat den Hashtag #Aufschrei ins Leben gerufen. Die Feministin kommt zu dem Ergebnis, dass es im deutschen Sprachraum noch an Datenmaterial fehle, ob Frauen im Netz härter angegangen werden als Männer. Im Interview erläutert sie, der amerikanische Sprachraum zeige jedoch, dass Frauen und Männer »ungefähr im selben Ausmaß von Hasskommentaren betroffen sind. Aber die Form, in welcher dies passiert, ist bei Frauen drastischer. Während Männer eher beschimpft werden, werden Frauen konkret bedroht, und das auch meist sexualisiert, also geschlechtsspezifisch. Das gilt vor allem für junge Frauen.«

Die Journalistin Jasmin Schreiber war undercover bei Facebook in rechten Gruppen unterwegs. Im Interview spricht sie über ihre Rückschlüsse aus dem Experiment: »Es ist wirklich schlimm. Während man solche rechten Hetzreden früher nach fünf Bier am Stammtisch mit seinen drei besten Freunden vom Stapel gelassen und hinterher auf den Suff geschoben hat, erfährt man nun tausendfache Bestätigung. Diese Menschen leben in ihrer Filterblase und lassen sich durch den Output konspirativer Blogs und AfD-Statements berieseln. Sie fühlen sich wie im Kriegszustand und haben das Gefühl, sich verteidigen zu müssen. Gegen Flüchtlinge, gegen Homosexuelle, gegen Karrierefrauen und Feministinnen, kurz und gut: gegen alle, die anders sind.«

Auf die Frage, wie sich rechte Gruppen bei Social Media vernetzen, lautete ihre Antwort: »Das geht ganz einfach. Die Gruppen haben einschlägige Namen wie ›Heimatliebe‹, irgendwas mit ›Vaterland‹ und Co., alles so typische Buzzwords. Wenn man so einer Gruppe beitritt, erhält man sofort massenhaft Freundesanfragen und parallel dazu Nachrichten wie ›Wir Patrioten müssen zusammenhalten‹ und Co. Es wird also sofort versucht, einen auf sozialer Ebene – und damit auch emotionaler Ebene – zu integrieren.«

Aber hat sich die Stimmung im Netz verschlechtert? Oder scheint dies nur so? Die Journalistin Ronja von Wurmb-Seibel erläutert im Interview, dass der Ton im Internet schon früher rau war: »Aus meiner Sicht war das schon immer so. Während des Studiums, von 2007 bis 2011, habe ich für die Redaktion von GMX und web.de gearbeitet. Während der Wochenenddienste musste ich dort manchmal die Foren betreuen – niemand wollte diesen Job machen, weil es in den Kommentarspalten so derb zuging. Ich kann mich an mehrere Morddrohungen unter den Usern erinnern, ein paarmal mussten wir die Polizei rufen. Vielleicht ist der raue Ton heute hörbarer geworden, weil mehr Leute diese Kommunikationsform nutzen. Aber das kann ja auch etwas Positives sein. Wenn man ein Phänomen erst mal erkannt hat, kann man es auch ändern oder wenigstens gegensteuern. Gerade im Zusammenhang mit den Neuankömmlingen in Deutschland habe ich das Netz auch als einen Ort des Mitgefühls und der Unterstützung erlebt. Wenn ich zum Beispiel für Freunde, die aus Kabul nach Deutschland gekommen sind, über Social Media einen Job, ein Fahrrad oder einen Deutschlehrer gesucht habe, hat dies jedes Mal unglaublich schnell geklappt.«

Cornelius Puschmann ist Senior Researcher des Postdoc-Kollegs »Algorithmed Public Spheres« am Hans-Bredow-Institut für Medienforschung und beschäftigt sich mit verbaler Aggression und der Rolle der Algorithmen. Für ihn hat sich die Stimmung im Internet ebenfalls nicht verschlechtert, wie er im Interview beschreibt. Damit teilt er die Ansicht von Ronja von Wurmb-Seibel: »Zugleich kann man nicht unbedingt davon sprechen, dass die Stimmung im Netz tatsächlich schlechter ist, als sie es einmal war, sondern höchstens davon, dass das Netz inzwischen sehr vielen Menschen eine Stimme gibt – inklusive solchen, die zuvor nicht gehört wurden, etwa auch, weil sie politisch extreme Standpunkte vertreten. Und schließlich ist Wut lauter als Zufriedenheit und wird stärker wahrgenommen.«

Auf der Medienversammlung 2016 der Landesanstalt für Medien Nordrhein-Westfalen (LfM) ging es um das Thema »Von Meinungsmachern und Meinungsmacht im Internet – Welche digitale Ethik brauchen Mensch und Maschine?«[104] Auf diesem Kongress wurde eine von der LfM in Auftrag gegebene Forsa-Umfrage zum Thema Hate Speech vorgestellt, bei der 2044 private Internetnutzer ab 14 Jahren befragt worden waren. Ein Ergebnis der Umfrage lautet, dass 91 Prozent der 14- bis 24-Jährigen bereits Hasskommentare im Netz gesehen haben. In der gesamten Bevölkerung waren bereits zwei Drittel der Befragten damit konfrontiert. Interessant ist, wie die Menschen auf Hate Speech reagieren: Die Hälfte der Befragten ignoriert Hasskommentare, mehr als ein Drittel beschäftigt sich mit den Kommentaren, weil sie darüber entsetzt sind.[105]

Die Allensbach-Studie »Relevanz und Glaubwürdigkeit der Medien« kommt zu dem Ergebnis, dass es nur wenige Nutzer sind, die die Stimmung im Internet verschlechtern. So heißt es auf der Seite des Verbandes Deutscher Zeitschriftenverleger, der die Studie in Auftrag gegeben hat: »Die Möglichkeit, in sozialen Netzwerken oder auf Nachrichtenseiten im Internet die eigene Meinung zu äußern, spielt für die große

Mehrheit keine Rolle: Mehr als drei von vier Befragten (78 Prozent) ist dies ›nicht so wichtig‹ oder ›gar nicht wichtig‹. Nur zehn Prozent der Bundesbürger haben bereits mehrmals zu einem Artikel, der auf einer Nachrichtenseite im Internet erschienen ist, einen Kommentar geschrieben. 84 Prozent haben dies noch nie gemacht.«[106]

Auf die Frage, ob die Menschen, die im Netz wütend sind, dies auch im ›analogen‹ Leben sind, hat Cornelius Puschmann im Interview keine eindeutige Antwort: »Das ist schwer zu beantworten, auch deshalb, weil uns dazu derzeit noch die empirischen Befunde fehlen. Fest steht, dass es Menschen gibt, die sehr viel Frust gegenüber der Politik, den Medien und anderen gesellschaftlichen Institutionen empfinden, welche sie als elitär und ausschließlich an ihrem eigenen Vorteil orientiert wahrnehmen. Es gibt aber auch Menschen, die große Bestätigung aus den Reaktionen ziehen, die ihre Äußerungen im Netz auslösen, welche also eher Trolle im klassischen Sinne sind.«

Doch woher lässt sich der Hass, gerade auch auf etablierte Medien, erklären? Der Journalist Richard Gutjahr hat eine Antwort auf diese Frage: »Ich nehme da mal als Analogie Platons Höhlengleichnis. Die Menschen von heute sind quasi vor dem Fernseher geboren worden, haben jeden Abend 15 Minuten aus der Welt vorgespielt bekommen und dachten, das sei die Wirklichkeit. Jetzt plötzlich erkennen sie, dass sie nur Schattenspiele an der Wand beobachtet haben und dass die Welt da draußen sehr viel größer und komplexer ist als das, was sie aus Zeitung und Fernsehen kannten. Und wie bei Platon ist das Publikum erst mal geschockt und orientierungslos. Das grelle Licht außerhalb der Höhle blendet und tut in den Augen weh, die Menschen suchen nach Halt und Orientierung. Genau in dieser Phase kommen dann

Vereinfacher wie Donald Trump oder Frauke Petry und bieten scheinbar einfache Antworten. Ich glaube gar nicht, dass jeder ihrer Anhänger ihnen hundertprozentig glaubt. Das Problem ist eher: Die Menschen wollen nicht zurück in die Höhle und zu den alten Schattenspielern, denn von denen fühlen sie sich ein Stück weit betrogen, weil sie ihnen suggeriert haben, dass das, was sie sendeten, wahr und die ganze Welt sei. Jetzt hat man tausend andere Quellen und Möglichkeiten, auf die bekannten Wahrheiten zu schauen, und plötzlich merkt man, dass diese nicht immer das ganze Bild gezeigt haben.«[107]

Aber was haben eigentlich Algorithmen damit zu tun? Mit dem Begriff Algorithmus werden informationstechnische Abläufe bezeichnet. Er ist auf die Mathematik der 1930er-Jahre und die Ansätze von Alan Turing zurückzuführen.[108] Algorithmen filtern das, was Nutzer zum Beispiel auf Facebook zu sehen bekommen. Sie sind nicht erkennbar, das heißt, ihre Funktionsweise bleibt den Anwendern verborgen.

Es ist wichtig zu verstehen, dass es sich bei Plattformen, auf denen sich Nutzer im Internet bewegen, nicht um neutrale Oberflächen handelt, sondern Algorithmen dafür sorgen, welche Inhalte die User zu sehen bekommen. Bei aller Kritik an der Vormachtstellung, die Unternehmen durch dieses Wissen innehaben, benötigt eine digitale Gesellschaft jedoch Algorithmen, um so manche Plattformen wie zum Beispiel Google überhaupt erst nutzen zu können. Algorithmen sind also nicht per se schlecht, vielmehr liegt die Verantwortung bei den Betreibern einer Plattform, die diese Algorithmen erstellen und interpretieren. Entspricht deren Ergebnis nicht den Erwartungen der Macher, können Algorithmen von ihnen nachgebessert werden. Bei diesem Thema sollten die Plattformen für mehr Offenheit sorgen, dass und wie mit Algorithmen gearbeitet wird. Darüber hinaus sollten einheitliche

(Werte-)Vorstellungen und Regeln länderübergreifend diskutiert werden. Auch hier wird eine neue Anwendungskompetenz für Nutzer erforderlich sein, um die Funktionsweise und Auswirkungen der Algorithmen besser nachvollziehen zu können.

Werfen wir einen Blick auf die Filterblasen. Der Begriff der »Filter Bubble« wurde von Eli Pariser geprägt. Er hat bereits 2011 in seinem gleichnamigen Buch die zunehmende Personalisierung im Internet mit dem Begriff der »Filter Bubble« (deutsch: Filterblase) umschrieben. Pariser hatte dabei in erster Linie Plattformen wie Google im Blick, die die Personalisierung im Internet vorangetrieben haben. Er beschreibt es so: »Eine Welt, die nur aus Bekanntem besteht, ist eine Welt, in der man nichts lernen kann. Wenn die Personalisierung zu streng und genau ist, enthält sie uns überwältigende, bewegende Erfahrungen und Ideen vor, die uns die Welt und uns selbst mit anderen Augen sehen lassen.«[109]

Doch lassen sich die »Filterblasen« oder Echokammern, wie sie auch bezeichnet werden, wissenschaftlich nachweisen? Eine Studie des Statistikers Seth Flaxman beobachtet zum Beispiel nur einen geringen Einfluss von Algorithmen auf unsere Meinungsvielfalt.[110] Bislang konnte die Existenz von Filterblasen oder Echokammern und ihre Auswirkungen nicht eindeutig wissenschaftlich belegt werden. Umso überraschender ist es, dass in der öffentlichen Debatte nach der Wahl von Donald Trump zum Präsidenten der USA ganz selbstverständlich von Filterblasen und Echokammern gesprochen wurde. Es ist richtig, dass Facebook die Menschen, mit denen wir häufiger kommunizieren, näher an uns heranrückt. Es ist auch richtig, dass wir von Facebook Empfehlungen bekommen, die auf unsere Interessen zugeschnitten sind. Dies bedeutet jedoch nicht, dass wir auf digitalen Plattformen nicht mit anderen Meinungen und Einstellungen konfrontiert würden. Im Gegenteil.

In der Facebook-Freundesliste der Nutzer befinden sich nicht nur enge Freunde, sondern auch (und gerade) lose Bekanntschaften. Durch die Freunde der eigenen Facebook-Freunde, werden die Nutzer auch mit den Einstellungen und Gedanken von Menschen konfrontiert, die in einer anderen Lebensrealität verhaftet sind. Dazu kommt, dass das, was geläufig als Filterblase bezeichnet wird, bereits seit Beginn der Menschheit existiert und kein neues Phänomen des Internets darstellt. Bereits früher haben Menschen ausschließlich die Zeitschriften abonniert, für die sie sich interessierten und die ihrer Lebensrealität entsprachen. Die Menschen haben sich folglich schon immer lieber in ihrer eigenen Filterblase aufgehalten. Gerade Plattformen wie Facebook ermöglichen es, dass Nutzer mit anderen Sichtweisen konfrontiert werden als zu Hause am Küchentisch. An dieser Stelle werden mir sicherlich einige Leser widersprechen. Bislang fehlen aber gesicherte wissenschaftliche Befunde, um Rückschlüsse zu ziehen.

Die Frage, welche Auswirkungen digitale Filterblasen haben, kann also noch nicht beantwortet werden. Gewisse Effekte werden möglicherweise verstärkt, aber die meisten Nutzer hatten bereits vorher die entsprechenden Einstellungen. Das Problem und die Hintergründe sind im analogen Leben zu suchen und nicht im digitalen.

Aber zurück zu den Zeitungen. Immer mehr Online-Zeitungen haben die Kommentarfunktion unter den Artikeln geschlossen, was zur Folge hatte, dass sich die Debatte auf Facebook verlagerte, wo oftmals zu wenig moderiert wird.

Stefan Plöchinger, der Digitalchef der *Süddeutschen Zeitung,* begründete die Entscheidung, die Diskussion durch wenige moderierte Foren zu ersetzen, im Interview als »Schritt gegen die selbst ernannten Ketzer, die vorher dort versucht haben, die Debatten zu bestimmen, und die immer schwieriger in den Griff zu bekommen waren«. Er hat eine Erklärung, weshalb einige Zeitungen ihre Kommentarfunktion noch aktiv halten: »Ich lese auf allen Nachrichtenseiten viel schlecht Moderiertes, das ich als Unsinn bezeichnen würde, teils auch Fehlerhaftes, öfter auch Agitatorisches – aber diese Nachrichtenseiten haben sich eben entschieden, auch derlei Wortmeldungen zu tolerieren, oder schaffen es von ihrer Ausstattung her nicht besser, die Sache in den Griff zu kriegen. Die Kollegen wissen sicher besser als ich, ob das bei ihren Lesern ähnlich gemischte Reaktionen wie bei mir persönlich auslöst oder ob es doch zu viel Reichweite bringt.«

Auf die Frage, ob er Verständnis dafür hat, dass Medienhäuser ihre Kommentarfunktion sperren lassen, vertritt Christoph Kappes eine eindeutige Meinung: »Ja, weil es Arbeit ist und es belastet, sich beschimpfen zu lassen. Nein, weil Kritik zur demokratischen Öffentlichkeit gehört und, was viele Medienhäuser machen, reine Willkür ist. Sie fallen sogar hinter Google und Facebook zurück, was Transparenz angeht.« Eine Demokratie lebt von der Vielfalt unterschiedlicher Meinungen, die eine Gesellschaft aushalten sollte. Dies ist der Grund, weshalb die Meinungsfreiheit von Bedeutung ist, nicht nur in der ›analogen‹ Gesellschaft, sondern gerade auch in der digitalen.

Ein Beispiel für Transparenz ist Zeit Online, die immer noch Kommentare zulässt. Deren Redaktion hat bereits früh in ihren als Netiquette bezeichneten Richtlinien deutlich gemacht, welche Erwartungen sie an eine Diskussion hat. Community-Redakteure und Moderatoren kümmern sich um grenzwertige Kommentare. In den Regeln, an die sich alle Nutzer halten müssen, heißt es unter anderem:

»1. Beleidigungen haben in den Diskussionen keinen Platz. Wenn Sie einem Artikel oder Kommentar widersprechen, kritisieren Sie dessen Inhalte und greifen nicht den Verfasser an.

2. Diskriminierung und Diffamierung anderer Nutzer und sozialer Gruppen aufgrund ihrer Religion, Herkunft, Nationalität, Behinderung, Einkommensverhältnisse, sexuellen Orientierung, ihres Alters oder ihres Geschlechts sind ausdrücklich nicht gestattet.

3. Verleumdungen sowie geschäfts- und rufschädigende Äußerungen dürfen nicht verbreitet werden.

4. Nicht prüfbare Unterstellungen und Verdächtigungen, die durch keine glaubwürdigen Argumente oder Quellen gestützt werden, entfernen wir. Bitte bemühen Sie sich um nachvollziehbare Aussagen.«

Die Liste wird noch um die Punkte fünf bis neun fortgeführt. Am Ende heißt es noch bei »Zu guter Letzt«: »Wir möchten Ihnen ans Herz legen, sich Ihre Kommentare vor dem Klick auf den ›Abschicken‹-Knopf noch einmal durchzulesen. Könnte der Kommentar von anderen Nutzern als Beleidigung aufgenommen werden? Ist er unmissverständlich formuliert? Drückt er das aus, was Sie sagen wollen, und soll auch die ganze Welt Ihre Meinung erfahren?«[111]

Facebook hat für seine Nutzer ebenfalls Community-Standards entwickelt. So heißt es auf dessen Seite: »Menschen sind auf Facebook aktiv, um ihre Erfahrungen zu teilen und das Bewusstsein für bestimmte Themen zu erhöhen, die ihnen wichtig sind. Das bedeutet, dass du unter Umständen Meinungen begegnest, die sich von deiner unterscheiden. Wir sind jedoch davon überzeugt, dass dies wichtige Diskussionen zu schwierigen Themen auslösen kann. Um dazu beizutragen, die Bedürfnisse, Sicherheitsanforderungen und Interessen dieser vielfältigen Gemeinschaft in Einklang zu bringen, können wir bestimmte sensible Inhalte entfernen oder die Zielgruppe einschränken, die diese sehen.«[112]

Facebook hat in den vergangenen Jahren bereits auf politischen Druck reagiert. Es war jedoch nicht nur die Politik, die ein Einschreiten bei Verletzungen der Persönlichkeitsrechte von Facebook forderte, auch die Nutzer verlangten, dass man dort stärker gegen rassistische Beiträge angehen sollte.[113]

So mancher Verfasser eines Posts reklamiert einen Verstoß gegen die Meinungsfreiheit, wenn ein von ihm verfasster Kommentar gelöscht wurde. Hasskommentare und Beleidigungen im Internet lassen sich jedoch nicht mit der Meinungsfreiheit rechtfertigen. Diese reicht vielmehr nur so weit, wie nicht Rechte anderer, insbesondere deren Persönlichkeitsrechte, beeinträchtigt werden.

Hate Speech kann übrigens auch von Maschinen, sogenannten Bots, erstellt werden, die gezielt soziale Medien manipulieren. Doch was versteht man eigentlich unter einem Bot? Simon Hegelich, Professor für Political Data Science an der Hochschule für Politik der Technischen Universität München, forscht zu diesem Thema. Der Begriff Bots als Kurzform von Roboter sei gebildet worden, um damit autonom agierende Programme im Netz zu bezeichnen. Diese Bezeichnung sei aber unscharf und bedürfe daher einer Konkretisierung: Häufig würden zum Beispiel die Skripte, mit denen Suchmaschinen das Internet durchkämmen, Bots genannt, oder auch Computer, die von einer Schadsoftware befallen wurden. Aktuell gehe es bei Bots aber eher um automatisierte Accounts in den sozialen Medien, die als »Chatbots« Routineaufgaben übernehmen oder als Social Bots ihre Identität verschleiern und vorspiegeln, sie wären Menschen.[114] Hegelich ist jedoch nicht der Ansicht, dass Manipulation in den sozialen Medien auf Zuruf der Bots passiert: »Alle Studien sprechen dagegen, dass jemand seine politische Überzeugung ändert, nur weil er eine Nachricht in den sozialen Netzwerken sieht.«[115]

Für Cornelius Puschmann spielen Social Bots in ganz unterschiedlichen Diskursen eine Rolle, wie er beschreibt: »Sie können etwa Nachrichten verbreiten oder Transparenz herstellen. Sie können aber auch große Unterstützung für Positionen suggerieren, die in Wahrheit deutlich weniger Befürworter haben, oder durch starke Aktivität legitime Stimmen übertönen. Man kann sich allerdings auch eine konstruktive Rolle von Social Bots im Zusammenhang mit Hasskommentaren vorstellen, etwa wenn es darum geht, Personen gezielt anzusprechen, die solche Kommentare von sich geben.« Es liegt folglich auch hier an den Nutzern, sich mit dieser Thematik zu beschäftigen und Social Bots in den sozialen Medien zu erkennen. Um zu überprüfen, ob Anwender es mit einem Social Bot zu tun haben, kann es helfen, sich folgende Fragen zu stellen: Wie heißt der Account? Wie oft twittert er? Wie reagiert der Account auf Rückfragen?

Es ist also wichtig, deutlich zu machen, dass durch den medialen Wandel immer mehr Menschen eine Stimme im Internet erhalten und folglich auch mehr Nutzer Beiträge kommentieren können. Somit werden auch herabsetzende Kommentare einiger weniger, die sich überdurchschnittlich häufig in den sozialen Medien zu Wort melden, deutlicher wahrgenommen.

Darüber hinaus sind die Phänomene Shitstorm und Hate Speech älter als das Internet und haben ihre Ursachen nicht in der Entstehung der sozialen Medien. Unternehmen, die die Strukturen des Internets für ihre Plattformen nutzen, sind gefordert, ihre Verantwortung für eine rechtskonforme Kommunikation wahrzunehmen und gerade in der Strafverfolgung aktiv zu werden. Die Politik trägt ebenfalls eine Verantwortung, denn sie ist es, die den Betreibern von Plattformen durch den Erlass von Rechtsvorschriften Vorgaben machen kann, um Rechtsverstöße von Nutzern wenigstens im Nachhinein zu sanktionieren. Nicht zuletzt ist es die Aufgabe und Pflicht der Anwender selbst, die neuen Errungenschaften des Netzes durch Aufbringen von Zivilcourage zu verteidigen.

3.3. Blackbox, Blackbox

Viele der in diesem Buch angesprochenen Themenfelder sind noch nicht gänzlich wissenschaftlich erforscht. Um eine Einschätzung zu diesen liefern zu können, wurden für dieses Buch Experteninterviews mit Wissenschaftlern, Bloggern, Juristen und Journalisten geführt, die sich medientheoretisch oder -praktisch mit dem Medienwandel beschäftigen oder die – gewollt oder ungewollt – mit der positiven oder negativen Seite der Vernetzung in Berührung gekommen sind.

Die Interviewpartner wurden gefragt, welche Rolle Algorithmen bei unserer digitalen Kommunikation spielen. Algorithmen sind für die meisten Nutzer eine Blackbox, da sie nicht sichtbar und somit auch nicht zugänglich sind. Spätestens seit der Wahl von Donald Trump zum Präsidenten der USA wird auch in der Öffentlichkeit über die Rolle der Algorithmen in den sozialen Medien diskutiert.

Der Bloggerin Mary Scherpe fällt es zunehmend schwerer, an Suchalgorithmen positive Seiten zu finden, da diese ihrer Auffassung zufolge zu einem beengten Weltbild führen und dabei nur die eigene Meinung bestätigt wird: »Ich finde sie in der Regel bevormundend und limitierend und hätte lieber mehr eigene Kontrolle darüber, was ich in meinen Social-Media-Feeds sehe. Ich kann die ökonomische Motivation verstehen, aber aus einer intellektuellen Diskursperspektive führen sie zu einem beengten Weltbild, das unsere bestehenden Meinungen lediglich bestätigt, weil sie nur danach trachten, uns zu zeigen, was wir ohnehin schon liken.« Ihre Einschätzung zeigt, dass es für Nutzer wichtig ist, Suchergebnisse, die Google & Co. liefern, kritisch zu hinterfragen.

Jasmin Schreiber schätzt die Macht der Algorithmen – ähnlich wie Mary Scherpe – auch als sehr hoch und problematisch ein: »Algorithmen beeinflussen das, was wir jeden Tag vorgesetzt bekommen. Dadurch, dass ich (Anm.: in einem Selbstversuch) diese rechten Gruppen geliked und mich mit rechts eingestellten Leuten befreundet habe beziehungsweise von ihnen befreundet wurde, wurden mir – darauf basierend – immer mehr rechte Facebook-Seiten, Menschen, Links und Gruppen vorgeschlagen. Ich habe genug Erfahrung mit Medien und Co., um mir bewusst zu sein, in einer Filterblase zu sitzen, und ich durchbreche diese, indem ich eben auch Leuten und Organisationen folge, deren Meinung ich nicht teile. Aber ich denke, das machen die wenigsten. Die meisten lassen sich unbedarft vom Algorithmus treiben – und wenn die Gesellschaft Pech hat, landen sie rechts von uns und sind überzeugt davon, dies sei die ungefilterte und knallharte Wahrheit.«

Stefan Plöchinger ist der Ansicht, dass die Macht der Algorithmen gewachsen sei, gerade bei Plattformen wie Facebook oder Google, die algorithmisch gesteuert sind. Facebook sei für viele Menschen eine Informationsplattform geworden und Google ein Eintrittstor ins Internet, durch das man die digitale Welt entdecke. (Nicht von ungefähr benutzen wir, wenn wir im Internet auf die Suche gehen, das Wort »googeln«). Sowohl auf Facebook als auch bei Google würden viele

Menschen mehr Zeit verbringen als in den Apps oder auf den Seiten klassischer Medienmarken.

Jessica Einspänner-Pflock schätzt die Macht der Algorithmen bei unserer Kommunikation ebenfalls als groß ein, vor allem derer, die wir nicht kennen und von denen wir nicht wissen, dass sie überhaupt existieren und Einfluss auf unsere Kommunikation haben. Hier müsse man zwei Nutzertypen unterscheiden: Den einen, der sich frage: Was weiß ich über die Existenz und Wirkungsweise von Algorithmen, und wie gehe ich als Nutzer damit um? Sowie den anderen, der diese nicht kennt und auch nicht weiß, dass er von Algorithmen gesteuert wird.

Es wird also eine vorrangige Anforderung an die Vermittler von Medienkompetenz werden, die Funktion und Wirkung von Algorithmen zu erläutern und Handlungsperspektiven aufzuzeigen. Kritisch sind besonders Persönlichkeitsprofile von Menschen zu sehen, die künftiges Verhalten mit einer gewissen Wahrscheinlichkeit vorhersagen, je nach der Menge und Validität der zur Verfügung stehenden Daten.

Die Medienforscherin Nele Heise erklärt, dass Algorithmen insgeheim Einfluss auf das digitale und auch analoge Leben haben. Darüber hinaus macht sie darauf aufmerksam, dass die meisten Nutzer Algorithmen nicht wahrnehmen oder nichts von deren Existenz wissen: »Algorithmen beeinflussen, wie wir online an Informationen gelangen, welche Inhalte uns empfohlen oder welche Freundschaften uns vorgeschlagen werden. Bis hin zur Art und Weise, wie wir im Netz uns und unsere Identität darstellen oder welche Inhalte wir publizieren können. Algorithmen haben also durchaus einen immensen Einfluss auf unser digitales – und letztlich auch analoges – Leben. Die allermeisten User nehmen das nicht bewusst wahr, was ja auch durchaus so gewollt ist, oder sie wissen gar nicht, dass Umgebungen wie Facebook von Prozessen im Hintergrund gefiltert werden. Das bringt einige Probleme mit sich, wenn zum Beispiel das Ranking von Suchergebnissen als neutral angesehen und nicht hinterfragt wird, oder wir nur noch mit Inhalten konfrontiert werden, die unseren Präferenzen entsprechen (Stichwort Filter Bubble), ohne genau zu wissen, warum. Andererseits brauchen wir Algorithmen, um uns in der Flut an Inhalten und Informationen im Netz zurechtzufinden – sie erfüllen also auch sehr wichtige Aufgaben, ohne die wir viele Funktionen digitaler Medien gar nicht nutzen könnten.«

Heise zeigt aber auch auf, dass Medienkompetenz – gerade im Hinblick auf die Funktion von Algorithmen – notwendig wird: »Wichtig ist, dass wir uns darüber im Klaren sind, dass Netzanwendungen keine neutralen Oberflächen sind – ihre Funktionen und die dahinter liegenden Algorithmen werden von Menschen programmiert, beeinflusst und verändert. Das können zum Beispiel einzelne Designer, Unternehmen oder auch Staaten sein, die persönliche Wertvorstellungen, kommerzielle oder politische Ziele in die Anwendungen ›einschreiben‹. Gerade bei so wichtigen Anwendungen wie Suchmaschinen haben diese Akteure also große Macht, was unter anderem deshalb so problematisch ist, weil die Prozesse kaum transparent sind, oft auf Vorurteilen der Gestalter basieren und wir als User die Entscheidungen von Algorithmen kaum verstehen oder hinterfragen, geschweige denn ihr Design beeinflussen können. Das kann zu einer unfairen Diskriminierung und Benachteiligung führen, weil man zum Beispiel ein bestimmtes errechnetes Profil (nicht) erfüllt, oder sogar zur Manipulation öffentlicher Meinung, wie man etwa an Social Bots sehen kann. Das alles sind Dinge, die erst allmählich in den Fokus öffentlicher Debatten rücken, und neben Hackern, Journalisten, Politikern oder Rechtsexperten haben natürlich auch wir Wissenschaftler eine wichtige Aufgabe, auf Probleme hinzuweisen und Lösungsvorschläge zu machen. Wie man sieht, die ›Macht‹ von Algorithmen ist komplex, vielfältig und schwer greifbar, sie hat aber immer mit Menschen zu tun. Nicht zuletzt spiegeln viele Algorithmen auch unser eigenes Nutzungshandeln wider, und daher sind auch wir als User von Plattformen und als Teil der Zivilgesellschaft gefragt, Kontrolle, Transparenz und Fairness zu fordern, zu hinterfragen und über Alternativen nachzudenken.«

Simon Hegelich vertritt ebenfalls die Ansicht, dass unsere Kommunikation immer stärker durch Algorithmen bestimmt wird. Er macht im Interview aber auch darauf aufmerksam, dass es einen Grund gibt, weshalb Algorithmen nicht offengelegt werden: »Was ich bei Google, Facebook und so weiter angezeigt bekomme, ist stark von Algorithmen abhängig. Dazu kommt: Diese Algorithmen werden nicht völlig offengelegt, weil man sie ansonsten manipulieren könnte. Beispiel Google: Die Reihenfolge der Suchergebnisse wird stark durch den ›PageRank‹ bestimmt. Diesen Algorithmus muss man sich vorstellen wie einen gigantischen Webcrawler, der immer, wenn er auf eine Seite kommt, sich zufällig einen Link herauspickt und dem dann folgt. Dabei zählt er, wie oft welche Seite besucht wird. Wenn ich das weiß, kann ich zwei Seiten bauen, die gegenseitig aufeinander verlinken. Der Crawler wird dann immer von der einen auf die andere Seite geleitet, und Google würde glauben, die Seite sei sehr beliebt – wenn sie nicht ihren Algorithmus angepasst hätten, um solche Manipulationen zu verhindern. Dadurch wissen aber heute nicht mal mehr Experten, wie diese Algorithmen genau funktionieren. Aber: Ich habe im Internet alle Freiheit, auch auf eine Seite zu gehen, die Google mir nicht vorschlägt. Damit etwas gefährlich wird, braucht es also auch immer Nutzer, die sich selbst von den Algorithmen abhängig machen.« Es sind – wie bereits mehrfach angedeutet – die Anwender, die sich aus Unkenntnis oder Bequemlichkeit von den Algorithmen abhängig machen und die – wie

Hegelich angesprochen hat – auch die Freiheit besitzen, eine Seite auf-
zusuchen, die nicht von Google vorgeschlagen wird. Es liegt also auch
an den Nutzern, sich so selbstbestimmt wie möglich durch das Internet zu bewegen.

Die Macht der Algorithmen erkennt Cornelius Puschmann, wie andere Befragte vor ihm, in deren Unsichtbarkeit. Er macht darauf aufmerksam, dass Algorithmen besonders dort wirken, wo sie gar nicht
vermutet werden: »Um ein konkretes Bespiel zu liefern: Viele Menschen
glauben, dass ihre Freunde sie weniger mögen als früher, wenn ihre Beiträge bei Facebook weniger Likes erhalten, auch wenn in Wahrheit der
Grund dafür darin besteht, dass die Freunde die eigenen Beiträge vielleicht nicht angezeigt bekommen, weil der Newsfeed-Algorithmus seine Selektionskriterien verändert hat. Solche Rationalisierungen – meine Freunde mögen mich nicht mehr – finden deshalb statt, weil die
Selektion durch den Algorithmus praktisch unsichtbar ist.«

Patrick Breitenbach findet die Debatte über die Algorithmen aufge-
bauscht. Deren Macht leugnet er zwar nicht, aber er sieht sie nicht als
so groß an, wie man Nutzern weismachen möchte: »Algorithmus ist
irgendwie das neue Phantasma, das überall herumgeistert und wahlweise die Leute begeistert oder verängstigt. Ich glaube tatsächlich, dass
dies extrem aufgekocht wird. Ja, es gibt Algorithmen, und sie haben
auch eine gewisse Macht, aber ich glaube, noch längst nicht in dem
Maße, wie man uns das immer vermitteln will.« Für ihn ist die Algo-
rithmen-Diskussion im Wesentlichen gutes Marketing: »Das hilft auch
Facebook, wenn sein Algorithmus aufgeblasen wird und sich herumspricht, was er alles Tolles kann. Aber nichtsdestotrotz bemerken wir
den Algorithmus im alltäglichen Gebrauch bei Facebook, und natürlich wird es auch ein Zukunftsthema werden. Gerade wenn es in wirklich existenzielle Bereiche wie zum Beispiel Versicherung oder Kredit-

würdigkeit geht. Deswegen warne ich auch immer, diesen Algorithmus
so zu verherrlichen, weil er am Ende dann doch so schlecht gemacht
ist, aber so viele Existenzen daran hängen. Es wäre fatal, sich voll und
ganz auf Algorithmen zu verlassen. Ich sehe die Gefahr, dass Menschen
diese Verantwortung am liebsten an Algorithmen abgeben würden, gerade wenn es um Bereiche wie das Militär geht. Dort wird angedacht,
dass in Zukunft Drohnen aufgrund von Datensätzen selbst entscheiden können, wen sie abschießen. Dies ist natürlich eine riesige ethische
Gefahr. Aber daran ist letztendlich nicht der Algorithmus schuld, sondern das, was der Mensch aus dem Konstrukt ›Algorithmus‹ macht.«
Seine Antwort unterstützt ebenfalls die These, dass es nicht die Algorithmen sind, von denen Gefahr ausgeht, sondern die Menschen, die
diese konzipieren oder verschweigen.

Christoph Kappes tut sich schwer damit, Algorithmen Subjekteigenschaften zuzusprechen. Seiner Ansicht nach handeln diese nicht.
Er zieht den Vergleich zu den Autos: »Algorithmen als solche handeln
nicht. Oder ich sage mal anders: Autos handeln nicht, trotzdem führen ihre Existenz und ihre Benutzung kausal dazu, dass es Verkehrstote gibt. Zurechnen tue ich das aber entweder den Autofahrern oder
den Produktherstellern.« Weiter weist er darauf hin, dass Algorithmen
gerade bei Google nötig sind. »Bei aller Google-Kritik vergessen viele
Leute sich vorzustellen, was passieren würde, wenn es keine Suchmaschine gäbe. Oder was passieren würde, wenn eine Suchmaschine keine
Relevanzgewichtung vornehmen würde, sondern die Treffer zum Beispiel chronologisch ausgeben würde. Dann hätten wir einen Internetindex von 1994 mit kaputten Links auf der ersten Ergebnisseite. Dort
sind Algorithmen einfach nötig. Eigentlich ging es bei ihr nur um die
Beobachtung, dass bestimmte Personen mit bestimmten politischen
Positionen aufgrund des Algorithmus – indem er auf bestimmte En-

gagements aufsetzt wie Likes, Shares und Kommentare –, zu einer gewissen Veränderung der neu einfließenden News führt. Mehr sagt die ›Filter Bubble‹ nicht. Sie sagt nicht, dass Menschen jetzt nur noch eines konsumieren, denn es gibt Bereiche, die ohne solche Algorithmen funktionieren. Alles außerhalb von Facebook ist ohne. Und es gibt auch gegenläufige Effekte, die Eli Pariser gar nicht thematisiert hat. Beispielsweise sehe ich, wenn aus meinem – vielleicht sogar extrem homogenen – Freundeskreis jemand anderes an einer für mich unerwarteten Stelle Kritik äußert. Dann sehe ich diese Kritik, weil es ein Kontakt zweiten Grades ist, genauso, wie es umgekehrt passiert. Also ich glaube, es gibt auch gegenläufige Effekte, über die bisher niemand gesprochen hat, die diese Filter Bubble wieder öffnen.«

Natalie Stark arbeitet als Social-Media-Managerin bei betterplace. org. Sie hat für sich Strategien entwickelt, um sich nicht fremdbestimmt durchs Internet schleusen zu lassen. Sie zeigt Möglichkeiten auf, die sie selbst bereits anwendet: »Ich achte immer mehr darauf, mich selbstbestimmt und nicht fremdgesteuert durch das Internet zu bewegen. So recherchiere ich Nachrichten häufig aus mehreren Quellen, um mir eine Meinung bilden zu können.« Es wird folglich immer häufiger so sein, dass Nutzer selbst kritisch entscheiden müssen, welchen digitalen Wegweisern sie folgen wollen. Der Anspruch muss sein, nicht die Verantwortung an Plattformen abzugeben, sondern sich selbstbestimmt durch das Netz zu bewegen.

Algorithmen sind also nur so gut oder schlecht wie die Menschen, die sie erstellen und interpretieren. Die Befragten machen darauf aufmerksam, dass die Macht der Algorithmen in erster Linie in ihrer Unsichtbarkeit und dem damit verbundenen fehlenden Wissen darüber liegt, an welchen Stellen im Netz Algorithmen eingebaut sind. Nutzer ziehen bei Plattformen wie Google auch Vorteile aus der Tatsache, dass diese Gewichtungen vornehmen. Es ist wichtig, Anwendern künftig noch deutlicher zu vermitteln, dass Algorithmen bei unserer digitalen Kommunikation eine wichtige Rolle spielen und welche Funktion sie innehaben. Gefährlich wird es erst dann, wenn Nutzer ahnungslos sind, dass Plattformen wie Facebook und Google mithilfe von Algorithmen arbeiten und dass diese für wirtschaftliche oder politische Zwecke missbraucht werden können. Ziel muss daher die Vermittlung einer soliden Anwendungskompetenz durch Schulen und andere Bildungseinrichtungen sein. Solange diese Themen nicht fester Bestandteil des Unterrichts sind, obliegt es den Familien, ihre Kinder frühzeitig darüber aufzuklären. Abgesehen von der Verbesserung der Anwendungskompetenz der Nutzer sind auch Richtlinien für die Plattformbetreiber nötig, damit die Möglichkeiten, die sich durch die Digitalisierung ergeben, nicht von Unternehmen oder Behörden missbraucht werden können.

Kapitel 4: Moral meets Empörung

4.1 Wir werden zu Kritikern

Wie kam es eigentlich zum Internet, und war es überhaupt als Plattform für Zeitungen, Mediatheken, Warenbestellungen und Bezahldienste etc. geplant? Das Internet ging aus dem im Jahr 1969 errichteten ARPANET (Advanced Research Projects Agency Network) hervor, einem Netz, das die im Auftrag des amerikanischen Verteidigungsministeriums tätige Forschungseinrichtung ARPA entwickelte. Vier Computer unterschiedlicher Universitäten wurden miteinander vernetzt. Das Ziel der amerikanischen ARPA war, unter anderem Forschungseinrichtungen zu fördern, um im internationalen Rüstungswettlauf mit der Sowjetunion mithalten zu können.[116] Im Jahr 1971 wurde von Ray Tomlinson das Electronic Mailing Programm erfunden, die E-Mail, die es erstmals ermöglichte, elektronische Briefe über das Netz zu senden und zu empfangen.[117] Bei der E-Mail, die als gebräuchlichste Kommunikationsmöglichkeit im Internet genutzt wird, handelt es sich um eine Kommunikationsform, die auf den ersten Blick auf der Schriftlichkeit basiert, jedoch erinnert die Art der Kommunikation häufig an ein mündliches Gespräch.[118]

Im Jahr 1973 gab es erstmals eine Verbindung zwischen ARPANET und einer Universität außerhalb der USA, dem University College of London. Gleichzeitig wurde auch seit Beginn der 70er-Jahre an neuen Übertragungstechniken geforscht. Die Informatiker Bob Kahn und Vint Cerf entwickelten ab 1973 das Transmission Control Protocol (TCP). Mithilfe dessen konnte eine fehlerfreie Paketübertragung erreicht werden. Parallel zum ARPANET entstand eine Vielzahl von Netzen: Gegen Ende der 70er-Jahre des vergangenen Jahrhunderts wurde das ARPANET nur noch von einer kleinen Anzahl von US-Universitäten genutzt. Im Jahr 1979 begann eine Gruppe von US-Universitäten, ein neues Datennetz zu errichten: Das Computer Sciences Network (später: The National Science Foundation Network/NSFNET) entstand. Noch zu Beginn der 90er-Jahre wurde das Internet überwiegend von Wissenschaftlern und Universitäten genutzt, erst ab Mitte der 90er-Jahre wurde das World Wide Web (WWW) populär, nachdem der Übergang von einer textbasierten zu einer grafischen Oberfläche vollzogen worden war.[119] Das Internet veränderte sich mit der Einführung des World Wide Web: Dessen Erfinder Tim Berners-Lee entwickelte ab 1989 am Schweizer Kernforschungszentrum CERN die Hypertext Markup Language (HTML), die maßgeblich daran beteiligt war, dass das Internet grafisch wurde. Seitdem geht es lediglich um eine Weiterentwicklung und nicht mehr um eine neue Erfindung des Internets.[120] Mithilfe eines Links wurden erstmals Verknüpfungen möglich: Daten konnten ausgetauscht und um die Welt verschickt werden. Nach Ansicht von Berners-Lee konnte nur auf diese Weise das Netz seinen Zweck erfüllen.[121]

Dies zeigt, dass das Internet ursprünglich nicht als Plattform zur privaten Kommunikation, für Warenbestellungen und Bezahldienste geplant war. Mittlerweile sind Nutzer weltweit miteinander verbunden und informieren sich in Echtzeit in den sozialen Medien. Dies hat inzwischen zu einem erhöhten Kritikpegel geführt – wie wir beim Begriff des Shitstorms erfahren haben –, da jeder User seine Meinung im Internet veröffentlichen kann.

Bei Naturkatastrophen, Terroranschlägen oder anderen wichtigen Ereignissen, von denen Menschen erfahren, werden insbesondere Kritik und Schuldzuweisungen in digitaler Form geäußert. Es sind nicht nur Bilder und Videos, die bei solchen Ereignissen in den sozialen Medien verbreitet werden, sondern auch Kommentare insbesondere zur Frage, wer für ein bestimmtes Ereignis die Schuld trägt, oder wie solche Vorkommnisse künftig verhindert werden können. Viele sind durch die Möglichkeit, selbst zum Sender zu werden, inzwischen zum Medienkritiker geworden. Anders als früher können die Nutzer sofort ihren Widerspruch zum Ausdruck bringen oder Vorschläge zur Verbesserung unterbreiten, auch wenn die eigene Fähigkeit oftmals überschätzt werden dürfte.

Nach den Terroranschlägen in Paris wurden die sozialen Medien aber auch zu Orten der Solidaritätsbekundung. Der Aufforderung von Facebook »Ändere dein Profilbild, um deine Unterstützung für Frankreich und die Menschen in Paris zu zeigen« sind Tausende Nutzer gefolgt, um ihre Anteilnahme auszudrücken. In derartigen Fällen kommt es oftmals zu einem Beschwerdekreislauf: Nutzer beschweren sich über andere Anwender ob ihrer Kritik oder Anteilnahme im Internet. Dies liegt darin begründet, dass jeder Nutzer quasi als Sender seine Meinung ungefiltert veröffentlichen kann, ohne dass – wie zu analogen Zeiten – eine Leserbrief-Redaktion im Hintergrund eingreifen würde.

Bei Berichterstattungen vermischen sich oft richtige und falsche Informationen, vor allem dann, wenn es schnell gehen muss. Der Philosoph Jean Baudrillard hat den Begriff »Simulationsmoderne« geprägt, der auch in diesem Zusammenhang Verwendung finden könnte. Die von ihm zuvor entwickelte Simulationstheorie besagt, dass sich die Gesellschaft in einem Zustand befindet, in welchem die Simulation zur Realität geworden ist.

Ein Beispiel für den problematischen Umgang mit der Wahrheitsfindung in den sozialen Medien stellt auch der Flugzeugabsturz der Germanwings-Maschine A320-211 dar, bei dem bereits früh im Internet über eine mögliche Ursache spekuliert wurde. Nutzer verfolgen die Geschehnisse in den sozialen Medien in Echtzeit, während klassische Medien die Nachrichtenlage erst einmal sortieren. Diese wiederum benötigen Zeit, bis sie erste recherchierte Ergebnisse veröffentlichen. Durch die sozialen Medien gelangen Nutzer schneller an Informationen, jedoch verfügen nicht alle über das nötige Maß an Anwendungskompetenz, um zu entscheiden, ob es sich bei dem jeweiligen Artikel, Foto oder Video um eine vertrauenswürdige Information handelt. Gleichzeitig scheint es wichtig, dass User sich in den sozialen Medien mit Mutmaßungen und Veröffentlichungen zurückhalten, insbesondere wenn es den Angehörigen der Opfer schaden könnte.

Julia Schönborn beobachtete in diesem Zusammenhang sechs Phasen, die nach einer Katastrophe in den sozialen Medien einsetzen:

»1. Die Katastrophe ist eingetreten. Nach Erstinformation und Verifizierung folgt der Schock. Es überwiegen Desinformation, Orientierungs- und Fassungslosigkeit. Prägendes Beispiel: Der Absturz der Germanwings-Maschine. In dieser Phase sahen wir Bilder von in Tränen aufgelösten Angehörigen am Flughafen.

2. Das Medium erlaubt das Verfolgen der Ereignisse in Echtzeit. Es gibt noch keine genauen Informationen, dafür viele Spekulationen.

Oft überwiegen Trauer, Wut und Betroffenheit. Die ersten Solidaritätsbekundungen suchen sich einen Hashtag (#PrayForParis, #PrayForNice, #JeSuisCharlie).

3. Trauerkritik: Kommunikationsteilnehmende kritisieren Trauer, Wut und Betroffenheit. Ein Beispiel: Kurz nach dem Absturz der Germanwings-Maschine, bei dem 150 Menschen starben, ertranken 700 Geflüchtete im Mittelmeer. Opferzahlen und Betroffenheit über die Unglücke wurden verglichen, die Trauernden als Heuchler bezeichnet. Politische Äußerungen und Kritik an den Medien kommen häufig hinzu.

4. Kritik an der Kritik an der Betroffenheit schließt an. Den Kommunikationsteilnehmenden, die sich kritisch äußerten, wird Zynismus vorgeworfen. Ein normaler Diskurs wird unmöglich, stattdessen gibt es eine beobachtbare Lagerbildung, oft sichtbar an Profilbildänderungen oder dem Hinweis auf absichtliche Nicht-Änderung.

5. Beruhigung, Zunahme längerer Beiträge: Einige Tage nach der Katastrophe beruhigt sich die emotional aufgeladene Atmosphäre. Artikel und reflektierende Postings werden geteilt, Gespräche miteinander werden wieder möglich.

6. Katharsis: Nachdem sich die Kommunikation über die Katastrophe weiter beruhigt hat, taucht der für einige Tage in den Hintergrund gerückte, alltägliche Inhalt aus Videos, Instagram-Bildern, politischen Schlagzeilen und Kommentaren zum Fernsehprogramm wieder auf. Zu früh gestreute Katzenbilder oder Essenspostings werden allerdings oft kritisiert.«[122]

In Situationen, in denen sich die Ereignisse in den sozialen Medien nach einem Großereignis überschlagen, sollte folgendes Muster durchbrochen werden: Es gilt, auf Schuldzuweisungen zu verzichten,

Inhalte auf ihre Verlässlichkeit zu überprüfen und keine Bilder oder Videos weiterzuverbreiten, die die Privatsphäre von Dritten verletzen könnten.

Nele Heise plädiert im Interview zu Recht dafür, dass Nutzer ihre eigene Nutzung reflektieren sollten und es helfen könnte abzuwarten: »In sozialen Netzwerken tragen wir ja selbst zu Öffentlichkeiten bei, und deswegen haben auch wir, finde ich, eine gewisse (ethische) Verantwortung dafür, was wir teilen. Auch wenn Medien wegen ihrer gesellschaftlichen Bedeutung und Funktion noch mal eine besondere Verantwortung haben, sollte jeder, der Medien kritisiert, vielleicht hin und wieder mal die eigene Nutzung reflektieren. Zum Beispiel, ob wir in bestimmten Situationen nicht selbst reflexhaft ungeklärte Informationen, abstruse Meldungen oder gefakte Bilder verbreiten, um irgendwie Teil des ganzen Rummels zu sein (ist mir bestimmt auch schon mal passiert). Hier hilft vielleicht, mal abzuwarten und sich ein Bild zu verschaffen (wie wir es ja eigentlich von den Medien erwarten). Am Ende des Tages steht es heute, Internet sei Dank, jedem frei, sein eigenes Medium zu starten und es besser zu machen – er muss sich dann aber gegebenenfalls an den eigenen Ansprüchen messen lassen.«

Die britische Wörterbuchreihe *Oxford Dictionaries* hat im November 2016 den Begriff »post-truth«, auf Deutsch übersetzt mit »postfaktisch«, auf ihrer Website zum internationalen Wort des Jahres erklärt. Untersuchungen ihrer Redakteure hätten ergeben, dass die Verwendung des Begriffs seit 2015 um ungefähr 2000 Prozent zugenommen habe. *Oxford Dictionaries* definierten den Begriff als Beschreibung von »Umständen, in denen objektive Fakten weniger Einfluss auf die Bildung der öffentlichen Meinung haben als Bezüge zu Gefühlen und persönlichem Glauben«.[123] Die Verwendung des Begriffs habe im Sommer 2016 nach dem Brexit-Votum der Briten und der Nominierung von Donald Trump zum republikanischen Präsidentschaftskandidaten signifikant zugenommen. Die Entscheidung von *Oxford Dictionaries,* »post-truth« zum internationalen Wort des Jahres zu erklären, stieß in der öffentlichen Debatte auf heftigen Widerspruch. So wurde befürchtet, diese Wahl könne dazu führen, dass das beschriebene Phänomen der Geringschätzung von Fakten hierdurch quasi als epochemachend geadelt werde, obwohl es in Wahrheit ein Versagen für eine aufgeklärte Gesellschaft sei, das Bauchgefühl über die Fakten triumphieren zu lassen.

An dieser Stelle treffen wir auf einen Begriff, der in den vergangenen Monaten in der Öffentlichkeit ebenfalls für Diskussionen gesorgt hat, die sogenannten Fake News (zu Deutsch: Falschmeldungen). Zwei prominente Beispiele: Eine Geschichte, die im Zusammenhang mit der Wahl von Donald Trump zum Präsidenten der USA am meisten Interaktion aufwies und damit die größte Reichweite erzielte, war eine Falschmeldung über Papst Franziskus, wonach dieser sich in einem offiziellen Statement als Unterstützer Trumps geoutet haben solle. Ein weiteres Beispiel einer Falschmeldung stellt die angebliche Aussage der Grünen-Politikerin Renate Künast dar, die bei Facebook verbreitet wurde. Im Zusammenhang mit dem Mord an einer Freiburger Studentin soll sie gesagt haben, dass der traumatisierte Flüchtling zwar getötet habe, man ihm aber trotzdem helfen müsse.[124]

Nach der Wahl von Donald Trump zum Präsidenten der USA befürchten Politiker auch in Europa eine Wahlbeeinflussung durch Falschmeldungen. Es hat sich jedoch bei aktuellen Studien gezeigt, dass sich der Einfluss von Falschmeldungen auf Wähler in Grenzen hält.[125]

Falschmeldungen sind nichts, was es nicht schon vor der Entstehung des Internets gegeben hat. Auch früher wurden Flugblätter mit Unwahrheiten verteilt oder Lügen von klassischen Medien verbreitet. Mit dem Aufkommen der sozialen Medien hat sich die Dimension der Verbreitung jedoch noch einmal verändert. Zudem ist Facebook – anders als die klassischen Massenmedien – ein *Emotionsnetzwerk,* das emotionale Inhalte belohnt. Der Begriff Fake News wird jedoch oftmals als Sammelbegriff für all das verwendet, was nicht in das eigene Weltbild passt.

Aber zurück zur Kritik.

Nele Heise stellt überdies im Interview fest, dass es leichter geworden ist, über digitale Wege Kritik zu äußern: »Zunächst einmal ist öffentlich Kritik zu üben über digitale Kanäle natürlich viel leichter geworden, und es können sich potenziell mehr Menschen äußern – egal, ob sie Laien oder Experten für ein Gebiet sind. Und in der Masse trägt das bei solchen Ereignissen zu einem gewissen reflexhaften Grundrauschen bei. Das ist häufig erregt, redundant, leider meist nicht gerade differenziert – und, wie ich finde, mittlerweile ziemlich erwart- beziehungsweise vorhersehbar. Das heißt aber natürlich nicht, dass die Kritik substanzieller oder automatisch gerechtfertigt ist (sieht man gerne mal bei selbst deklarierten ›Medienexperten‹). Und schon gar nicht, dass jede Form der Kritik akzeptabel wäre: Wer zum Beispiel ernsthaft von ›Lügenpresse‹ spricht oder einzelne Medienvertreter persönlich angeht, kritisiert in der Regel nicht, hat eher wenig Ahnung und macht nur selten konstruktive Vorschläge.«

Auch Christoph Kappes hat es früher nicht gefallen, dass der Kritikpegel im Internet so hoch ist. Heute hat er sich mit einer anderen Sicht angefreundet: »Kritik kann sehr positiv sein und in Gänze auch eine Art Klärungsmechanismus darstellen. Und dass man schlecht über

Sinn und Unsinn von Kritik diskutieren kann, wenn ein Medium in die Welt gekommen ist, das eben genau dies im Überschuss ermöglicht. Deshalb weiß ich nicht, ob man die Frage überhaupt so herum stellen kann, dass man vom Übermaß der Kritik spricht. Ich glaube eher, dass sich mit dem Internet die Möglichkeit ergeben hat, dass jeder alles kritisieren kann. Dass die Dinge im Zweifel transparenter werden, als sie manche haben wollen. Also nur im Zweifel, nicht immer. Und dass Kritik ein Prozess ist, in dem man auch Aufmerksamkeit auf bestimmte Dinge steuert.«

Es ist also nicht mehr so, dass nur die klassischen Massenmedien Informationen auswählen und veröffentlichen, Nutzer können diese ebenfalls verbreiten. Damit verbunden ist auch die Notwendigkeit der Überprüfung der Seriosität der Quellen, die in den sozialen Medien geteilt werden. Durch die Tatsache, dass Anwender durch die technischen Möglichkeiten selbst zu Sendern werden, liegt die Prüfung der Quellen auch in deren eigener Verantwortung. Früher hatten Zeitungsredaktionen diese Funktion inne, inzwischen muss sich jeder einzelne Nutzer dieser neuen Anforderung stellen. Auch die Abwägung zwischen Schnelligkeit und Glaubwürdigkeit einer Meldung lag in der Vergangenheit ausschließlich in der Verantwortung klassischer Medien. Seit der Etablierung sozialer Medien stellt sich die Frage: Welcher Quelle kann ich als User vertrauen, und welche Nachricht sollte ich nicht weiterverbreiten? Die Abwägung bei der Entscheidung dieser Fragen erfordert eine gewisse Anwendungskompetenz, die in den Familien und Schulen vermittelt werden sollte. Jedoch sind es nicht nur die jüngeren User, die an dieser Stelle Aufklärung benötigen. Außerdem braucht es auch Zeit, in einem breiten gesellschaftlichen Diskurs gemeinsam Standards zu entwickeln und diese zu erproben. Schließlich sollten wir uns nicht von der Menge an Kommentaren und einem gewissen Kritikpegel irritieren lassen, Kritik kann auch sinnvollerweise die Aufmerksamkeit in eine bestimmte Richtung steuern.

4.2 Kollektive Trauer im Netz

Im Internet sind Nutzer ungewöhnlich offen, wenn es um den Tod von Personen des öffentlichen Interesses geht. Viele Nutzer haben das Bedürfnis, in den sozialen Medien ein »RIP«[126] zu hinterlassen. Bei dem Angriff auf die *Charlie Hebdo*-Redaktion in Paris haben viele Menschen im Internet ihre Solidarität bekundet, auf Profilbildern war »Je suis Charlie« zu lesen. Unter dem Hashtag #PrayForParis oder auch #PeaceForParis trauerten User im Internet um die Opfer, die bei den koordinierten Terroranschlägen im November 2015 ums Leben gekommen sind. Sie überzogen auch bei Facebook ihr Profilbild mit einem Filter, der die Nationalfarben von Frankreich zeigte. Auch Menschen aus Paris zeigten ihre gegenseitige Solidarität im Internet mithilfe des Hashtags #NousSommesUnis (deutsch: Wir sind vereint). Der Eifelturm als Peace-Zeichen wurde in den sozialen Medien zum Symbolbild der Solidarität.

Die Anschläge wurden nicht nur als Angriff auf die Menschen in Frankreich gesehen, sondern auf alle Menschen, die sich für eine freie und demokratische Gesellschaft einsetzen. Hashtags wie #PrayForParis oder #PrayForWorld waren nach den Attentaten in Paris in den Trending Topics auf der ganzen Welt. Eine praktische Hilfe bot der Hashtag #PortesOuvertes (deutsch: offene Türen) in dieser Nacht: Alle Menschen, die in dieser Nacht Zuflucht suchten, konnten mit seiner Hilfe eine Übernachtungsmöglichkeit finden. Ebenso hilfreich war der Hashtag #RechercheParis, der dabei half, vermisste Personen wiederzufinden. Der Hashtag #PrayForParis fand übrigens nach dem Anschlag auf den Berliner Weihnachtsmarkt als #PrayForBerlin wieder Verwendung, und auch nach dem Amoklauf in einem Münchner Einkaufszentrum haben Menschen mit dem Hashtag #OffeneTür Fremden Unterschlupf angeboten.

Im Internet wird die Reaktion der Nutzer auf die Anschläge vom November 2015 in Paris sehr unterschiedlich kommentiert. So meint der Medienjournalist Daniel Fiene, dass die Menschen in Europa im Netz noch nie so emotional reagiert hätten. Er stellt aber nicht nur Angst, Fassungslosigkeit, Trauer, Solidarität und Hilfsbereitschaft fest, sondern hebt auch hervor, dass über das Internet Zeichen der Hoffnung verbreitet worden seien, zum Beispiel als sich der Pianist Davide Martello vor das Bataclan-Theater gesetzt und »Imagine« von John Lennon auf seinem Piano gespielt habe. Bekannt wurde Martello durch seine Musik auf dem Taksim-Platz in Istanbul, wo er ebenfalls spielte und als »Engel des Gezi-Parks« bezeichnet wurde.[127]

Ein anderes Beispiel digitaler Anteilnahme: Auf der Seite facebook. com/celebratepride änderten im Frühsommer 2015 Menschen auf der ganzen Welt ihr Facebook-Profilbild. Die Idee, das eigene Profilbild mit einem Regenbogen-Filter überziehen zu lassen, kam zwei Facebook-Mitarbeitern nach der Entscheidung des Obersten US-amerikanischen Gerichtshofs zur Homo-Ehe. Die Facebook-Nutzer konnten dabei die Zustimmung zu diesem Gesetz digital ausdrücken: Jeder, der sein Profilbild mit dem Filter überzog, zeigte somit der digitalen Weltöffentlichkeit: Ich unterstütze hiermit die Entscheidung des US-Gerichtshofs. Nach kurzer Zeit wurde jedoch auch Kritik an der Facebook-Aktion öffentlich: Ging es Facebook womöglich nur um die

Sammlung personenbezogener Daten? Die Reaktionen der Nutzer im Internet auf den Anschlag auf Homosexuelle in Orlando, bei dem 50 Menschen getötet wurden, zeigen ebenfalls weltweite Anteilnahme in den sozialen Medien. Ein Bild, das oft geteilt wurde, war eine Schleife mit Regenbogenfarben und dem Schriftzug des Nachtclubs, in dem die Menschen starben. Edward Snowden schrieb bei Twitter: »If he murdered because he saw two men kiss, I say: Find someone to kiss. #chooselove.«[128]

Erinnern wir uns an das Foto des dreijährigen Aylan Kurdi, der im September 2015 bei der Flucht vor der Dschihadistenmiliz Islamischer Staat im Mittelmeer starb. Sein toter Körper wurde an einen Strand in der Türkei nahe Bodrum gespült, das Bild wurde bei Twitter mit dem Hashtag #KiyiyaVuranInsanlik geteilt. Der Begriff bedeutet fortgespülte Menschlichkeit. Das Bild des toten Jungen wurde zum Symbol für die unterlassene Hilfeleistung Europas.[129] Die Medien waren sich zuerst unsicher, ob das Bild gezeigt werden durfte oder nicht. Am Ende wurde es nicht nur veröffentlicht, weil es uns die eigene Unmenschlichkeit vor Augen hielt, sondern europaweit die Flüchtlingskrise ausschließlich an Zahlen festgemacht wurde. In den sozialen Medien machte sich Bestürzung und Entsetzen breit, das Bild wurde tausendfach geteilt.

Jedoch lässt sich auch feststellen, dass Nutzer beim Tod einer Person des öffentlichen Lebens in den sozialen Medien ein #RIP hinterlassen. Einige Kommentatoren fragen sich, warum Nutzer in solchen Situationen öffentlich und öffentlichkeitswirksam trauern, obwohl sie nicht in einem engen verwandtschaftlichen oder freundschaftlichen Verhältnis zu den Betroffenen oder Angehörigen stehen. Die Frage scheint nicht abwegig, und doch sollte die Aufrichtigkeit einer Anteilnahme Fernstehender nicht pauschal in Zweifel gezogen werden. Es handelt sich dabei nicht um die Art von Trauer, die wir von einem persönlichen Verlust kennen, sondern eher um ein Zeichen der Solidarität – häufig mit der Bevölkerung eines anderen Landes oder einer anderen Stadt.

Während manche Nutzer einen Todesfall in den sozialen Medien kommunizieren und ihn damit überwinden, gibt es andere, die es in dieser Situation vorziehen zu schweigen. Es ist wahrlich nicht einfach, die Authentizität von Trauer oder Anteilnahme in den sozialen Medien zu überprüfen. Jedoch sollten Toleranz und Offenheit in den sozialen Medien ebenso erwartet werden können wie im analogen Leben auch.

Für Christoph Kappes kann die Trauer, die Nutzer beim Tod von Personen des öffentlichen Lebens im Internet bekunden, durchaus authentisch sein: »Ich finde es naheliegend, dass dies echt ist. Nur weil es medial vermittelt ist, ist es ja nicht unecht. Es gibt aber sicherlich auch Ansteckungseffekte, wenn eine gewisse Anzahl von Kontakten auf eine bestimmte Art und Weise kommuniziert, sodass Menschen in ihrem Meinungsbild umkippen und dann auch anfangen mitzumachen.« Er weist bei unserem Interview zu Recht darauf hin, dass man nicht überprüfen kann, ob etwas authentisch ist oder nicht: »Also, was daran jetzt authentisch ist, das vermag ich nicht zu beurteilen, und ich bin ohnehin skeptisch, ob der Begriff der Authentizität zu irgendetwas tauglich ist. Weil er immer unterstellt, dass etwas anders ist, als es aussieht. Aber das kann man von außen ja nicht mit letzter Sicherheit erkennen.«

Nele Heise rät, zwischen Trauer und Anteilnahme im Internet zu unterscheiden: »Trauer ist für mich sehr individuell, im Netz zeigt sie sich unglaublich facettenreich, in der Trauer um geliebte Menschen, Kollegen, Haustiere bis hin zu Helden der Popkultur, zu denen man eine enge Verbindung fühlt (ja, dazu würde ich zum Beispiel auch Serienfiguren zählen). Das kann auch in ganz kleinem Kreis stattfinden, vielleicht in einer privaten Gruppe auf Facebook oder durch kleine Symbole wie die Veränderung eines Profilbilds.« Zur Anteilnahme meint sie: »Oft kennen wir die Verstorbenen nicht persönlich, aber nehmen teil an einer Art kollektivem Ausdruck von Verlust und dem gemeinsamen Erinnern durch das Posten von Momenten, Zitaten usw., weil wir uns ihrer Bedeutung bewusst sind oder sie tatsächlich unser Leben berührt haben. Diese Art der Anteilnahme geht im Netz vielleicht vielfältiger und global vernetzter als offline. Und dadurch wird sie eben auch sichtbarer […] Der Eindruck, dass diese Anteilnahme nicht ganz so echt ist, entsteht vielleicht dadurch, dass sie mittlerweile stark ritualisiert ist und wir eigentlich jedes Mal, wenn bekannte Personen sterben, schon mit bestimmten (Standard-)Reaktionen rechnen (dieses Jahr ist es ja besonders eklatant, sodass man eigentlich schon regelrecht darauf wartet, dass der oder die Erste »Scheiß 2016 #RIP« schreibt). Und vielleicht fühlen wir uns dadurch manchmal auch quasi dazu genötigt, unsere Anteilnahme nach außen darzustellen und dabei möglichst kreativ zu sein, statt still für uns innezuhalten.« Heise würde sich nicht anmaßen, die Echtheit der Trauer und Anteilnahme anderer Nutzer zu bewerten: »Eine Grenze ist für mich allerdings erreicht, wenn die Anlässe instrumentalisiert werden. Wenn also zum Beispiel Firmen oder politische Akteure den Tod einer bekannten Persönlichkeit nutzen, um durch Clickbait Werbung für sich zu machen oder Aufmerksamkeit für ihre politischen Positionen und Zwecke zu erlangen. Das halte ich für problematisch und falsch – ich würde es aber auch außerhalb des Netzes unredlich finden.«

Trauer ist zunächst einmal ein höchst persönliches Gefühl, etwas Intimes. Trauer kann aber auch in einen Aufschrei oder eine Anklage münden, insbesondere dann, wenn der Grund der Trauer, wie zum Beispiel eine vorsätzliche Tötung von Menschen, als sinnlos empfunden wird.

Einer derartigen Trauer, die sich als Weckruf etwa gegen weiteres sinnloses Morden versteht, wird man die Echtheit nicht absprechen können. Für diese Art von Trauer bietet sich das Netz geradezu als Lautsprecher an. Denn je weiter sich der Aufschrei verbreitet, desto größer sind die Chancen, dass die Täter in der Gesellschaft isoliert und zur Rechenschaft gezogen werden.

Durch die Anteilnahme am Leid eines anderen Menschen können Nutzer wiederum ihre Solidarität gemäß dem Sprichwort »Geteiltes Leid ist halbes Leid« zum Ausdruck bringen. Dies kann sowohl in einem Kondolenzbrief als auch in einem persönlichen Gespräch erfolgen, warum also nicht in den sozialen Medien. Gerade wenn die Anteilnahme gegenüber einer Vielzahl persönlich unbekannter Menschen, wie zum Beispiel den Einwohnern einer anderen Stadt oder den Angehörigen einer anderen Nation, zum Ausdruck gebracht werden soll, kann dies heute leichter durch soziale Medien erfolgen. Dies muss nicht zwangsläufig bedeuten, dass es dem Mitgefühl an Authentizität mangelt. Freilich ist die Gefahr einer formelhaft geäußerten Anteilnahme im Internet größer, als wenn diese im Gespräch unter vier Augen geäußert wird. Andererseits darf aber auch nicht unterschätzt werden, dass eine im Internet tausend- oder millionenfach zum Ausdruck gebrachte Solidaritätsadresse auf Täter und Hintermänner eines Verbrechens eine andere Wirkung entfaltet, als wenn sich nur ein paar Einzelstimmen zu Wort gemeldet hätten.

Früher haben wir nach einem Todesfall unser Beileid auf Karten übermittelt. Nur weil die Anteilnahme heute vermehrt über digitale Medien vermittelt wird, bedeutet es nicht, dass diese Form der Beileidsbekundung einen Mangel an Authentizität aufweist. Wie auch die Kritik in den sozialen Medien wird die medial geäußerte Anteilnahme von Nutzern oftmals als störend empfunden. An dieser Stelle benötigen wir mehr Offenheit und Toleranz gegenüber anderen Anwendern, die medial ihre Trauer oder Anteilnahme kommunizieren wollen.

4.3 Bis dass das WLAN uns scheidet

Es dauerte mehrere Jahrzehnte, bis sich das Telefon – nach einer weitreichenden Experimentierphase – gänzlich zu dem Medium entwickelte, das wir heute kennen. Im Jahr 1854 wurde die erste Fernsprechverbindung von dem Italiener Antonio Meucci gebaut, im Jahr 1861 präsentierte der Deutsche Philipp Reis den ersten Fernsprecher. Graham Bell führte die Arbeiten der beiden weiter und gilt bis heute als der Erfinder des Telefons.[130] Lange Zeit war das Telefonieren über große Distanzen nicht möglich, erst ab 1956 konnte der Telefonverkehr zwischen Nordamerika und Europa mithilfe des ersten durch den Nordatlantik verlegten Telefonkabels aufgenommen werden.[131] Das Telefon, welches mündliche Kommunikation ermöglicht, unterscheidet sich von der Face-to-face-Kommunikation darin, dass beide Gesprächspartner den zeitlichen, jedoch nicht den räumlichen Ort miteinander teilen. Der Anrufbeantworter, der die gesprochene Nachricht auf ein Band aufzeichnet, erinnert jedoch wieder an die schriftliche Mitteilung, da der Anrufer im Unklaren darüber gelassen wird, ob und wann der von ihm getätigte Anruf gehört wird.[132]

Ende der 80er-Jahre konnten erstmals Signale digitalisiert werden, das ISDN (Integrated Services Digital Network) war geboren. Somit ließen sich – abgesehen von der Sprache – auch Texte oder Bilder senden.[133] Die Folge war, dass sich das Telefon zu einem Medium wandelte, mit dem man in vielerlei Hinsicht kommunizieren konnte. Bei der Einführung des Telefons wurden Befürchtungen laut, dieses Medium könnte andere Medien verdrängen: So äußerte beispielsweise die Post Bedenken, dass der Briefverkehr rückläufig werden könnte. Es könnte bequemer erscheinen, jemanden anzurufen und sein direktes Feedback zu erhalten, als Briefe zu schreiben und die Reaktion darauf erst Tage später zu erfahren.[134]

Worin besteht nun der wesentliche Unterschied zwischen dem Telefon, dessen Telekommunikationstechnik das Internet erst ermöglicht hatte, und dem neuen »Medium« Internet? Beim Telefonieren wird eine Leitung lediglich für den Aufbau einer Verbindung reserviert, beim Internet sind die Leitungen dagegen ständig aktiv. Dies lässt sich auch auf unser Kommunikationsverhalten übertragen. Früher haben wir vor dem Briefkasten auf den Postboten, später am Telefon auf lang ersehnte Anrufe gewartet. Heute warten wir überall: Weil die meisten Nutzer das Smartphone nahezu immer bei sich tragen, ist das Warten nicht länger an einen Ort gebunden.

Auch in der Literatur findet sich das Warten wieder. Der Autor Daniel Glattauer hat darüber einen Roman geschrieben: *Gut gegen Nordwind,* bei dem sich zwei Menschen zufällig im Internet begegnen, obwohl einer der Protagonisten in einer festen Beziehung lebt. Mit einer anderen Person seine Gedanken zu teilen, auch wenn die Treffen nur im Internet stattfinden, gibt es jedoch nicht nur in der Literatur: In einem Leserartikel hat sich ein Mann anonym dazu bekannt, eine rein digitale Liebesbeziehung bei Facebook zu führen. Dieser Beitrag ist Teil der Serie »Mit viel Liebe«, die bei Zeit Online erschienen ist. Der anonyme Autor Sven beschreibt darin, wie er sich – obwohl er verheiratet ist und Kinder hat – in Sonja verliebte. Sven hat sie vor ein paar Jahren zufällig im Internet kennengelernt, ihre Beziehung findet ausschließlich bei Facebook statt. Seit ein paar Jahren schreiben sie sich dort, die jeweiligen Partner wissen nichts von der digitalen Zweitbeziehung.

Ob es Sven nicht stört, dass er nie den räumlichen Ort mit Sonja teilen kann? Er beschreibt in dem Leserartikel, dass es auch in dieser Beziehung Momente gibt, in denen es mitunter nicht leicht ist, auf Nähe zu verzichten. Tägliche Rituale helfen bei der räumlichen Trennung: »Die Entfernung zwischen uns überbrücken wir mit zahlreichen kleinen Riten. Ich wünsche mir etwa, wie Sonja sich schminkt, sich die Nägel lackiert, was sie anzieht. Sonja sucht vor Restaurantbesuchen auf den Websites die Speisen für mich aus, die ich dann bestelle. Sonja trägt einen Ring und mehrere Schals von mir. Wir haben ein gemeinsames Parfum. Wir schicken uns beim Shoppen von Schuhen und Kleidung Fotos und bitten um die Meinung des anderen. Wir feiern unsere Geburtstage und Weihnachten mit Geschenken und gemeinsamer Zeit zusammen.«[135] Glaubt man Sven, dann macht auch eine digital gefühlte Beziehung glücklich: »Unsere Liebe befriedigt unsere Bedürfnisse nach Nähe, Fürsorge, Aufmerksamkeit, Begehren und Geborgenheit. Besonders schön ist das Wissen, dem anderen ein Stück weit zu gehören. Auch wenn wir uns keine Art von Versprechen geben, dass das für immer so sein wird.«[136]

Mizuko Ito, Kulturanthropologin und Dozentin an der University of California, machte die Feststellung, dass sich japanische getrennt lebende Paare durch intensive SMS, bei denen es lediglich um banale Mitteilungen handele, ähnlich nahe fühlen, als würden sie sich im selben Raum befinden. Bei diesem »Umgebungsbewusstsein« handelt es sich um ein neues empathisches Bewusstsein, das durch die neue Technologie überhaupt erst entstanden ist.[137] Es gibt also auch digital geführte Beziehungen, selbst wenn Paare den räumlichen Ort nicht miteinander teilen.

Der Film *Her* wiederum schildert anschaulich, wie sich der Protagonist Theodore nach einer gescheiterten Beziehung in das Betriebssystem Samantha verliebt. Jedoch wird ihm erst zu spät bewusst, dass Samantha noch mit anderen eine Beziehung eingegangen ist. Die Autorin Nina Fargahi beschreibt, dass es bereits vor mehr als 100 Jahren solche Szenarien gegeben hat. Schon im 19. Jahrhundert nämlich habe der romantische Erzähler E. T. A. Hoffmann in seinem Märchen *Der Sandmann* beschrieben, wie der junge Nathanael sich in Olimpia verliebt und sich vom Turm stürzt, als er erkennt, dass sie nur eine leblose Maschine ist.[138]

Simon Hegelich würde nicht ausschließen, dass wir in Zukunft Mitgefühl für Maschinen entwickeln können: »Ich denke, wir erleben derzeit so viele disruptive Umbrüche, dass niemand in der Lage ist, auch nur die nächsten fünf Jahre vernünftig abzuschätzen. In 30 Jahren werden wir aber – so hoffe ich – echte künstliche Intelligenz haben, also Maschinen mit Bewusstsein. Eigentlich wäre also die Bezeichnung ›künstlicher Geist‹ besser, denn Bewusstsein muss nicht unbedingt mit einer überlegenen Intelligenz einhergehen, beziehungsweise ist das Konzept der Intelligenz eh sehr fraglich.«

Victoria Schwartz hat auf ihrem Blog darüber berichtet, auf ein Fake-Profil hereingefallen zu sein. Im Interview antwortete sie auf die Frage, wie wir uns im Internet davor schützen können, ohne gleich in Kulturpessimismus zu verfallen, wie folgt: »Realfakes beteuern zu jedem Zeitpunkt, eine Beziehung mit ihrem Gegenüber im Real Life anzustreben. Da das natürlich nicht möglich ist, werden geplante Treffen immer wieder abgesagt und verschoben. Auch Videochats können logischerweise nicht stattfinden. Die Ausreden dafür sind gut und vielfältig – und da die Opfer meist recht schnell in eine Art emotionale Abhängigkeit rutschen, lassen sie sich viel zu leicht hinhalten. Dabei wäre es ganz einfach: Nichts spricht dagegen, mit Fremden im Netz zu kommunizieren. Im Gegenteil! Das Internet ist eine großartige Möglichkeit, Kontakte zu knüpfen und sich mit Menschen aus der ganzen Welt zu vernetzen. Sobald aber Gefühle ins Spiel kommen, muss man sich so schnell wie möglich treffen. Nicht nur, um zu überprüfen, ob der andere echt ist. Auch weil man erst dann erkennen kann, ob die Chemie wirklich stimmt. Schöne Worte sind das eine, aber wie der andere riecht und sich bewegt, ist natürlich genauso wichtig. Sollte ein Treffen aus realistischen Gründen nicht möglich sein (zum Beispiel weil sich der andere im Ausland befindet), muss auf einem Videochat bestanden werden. Ist das Gegenüber auch dazu nicht bereit, sollten alle inneren Alarmsirenen schrillen!«

Nele Heise sieht die sozialen Medien als Ergänzung für bereits bestehende Beziehungen, wie sie beschreibt: »Vielleicht machen uns digitale Beziehungen nicht notwendigerweise glücklicher als ›analoge‹ Beziehungen. Aber digitale Kommunikationstools erweitern das, was Beziehungen sind, was sie ausmacht und wie wir sie heute leben können. Wenn man zum Beispiel an Fernbeziehungen denkt, dann haben Tools wie Skype oder Messenger die Qualität solcher Beziehungen sicher (in der Regel positiv) verändert. Oft sind digitale Tools eine Ergänzung für bestehende Beziehungen, was eine Bereicherung sein, aber auch für Konflikte sorgen kann. Weil manche Botschaften leichter mal missverstanden oder falsch gedeutet werden. Weil man sich gegenseitig mit einem Zuviel an Kommunikation auf den Senkel geht oder die Kommunikation zu einseitig verläuft. Und nicht zuletzt gibt es im Digitalen vielleicht mehr Möglichkeiten, einander zu beobachten und zu ›überwachen‹, was mitunter negative Gefühle wie Eifersucht verstärken kann. Pauschal sagen lässt sich das also nicht – den Gebrauch von digitalen Medien muss jedes Paar für sich aushandeln.«

In der Gegenwart scheint also die digitale Kommunikation eine Möglichkeit zu sein, um Distanz zu überbrücken, denken wir an die Videotelefonie-App FaceTime. Bei einer Fernbeziehung sind Paare räumlich voneinander getrennt, aber durch die sozialen Medien dennoch miteinander verbunden. Ein neues Phänomen sind Beziehungen, bei denen sich die Partner über das Internet kennenlernen und – über welchen Zeitraum auch immer – ihre Beziehung ausschließlich digital führen. Immer sind es aber die Menschen, die Beziehungen führen, und eine Beziehung ist immer nur so gut oder schlecht wie die Menschen, die ihre Regeln festlegen, ob in der analogen oder in der digitalen Welt. Es wird jedoch wichtig sein, sich frühzeitig mit Entwicklungen zu befassen, die im Verhältnis von Mensch und Maschine den Kernbereich der menschlichen Humanität berühren. Die meisten Nutzer verbinden eine Beziehung von Mensch zu Mensch immer noch mit körperlicher Nähe, bei der man mit dem Partner den zeitlichen und räumlichen Moment teilt. Dies wird sich auch nicht so schnell ändern.

4.4. Mehr Hass oder mehr Mitgefühl?

Auf die Frage, ob die sozialen Medien Hass oder Mitgefühl verstärken oder sie nur deutlicher spürbar machen, lautet die Antwort von Stefan Plöchinger: »Soziale Medien belohnen und verstärken […] emotionale Äußerungen jeder Art. Das ›Like‹ und seine neuen Emotionsbrüder auf Facebook sind genau das: Gefühlsäußerungen, die man noch dazu impulsiv mit einem Klick in die Welt rausjagen kann. Technisch gesehen, machen die sozialen Medien damit Gefühlsimpulse erstmals überhaupt digital spür- und messbar. Dadurch, dass Algorithmen diese Impulse auswerten und anhand der Impulse die Prominenz von Meldungen in

Streams festlegen, bekommen die schnell geäußerten Emotionen bei jenen Menschen mehr Einfluss auf die Informations- und Meinungsbildung, die soziale Medien stark nutzen.«

Jasmin Schreiber ist ebenfalls der Ansicht, dass die sozialen Medien Hass oder Mitgefühl verstärken. Sie führt dies auf die Filterblase zurück, in der sich die Nutzer befänden: »Die sozialen Medien wirken meiner Meinung nach auf jeden Fall gefühlsverstärkend – einfach dadurch, dass man oft unbemerkt in einer Filterblase sitzt und 24/7 mit ganz bestimmten Meinungen zugeschmissen wird. In dieser Woche fand ich die Stimmung in den rechten Gruppen wahnsinnig bedrückend, es hat mich total runtergezogen. Und bei vielen Leuten hat man gesehen, wie sie innerhalb weniger Tage von gemäßigten Meinungen in immer extremere Gefilde abdrifteten. Einfach dadurch, dass sie so viel fremdenfeindlichen Content vorgesetzt bekamen. Irgendwann war das für sie die neue Realität.«

Andreas Rickmann, der die Social-Media-Redaktion bei BILD leitet, ist ebenfalls dieser Auffassung, betont aber, dass der Verstärkereffekt in beide Richtungen gehen kann: »Ich glaube schon, dass man in den sozialen Medien einen Verstärker hat, weil viele Dinge extrem zugespitzt werden und manchmal die Botschaft, der eigentliche Kern von Dingen, in den Hintergrund rückt. Es kann auch sehr schnell sehr viel aus dem Zusammenhang gerissen werden. Dadurch sehe ich schon die Gefahr, dass Hass, aber auch Mitgefühl verstärkt werden kann. Die Verstärkung kann in beide Richtungen gehen.«

Nele Heise erklärt, warum Wut und Hassgefühle durch die sozialen Medien in der Regel mehr Resonanz finden als Mitgefühl: »Soziale Medien können ein wichtiges Tool sein, um Menschen zu mobilisieren, und Emotionalisierung kann dabei eine entscheidende Rolle spielen. Das heißt, um für bestimmte Dinge (zum Beispiel Petitionen) Aufmerksamkeit zu schaffen, werden sie so verpackt, dass sie uns emotional ansprechen. Gefühlt jedenfalls haben es dabei Dinge, die auf Liebe und Anerkennung bauen, grundsätzlich schwerer. Mal ein Beispiel: Aus dem Journalismus wissen wir, dass das Publikum sich in der Regel viel öfter mit Kritik oder Beschwerden an Medienschaffende wendet als mit positiven Äußerungen oder Zustimmung, die oft einfach eher über ein ›Like‹ oder das ›Teilen‹ signalisiert werden – es gibt ja keinen Grund, sich zu beschweren. Ganz ähnlich, fürchte ich, funktioniert das mit anderen Dingen im Netz: Hass, Wut und Empörung haben ja oft bestimmte (zum Teil irrationale) Ängste oder gefühlte Bedrohungen zur Ursache. Oder sie sprechen unseren Gerechtigkeitssinn an, polarisieren stark oder beziehen sich auf konkrete oder diffuse Feindbilder (›wir‹ vs. ›die anderen‹; ›rechts‹ vs. ›links‹ usw.) – all das sind ziemlich starke Treiber, und ich glaube, niemand ist wirklich immun dagegen. Und wenn man weiß, was die Auslöser für Hass und Empörung in bestimmten Gruppen oder Netzwerken sind und wie man diese Dinge kanalisiert, dann lässt sich dieses Potenzial online recht einfach mobilisieren, instrumentalisieren und sogar programmieren, wie man an Hate-Speech-Bots sieht. Und vielleicht nehmen wir diese Auslöser und den leider alltäglichen Hass im Netz generell lauter wahr als Gesten von Mitgefühl – im Journalismus würde man sagen: Eine gute Nachricht ist keine Nachricht.«

Heise glaubt wiederum aber auch, dass soziale Medien nur bedingt ein Abbild der Wirklichkeit seien. Das liege schon allein daran, »dass gar nicht jeder sie nutzt (beziehungsweise nutzen kann) oder sich äußert – es gibt ja nicht wenige, die eher beobachten, als sich aktiv einzubringen. Das heißt, Debatten im Netz zeigen bestimmte Ausschnitte und vielleicht auch häufiger extreme Positionen, die im klassischen Mediendiskurs seltener zu finden sind oder ausgefiltert werden, weil sie zum Beispiel gegen Diskursregeln oder demokratische Grundprinzipien verstoßen. In vielen Foren, Blogs usw. gibt es nicht immer ein Korrektiv, keine Gatekeeper oder Versuche, zu moderieren und vielfältige Meinungen abzubilden. Das ist auch an sich völlig okay. Ich denke, nur wer sich nur in bestimmten Gruppen bewegt oder nur mit Gleichgesinnten umgibt, für den wirken die Meinungen oder Ansichten in solchen Zirkeln wie in einer Art Echokammer mitunter verstärkend – das ist außerhalb des Netzes zunächst erst mal nicht anders (Stichwort Stammtisch). Ich glaube aber, dass das Netz Menschen weitaus mehr Möglichkeiten bietet, sich ortsunabhängig zu vernetzen, zu organisieren und sich gegenseitig in ihren Positionen und ihrer Gruppenzugehörigkeit zu bestärken. Wenn man dann noch die Empörungs- und Wutdynamiken dazunimmt, führt das schlimmstenfalls zu einer Radikalisierung. Sofern diese sich gegen bestimmte Personengruppen richtet, halte ich die Verstärkungseffekte des Netzes für extrem besorgniserregend. Aber: Es gibt auch viele Beispiele für positive Mobilisierung und Solidarisierung, wie das Hashtag #OffeneTueren in München gezeigt hat, und Momente der geteilten Freude, Anteilnahme und Empathie. Die sind vielleicht einfach seltener, aber wie ich finde umso eindrücklicher und machen Mut. Diese Stärke der vernetzten Kommunikation sollten wir uns immer wieder vor Augen halten. Wir sollten den Wutmachern weniger auf den Leim gehen, indem wir uns von ihnen provozieren und auf diese Weise einspannen lassen, um ihre Botschaften zu verbreiten. Wir sollten lieber anfangen, unsere Zeit, Energie und Kreativität auf Taktiken und Interventionen gegen den Hass zu richten, und jene, die dem Hass Raum bieten, an ihre Verantwortung erinnern.«

Christoph Kappes neigt zu der Ansicht, dass das Netz bereits vorhandene Einstellungen sichtbar macht. Er beobachtet jedoch auch Verstärkungseffekte: »Es gibt Leute, zu denen auch ich gehöre, die dazu neigen zu sagen: Hier wird einfach nur etwas sichtbar, was ohnehin schon da ist. Wenn es zum Beispiel darum geht, rechtsextreme Einstellungen der Bevölkerung im Internet wahrzunehmen, so glaube ich, dass diese vorher schon da waren. Das ist das eine. Natürlich gibt es dann wiederum auch Verstärkungseffekte, dass sich Positionen, wenn sie erst einmal in der Welt sind, fortpflanzen.« Für Kappes haben die Verstärkereffekte allerdings auch etwas Positives: »Ich sage immer, dass Kritik eigentlich Hotspots setzt. Also Kritik an bestimmten Kommentaren, Diskussionen, markiert in einem unübersichtlichen Raum von Millionen von Interaktionen die Stellen, die wichtig sind. Das sind Punkte, die unsere Gesellschaft klären muss, oder bei denen sie Konflikte hat. Es gibt ja auch in der Soziologie die Konflikttheorie, die eben die Gesellschaft über ihre Konflikte beschreibt.«

Ähnlich wie Kappes sieht Anne Wizorek sowohl einen Aufdeckungseffekt von bereits Vorhandenem als auch einen Verstärkungseffekt: »Es ist sehr symptomatisch, dass Menschen auf Facebook, wo durchaus viele mit dem Klarnamen unterwegs sind, Hasskommentare posten. Und es wird ganz klar ersichtlich, dass sie sich im Recht fühlen, dies zu tun. Das ist einerseits ein Reality-Check, den ich sehe, aber natürlich haben wir auch Dynamiken wie den Echokammer-Effekt: Dass eben Leute in ihrer Echokammer nur noch mit Quellen in Kontakt kommen, die ihre Weltansicht bestätigen.«

Wizorek beschreibt, dass User bei der Kommunikation im Internet auch deshalb aggressiver reagierten, weil sie textbasiert sei: »Wir reagieren oft auch aggressiver, als es notwendig wäre, weil unsere Kommunikation im Netz textbasiert ist und Mimik, Gestik und Tonfall in der Auseinandersetzung mit anderen Leuten fehlen. Das soll keine Hasskommentare entschuldigen, aber gerade bei Empörungszyklen überschreiten dann auch mal Leute, die vielleicht zu Recht etwas kritisieren, eine Linie, indem sie den richtigen Ton vermissen lassen. Wenn ich zum Beispiel ein sexistisches Produkt kritisiere, muss ich nicht anfangen, Leute zu beschimpfen.«

Mary Scherpe macht darauf aufmerksam, dass »beide Seiten« die Möglichkeiten der Vernetzung und Vervielfältigung haben: »Das Netz hat dem Hass zig neue Möglichkeiten zur Vernetzung und Vervielfältigung gegeben, aber die gleichen Mittel stehen der Gegenseite zur Verfügung. Ich habe in einem Blog alle Attacken des Stalkers veröffentlicht – dass dieser so positiv aufgenommen und verbreitet wurde, hat dazu geführt, dass ich über meine Erfahrungen ein Buch schrieb und eine mittlerweile erfolgreiche Petition gestartet habe. Ohne das Netz und seine Möglichkeiten wäre das nicht passiert.«

Natalie Stark glaubt, dass sowohl Mitgefühl deutlicher spürbar werden kann als auch negative Äußerungen: »Das sehe ich gemischt, zum einen werden Hass und Mitgefühl durch das Netz natürlich deutlich spürbarer, weil man sich nicht nur mit fünf Freunden abends in der Kneipe austauscht, sondern öffentlich im Netz. Dadurch haben die Aussagen direkt mehr Reichweite, und die Chance, auf Gleichgesinnte zu treffen, erhöht sich. Ein Segen ist das Netz zum Beispiel bei größeren Katastrophen wie dem Erdbeben in Nepal 2015. Die Nachrichten haben sich hier in Sekundenschnelle verbreitet und eine Welle des Mitgefühls und der Unterstützung ausgelöst. Aber natürlich gibt es auch gegenteilige Wirkungen. Einige Menschen treffen im Netz viel schneller Aussagen, die sie in der Offline-Welt in dieser Art vermutlich nicht so leicht äußern würden. Im Netz hat man eben kein direktes Gegenüber, dem man in die Augen schauen kann, da gehen Hemmschwellen schon mal verloren, und ein Troll macht sich das Internet da zur Spielwiese. Es gibt aber auch Webseiten wie hatr.org, sie treten

Hatern gegenüber, decken Lügengeschichten auf und zeigen auf, dass niemand gegen Hass im Netz machtlos ist.«

Für Jessica Einspänner-Pflock werden Hass oder Mitgefühl deutlicher nachvollziehbar, weil die Kommunikation nicht mehr flüchtig ist, sondern in schriftlicher Form geäußert wird: »Das heißt, wenn man früher nur miteinander sprach oder Worte aufgeschnappt hat, war Kommunikation flüchtig. Zumindest flüchtiger als online, denn online habe ich immer wieder Manifestationen von Kommunikation, und in dem Fall eben auch eine Manifestation von Hass oder Mitgefühl. Ich kann diesen oder jenen Shitstorm, dieses oder jenes Hater-Zitat, diese oder jene positive Konversation nachverfolgen.« Sie spricht damit einen wesentlichen Aspekt an, wenn es darum geht, wie sich unsere Kommunikation in den letzten Jahren veränderte und welche Auswirkungen es hat, wenn Menschen ihrem Bauchgefühl durch einen spontan geposteten Kommentar in den sozialen Medien Ausdruck verleihen können.

Patrick Breitenbach zieht eine Parallele zwischen Hate Speech und Gewaltspielen: »Es ist ein bisschen vergleichbar mit der These, ob Gewaltspiele gewalttätiger machen. Dafür gibt es bis heute keine eindeutige wissenschaftlich fundierte Aussage. Es gibt Theorien, die sagen, dass es nur bei den Menschen eine Gefahr darstellt, die noch andere Risikofaktoren haben. Ich glaube, dass dieses Risikofaktorbild auch sehr passend ist für Hate Speech. Das bedeutet: Menschen, die noch andere Risikofaktoren haben, die beispielsweise in einem Gewaltkontext sozialisiert wurden, in dem Hate Speech an der Tagesordnung war, sind eher in die negative Richtung beeinflussbar.« Diese Erklärung scheint plausibel. Breitenbach macht weiter darauf aufmerksam, dass Studien gezeigt hätten, dass die Täter oftmals denken, es handele sich nur um ein Spiel vor dem Bildschirm.

Cornelius Puschmann weist darauf hin, dass die sozialen Medien zum Teil eine größere Polarisierung suggerieren, als dies in Wirklichkeit der Fall ist: »Eindeutig existieren sowohl Formen des Hasses, aber auch der Anteilnahme im Netz, die ohne bestimmte technische Grundlagen so nicht denkbar wären, etwa bei Naturkatastrophen oder Unglücksfällen. Zugleich führt die stärkere Sichtbarkeit aber auch dazu, dass diese Phänomene insofern überschätzt werden, als dass man Nicht-Anteilnahme ja nicht sehen oder messen kann. Die sozialen Medien suggerieren zum Teil eine größere Polarisierung, als auf anderem Wege tatsächlich festgestellt werden kann.«

Simon Hegelich beobachtet bei emotional aufgeladenen Reaktionen im Netz sowohl Verstärkungs- als auch Gewöhnungseffekte. Zum Phänomen des Shitstorms meint er: »Im Netz können sich Stimmungen hochschaukeln, sodass Hass und Mitgefühl verstärkt werden. Gleichzeitig wissen wir aber auch, dass die berühmten ›Shitstorms‹ sehr schnell abebben. Es tritt also vermutlich auch ein Gewöhnungseffekt ein, sodass Hass und Mitgefühl auch gleichzeitig geschwächt werden.«

Für Franziska Koch sind die Ursachen der Phänomene, die sich in der digitalen Welt zeigen, in der ›analogen‹ Welt zu suchen. Sie ist davon überzeugt, dass Gefühle wie Hass oder Mitgefühl nicht im Internet, sondern im analogen Leben entstehen: »Ich glaube nicht, dass soziale Medien Hass oder Mitgefühl verstärken. Sie vereinfachen und beschleunigen die Kommunikation. Das Netz lässt uns Hass und Mitgefühl vielleicht intensiver spüren, da Inhalte schneller kommuniziert werden und Themen omnipräsent sind. Aber Gefühle wie Hass und Mitgefühl entstehen im realen Leben, und wie intensiv jemand diese Gefühle empfindet, ist nicht abhängig von Twitter, Facebook und Co.«

Der Großteil der Befragten ist also überzeugt, dass die sozialen Medien Meinungen und Gefühle deutlicher spürbar (und damit sichtbar) machen, und auch, dass es verstärkend wirkt. Kritik setzt an manchen Stellen im Internet Hotspots, denen Aufmerksamkeit gewidmet werden sollte, und bei einem Shitstorm kommt es durchaus zu Gewöhnungseffekten. Phänomene im Internet werden durch die Sichtbarmachung überschätzt, da sich eine Nicht-Anteilnahme im Internet nicht messen lässt. Soziale Medien sind also nur bedingt ein Abbild der Wirklichkeit. Hass oder Mitgefühl entstehen im ›analogen‹ Leben, und es gibt Nutzer, die aufgrund ihrer Sozialisation anfälliger sind als andere. Die Tatsache, dass die Kommunikation im Netz verschriftlicht wird, ist ein wesentlicher Grund dafür, dass sowohl Hass als auch Mitgefühl in den sozialen Medien nachvollziehbar werden.

Kapitel 5: Was wir im Netz bewegen können

5.1 Wikipedia, Crowdfunding und Co.

Einige Beispiele der Vergangenheit haben gezeigt, wie erfolgreich unsere neue Vernetzung funktioniert und welchen Mehrwert diese der Gesellschaft gebracht hat. Als bekanntes Web-2.0-Beispiel wird oftmals die Online-Enzyklopädie Wikipedia bezeichnet. Diese startete am 15. Januar 2001 unter der Adresse »Wikipedia.com«, und bereits nach einem Monat waren 1000 Wikipedia-Artikel online.[139] Die Plattform ist auf das Projekt »Nupedia« von Jimmy Wales und Larry Sanger zurückzuführen. Den beiden Protagonisten ging es bereits damals um eine Internet-Enzyklopädie, allerdings hatten sie noch die Vorstellung, die Artikel sollten von Spezialisten geschrieben werden.[140] Weitere erfolgreiche Beispiele, bei denen die Nutzer Beiträge selbst verfassen und veröffentlichen, sind Weblogs. Die Blogs werden in der Regel nicht nur aktuell gehalten, auf ihre Beiträge kann auch von anderen Nutzern geantwortet werden.[141] Darüber hinaus existiert eine Vielzahl von sozialen Medien, an denen Anwender im Internet teilhaben können.

Facebook und WhatsApp gehörten im Jahr 2016 übrigens zu den Diensten, die in Deutschland am häufigsten genutzt wurden. Jeder

Fünfte (22 Prozent) nutzte täglich Facebook und fast jeder Zweite (49 Prozent) WhatsApp. Das ist eines der Ergebnisse der ARD-ZDF-Onlinestudie aus dem Jahr 2016. Die Internetnutzung in Deutschland ist innerhalb eines Jahres um circa zwei Millionen Nutzer von 56 auf 58 Millionen angestiegen.[142]

Durch den technischen Wandel sind auch Phänomene wie Crowdfunding, Crowdsourcing oder auch Crowdinvesting entstanden. Während unter Crowdsourcing die Auslagerung traditionell interner Teilaufgaben eines Unternehmens (wie zum Beispiel das Sammeln von Ideen und Feedbacks sowie von Prognosen) an eine Gruppe freiwilliger Nutzer zu verstehen ist, ist das Crowdinvesting eine Form der gemeinschaftlichen Geldanlage durch eine Vielzahl im Internet angeworbener Nutzer. Nicht kommerziell ausgerichtet ist dagegen das Crowdfunding als reine Spendenplattform.[143]

Crowd kommt aus dem Englischen und bedeutet Menge oder auch Schwarm. Im Deutschen wird Crowdfunding ganz einfach mit Schwarmfinanzierung übersetzt, damit können unterschiedlichste Projekte unterstützt werden.[144] Crowdfunding als Idee ist dabei älter als das Internet: Auch früher wurden bereits Spenden gesammelt, um auf ›analogem‹ Wege Projekte zu finanzieren. Das Vorgehen der ersten Crowdfunding-Plattform in den USA war damals wie heute: Initiatoren stellen auf einer Plattform ihre Idee und den Zeitraum vor, in dem sie Spenden für ihr Projekt einsammeln möchten. Erst wenn der benötigte Betrag erreicht ist, erhalten die Projektstarter das Geld. Beim Crowdfunding spricht man übrigens auch vom »Alles-oder-nichts-Prinzip«. Dies bedeutet, dass bei der Startphase Betrag und Zieldatum festgelegt werden. Falls die Spendensumme bis zum Zieldatum nicht eingesammelt wird, geht das Geld zurück an die Crowd.[145]

Auf der Seite der ersten und, wie sie selbst betonen, größten Crowdfunding-Plattform in Deutschland, Startnext, heißt es: »Vordenker und kreative Menschen stehen oft vor den gleichen Herausforderungen: Bekanntmachen ihrer Idee, Menschen als Unterstützer gewinnen und erforderliches Kapital einsammeln. Wir haben Startnext 2010 als erste deutsche Crowdfunding-Plattform gegründet, um sie genau dabei zu unterstützen. Mit Startnext geben wir Künstlern, Kreativen, Erfindern, Social Entrepreneurs und Machern die Möglichkeit, ihre Ideen und Projekte vorzustellen, mit der Unterstützung von vielen Menschen zu finanzieren und eine Community aufzubauen.«[146]

Beim Crowdfunding haben die Nutzer die Möglichkeit, ein Projekt von Beginn an zu begleiten und sich mit diesem zu identifizieren. In der Anfangsphase der Crowdfunding-Bewegung wurden hauptsächlich soziale Projekte unterstützt; inzwischen werden jedoch auch Nischenprojekte auf zahlreichen anderen Gebieten gefördert: »Die veränderten Arbeitsbedingungen von Kreativen, die Nutzung neuer Medien und die Verbreitung von digitalen Geschäftsprozessen finden im Netzwerkgedanken von Crowdfunding den logischen nächsten Schritt.«[147]

Sebastian Stricker von »SharetheMeal« hat erkannt, dass die Bereitschaft, im Internet zu spenden, groß ist. Die sogenannte App gegen den Hunger ist ein Projekt des Welternährungsprogramms der Vereinten Nationen (UN World Food Programme WFP) und hat das Ziel, den Welthunger zu beseitigen. Die Rechnung der Entwickler sieht so aus: Auf der Welt gibt es circa zwei Milliarden Smartphone-Nutzer und 100 Millionen Kinder, die nicht genügend zu essen bekommen.[148] Durchschnittlich reichen 40 Cent, um ein Kind in einem Hungergebiet mit einer Mahlzeit zu versorgen. Auf seiner Webseite teilt SharetheMeal mit, dass von Januar bis April 2016 die benötigten Mittel gesammelt worden seien, um 2000 Müttern und ihren Kindern im syrischen Homs ein Jahr zu helfen. Die Mahlzeiten, die App-Nutzer im

Juni und Juli 2016 geteilt hätten, seien 1500 syrischen Flüchtlingskindern in der libanesischen Bekaa-Ebene zugutegekommen und würden dort für ein ganzes Jahr Ernährungshilfe sicherstellen.[149]

Werfen wir einen Blick auf weitere Spendenaktionen, die durch die digitalen Medien initiiert worden sind: Bei der ALS Ice Bucket Challenge handelte es sich um eine Spendenaktion, die im Sommer 2014 über die sozialen Medien verbreitet wurde. Nutzer forderten ihre Freunde mit einem selbst gedrehten Video, bei dem sie sich einen Kübel mit Eiswasser über den Kopf kippten, auf, sich ebenfalls Wasser über den Kopf zu gießen. Dies sollte Aufmerksamkeit für die unheilbare Nervenkrankheit Amyotrophe Lateralsklerose (ALS) erzeugen. Das Ziel der Aktion: Jeder User, der sich Eiswasser über den Kopf schüttete, sollte für einen Moment die Auswirkungen dieser Krankheit nachempfinden. Aber nicht nur zahlreiche Facebook-Nutzer, auch Prominente wie Bill Gates nahmen die Challenge an, um ein öffentliches Zeichen zu setzen. Dieses Beispiel zeigt, dass sich ein fröhliches Happening durchaus mit einer wichtigen Botschaft verbinden lässt und mithilfe der sozialen Medien für ein gesellschaftliches Thema Aufmerksamkeit erzeugt werden kann. Insgesamt sammelte alleine die amerikanische ALS Association in acht Wochen 92 Millionen Euro an Spendengeldern ein.[150]

Durch dieses Beispiel inspiriert, versuchten auch andere Initiatoren, an den Erfolg der ALS Ice Bucket Challenge anzuknüpfen. Der Journalist Ayman al-Aloul forderte in den sozialen Medien dazu auf, sich einen Eimer mit Sand über den Kopf zu schütten, um auf die Situation im Gazastreifen aufmerksam zu machen. Und eine Tierschutzorganisation wollte die Nutzer der sozialen Medien dazu bewegen, ein Selfie von sich und ihrem Haustier zu machen.[151] Doch erfolgreiche Beteiligungsaktionen sind weder planbar noch kalkulierbar: Am Ende war es auch Zufall, dass sich gerade die Ice Bucket Challenge verbreitete, während andere Aktionen scheiterten.

Wie vieles im Leben hat auch unsere Vernetzung im Internet zwei Seiten: Einerseits ist es durch den medialen Wandel möglich geworden, dass sich Anwender im Netz wütend äußern, auf der anderen Seite zeigen sich auch zahlreiche positive Effekte. So sind es bei der Enzyklopädie Wikipedia die Nutzer, die diese Plattform zu dem gemacht haben, was sie heute darstellt. Ein weiteres Beispiel ist Crowdfunding, durch das gesellschaftlich relevante Projekte einzelner Initiatoren gefördert werden können. Auch Aktionen wie die Ice Bucket Challenge, die sich durch die sozialen Medien erst verbreiten konnte, sind ein Beispiel dafür, welche Möglichkeiten sich durch die neue digitale Kommunikation ergeben.

5.2 Mit digitalen Medien die Welt verbessern

Bei der Hochwasserkatastrophe im Jahr 2013 organisierten sich zahlreiche Helfer auf der Facebook-Seite »Passau räumt auf« und koordinierten Einsätze. Hierbei handelte es sich um die erste Flutkatastrophe in Deutschland, bei der sich Nutzer in den sozialen Medien zusammengeschlossen haben, um zu helfen. Sie zeigten Anteilnahme und Solidarität, Facebook wurde zum Empathie-Netzwerk. Die Initiatoren von »Passau räumt auf« schrieben bei Facebook: »Für all die fleißigen Helfer da draußen, die gerade einsatzlos, aber noch fit sind: Bitte geht einfach los, haltet Ausschau nach erschöpften Helfern, löst sie ab und schickt (zwingt!) sie zum Pausieren nach Hause!! DANKE! IHR SEID SUPER!«[152]

Als in Griechenland von der Regierung vorübergehend die Banken geschlossen wurden, konnten die Griechen eine Zeit lang nur noch 60 Euro pro Tag an einem Geldautomaten abheben. Bekannt wurde die Geschichte eines griechischen Rentners, der zur Bank ging, um sich die Rente seiner Frau auszahlen zu lassen. Nachdem er bei vier Banken vergeblich versucht hatte, das Geld zu bekommen, brach er zusammen. Das Foto wurde in den sozialen Medien geteilt und damit zum Symbol für die Griechenland-Krise. James Koufus aus Australien sah es auf Facebook, der Rentner lebte im gleichen Ort wie sein vor Kurzem verstorbener Vater, von dem er Geld geerbt hatte. Koufus suchte im Internet nach ihm und wollte nach Griechenland fliegen, um ihm während einer Übergangszeit finanziell unter die Arme zu greifen.[153] Dieses Beispiel zeigt ebenfalls, welche Möglichkeiten, Solidarität zu leben, sich durch das Internet ergeben.

Natalie Starks Einschätzung zufolge waren die Zeiten nie besser, um mit digitalen Medien die Welt zu verändern: »Laut einer Studie von Teléfonica waren bereits 2013 81 Prozent der jungen Deutschen sicher, dass sie mit digitalen Medien wie zum Beispiel Online-Petitionen oder Crowdfunding die Welt verändern können. Unsere Forschungsabteilung, das betterplace lab, ist überzeugt: Die Digitalisierung kann die Welt verbessern.« Das Jahr 2015 habe gezeigt, dass die Digitalisierung den sozialen Sektor mit voller Wucht erfasst hat: »Eine riesige Welle der Hilfsbereitschaft ging für die Erdbebenopfer in Nepal und für Hunderttausende Flüchtlinge durch das Netz. Ein beeindruckendes Beispiel bei uns auf betterplace.org war die Aktion ›Blogger für Flüchtlinge – Menschen für Menschen‹ Ende August 2015. Hier haben drei Blogger eine Spendenaktion für Flüchtlingshilfe gestartet, und innerhalb von nur 14 Tagen sind unglaubliche 100 000 Euro zusammengekommen.« Stark ist der Ansicht, dass es gerade im sozialen Bereich sinnvoll sei, digitale Projekte ins analoge Leben zu übertragen: »Im sozialen Bereich macht das total Sinn, und wir erleben hier auch ständig, wie digital und analog miteinander verschmelzen. Die meisten Projekte, die auf betterplace.org online Spenden sammeln, setzen diese ja dann offline und analog ein, sei es für einen Brunnenbau in Ruanda, für einen Mittagstisch für Bedürftige oder für die Begrünung eines Schulhofs.«

Die Journalistin Ronja von Wurmb-Seibel, die bereits in Afghanistan gelebt und gearbeitet hat, beschreibt die Funktion des Internets in Kabul als existenziell: »Immer wenn es irgendwo in der Stadt einen Anschlag gegeben hat, tauschen die Leute auf Twitter ihre Infos aus. Wer hat den Knall gehört? In welchen Stadtteilen? Wie viele Verletzte gibt es? Wie viele Tote? Wer war der Angreifer? Meistens gibt es schon in den ersten Minuten nach dem Anschlag relativ genaue Angaben dazu, wo etwas passiert ist.« Wichtig sei das Internet, wenn nach einem großen Anschlag die Blutreserven in den Krankenhäusern knapp seien und dringend Spender für eine bestimmte Blutgruppe gesucht würden.

Der Begriff der Anteilnahme wurde schon angesprochen, doch was versteht man eigentlich unter dem Begriff des Mitgefühls? Mitgefühl meint die Fähigkeit, Gedanken und auch Handlungen einer Person zu verstehen und nachzuempfinden. Um Mitgefühl entwickeln zu können, ist in einem ersten Schritt also zunächst einmal das Vermögen, die Dinge vom Standpunkt eines anderen aus betrachten zu können, erforderlich. Der Philosoph Georg Wilhelm Friedrich Hegel bezeichnet diese Fähigkeit schlicht als Bildung. Zu diesem Verstehensakt tritt in einem zweiten Schritt die emotionale Fähigkeit, sich von dem Erkannten auch anrühren zu lassen. Je besser man sich selbst versteht, desto einfacher fällt es, sich in andere Menschen einzufühlen.

111

Beispiele wie die Enzyklopädie Wikipedia oder auch Crowdfunding- und Spendenplattformen zeigen also, dass die Chancen, die das Internet der Zivilgesellschaft bietet, die Nachteile überwiegen. Zahlreiche Organisationen nutzen das Netz bereits, um ihr digitales Engagement ins ›analoge‹ Leben zu übertragen. Projekte, die in der digitalen Welt angeschoben werden, werden oftmals in die analoge Welt übertragen.

Es zeigt sich auch am Beispiel von Wikipedia: Es sind die Anwender, die die Plattform zu dem gemacht haben, was sie heute darstellt. Die Nutzer können jedoch nicht nur an bestehenden Plattformen oder Projekten teilhaben, sie können sie auch selbst erstellen oder inszenieren. Es erfordert jedoch technische Kenntnis und Aufwand, diese Räume zu errichten. weshalb es wichtig sein wird, Kinder und Jugendliche bereits in der Schule technisch zu fördern, damit sie zu experimentieren lernen. »Jugend hackt« zum Beispiel ist ein Förderprogramm für programmierbegeisterte Jugendliche und wird von der Open Knowledge Foundation Deutschland mitorganisiert. Das Motto von »Jugend hackt«: Mit Code die Welt verbessern.[154]

Es liegt an den Nutzern, was diese aus den technischen Möglichkeiten machen. Sie können mit Codes die Welt verbessern, wenn sie die technischen Anforderungen beherrschen. Gerade jüngere User sollten die Herausforderung annehmen.

5.3 Anleitung zur Empathie

Die im Buch vorliegende Interviewreihe wurde initiiert, um aktuelle Phänomene oder Sichtweisen, die bislang nicht gänzlich von der Wissenschaft erforscht sind, zu hinterfragen und zu diskutieren. Ziel war es jedoch auch, eine Anleitung für eine gezielte Anwendungskompetenz zu entwickeln. Aus diesem Grund wurden die Interviewpartner befragt, ob das Internet Empathie fördere und welche Strategien sie für ein besseres Miteinander sähen.

Patrick Breitenbach beobachtet eine Boulevardisierung der Medien und zeigt auf, dass es mitunter auch an den Nutzern liegt, das eigene Verbreiten von Nachrichten zu hinterfragen: »Es gibt keine Patentlösung. Mein Aufruf wäre eher eine Sensibilisierung für das Ganze und auch ein Hinterfragen des eigenen Sharing-Verhaltens, des eigenen Streuens. Denn das ist ja das Neue: Jeder ist heute Publizist geworden. Die Gatekeeper, die das in der Vergangenheit geregelt haben, gibt es nicht mehr. Es gab spürbar weniger Emotionen in der Medienlandschaft, auch wenn Medien immer wieder mit Emotionen gearbeitet haben. Aber wir beobachten aktuell eine extreme Boulevardisierung von Medien: Alle setzen nur noch auf Reizemotionen, um Teilbarkeit herzustellen, um Klicks zu generieren. Dies gilt es, ein Stück weit kritisch zu hinterfragen und vielleicht an der einen oder anderen Stelle zu durchbrechen.«

Stefan Plöchinger macht weiter darauf aufmerksam, dass Facebook in erster Linie positive Gefühle bevorzuge. Dadurch hätten es gerade empathische Geschichten einfach, mit dem Facebook-Daumen belohnt zu werden: »Emotionalität im Netz richtet sich ja nicht nur ins Negative. Facebook belohnt ja ausdrücklich zuallererst positive Gefühle, indem es den ›Like‹ nach oben stellt – und gerade empathische Geschichten machen es sehr leicht, ›Gefällt mir‹ zu drücken. Manche Medien haben die Empathie deshalb als journalistisches oder Geschäftsmodell entdeckt, Stichwort Upworthy. Mir ist das oft etwas zu verkopft und publizistisch-taktisch. Ich sehe es nicht als unseren Job, Empathie für irgendwas oder irgendwen zu fördern. Unser Maßstab ist das Weltgeschehen, wie mutmachend oder verzweifelnd es sich auch auszuformen vermag.« Seine Einschätzung ist durchaus eine Diskussion wert. Diese Tendenz lässt sich auch bei neuen Formaten großer Verlage beobachten. Verlage erarbeiten Geschäftsmodelle, die in erster Linie auf emotionalen Geschichten basieren. Wenn diese gezielt installiert werden, um mit Werbung Geld zu verdienen, ist dies kritisch zu hinterfragen.

Andreas Rickmann ist der Ansicht, Emotionen seien die große Klammer, um die es im Netz gehe: »Das ist die gesamte Spanne von Emotionen: von Freude über Rührung und Teilnahme bis hin zur völligen Identifikation. Wenn man sich einmal anschaut, was im Netz auch sehr stark neben Empörung und Wut geteilt wird, dann ist es ganz häufig das, womit ich mich identifizieren kann. Und wenn ich etwas teile, etwa bei Facebook oder woanders, dann sage ich auch immer etwas über mich aus. Ich definiere mich selbst auch ein Stück weit über Dinge, die ich selbst teile. Ich glaube, die große Klammer, um die wir uns bewegen, sind am Ende Emotionen.«

Für Christoph Kappes scheint es möglich, dass Emotionen durch unsere Kommunikation im Netz sichtbarer werden: »Spontan würde ich sagen, dass bestimmte Themen zumindest in der Twitter- und Facebook-Bubble, in der ich mich befinde, deutlicher sichtbar werden. Beispielsweise wenn es um psychische Krankheiten und Befindlichkeiten geht. Also wenn Menschen ihre Depressionen zum Thema machen, oder wenn Autisten diskutieren, wie sie behandelt werden wollen. Oder auch der neueste Versuch, Hass mit Liebe zu bekämpfen, ein Vortrag auf der re:publica, den ich ja ganz süß finde, weil die Leute gar nicht merken, dass das Jesus schon gesagt hat. Bei all diesen Beispielen geht es um Emotionen, die vorher nicht unbedingt sichtbar waren. Also zumindest hat sich die Tageszeitung nicht mit dieser Art von Emotion präsentiert. Wir haben es auch mit persönlicher Betroffenheit zu tun,

die artikuliert wird, und wir haben es mit vielen persönlichen Lebensgeschichten zu tun, die sich hier und dort zeigen. Obwohl auch vieles
verdeckt wird. Auch die Lebenswelten anderer Personen werden über
Massenmedien traditionell nicht so sehr transportiert. Bis dahin würde
ich sagen, es ist eher gegenteilig. Ich sehe mehr Menschen, die sich artikulieren, es gibt kulturelle Entwicklungen wie Memes, wie animierte
Gifs, wie Emojis oder auch Formate wie Snapchat, die das noch einmal
verstärken. Umgekehrt kann man sich fragen, ob es hilft, dies ins Konstruktive zu wenden, weil die öffentliche Anteilnahme durch Veränderungen des Avatar-Bilds eben die allerleichteste Übung ist. Das sagen ja
auch die Clicktivismus-Vorwürfe einiger anderer Debattenteilnehmer,
und vielleicht ist die veröffentlichte Anteilnahme auch ein relativ einfacher Substitutionsversuch, anstatt wirklich etwas zu verändern. Also –
plakativ gesagt – vielleicht ist der eine oder andere Refugee-Sticker ja
auch eher eine Beruhigung dafür, dass man den Weg zum Flüchtlingscamp eben nicht nimmt. Ich sehe eine leichte Tendenz dafür, dass die
Emotionalisierung durch die Kommunikation im Netz verstärkt wird.
Die Frage ist, ob sie ins Konstruktive gewendet werden kann oder ob
sie im Nichts verläuft.« Kappes ist zuzustimmen, wenn er aufgrund der
Möglichkeiten, die das Netz für den interpersonalen Austausch bietet,
eine Tendenz hin zu einer Kultur beobachtet, die mehr Empathie erzeugt. Freilich lässt sich nur schwer messen, ob die verbal geäußerte
Anteilnahme im realen Leben wirklich ankommt.

Natalie Stark erinnert daran, dass bereits zahlreiche Projekte aus der
digitalen in die ›analoge‹ Welt übertragen wurden: »Die meisten Projekte, die auf betterplace.org online Spenden sammeln, setzen diese ja
dann offline und analog ein, sei es für einen Brunnenbau in Ruanda,
für einen Mittagstisch für Bedürftige oder für die Begrünung eines
Schulhofs.«

Jasmin Schreiber zeigt die positiven Seiten auf, die sich durch das Internet ergeben. Ihrer Ansicht nach wäre sonst nicht so eine große Solidarität möglich: »Ohne das Internet wüssten wir auch gar nicht so gut über das Leid der Flüchtlinge oder die kritische Situation in der Türkei Bescheid. Außerdem finde ich es schön, wie sich viele Menschen mit Leuten, die durch Hate Speech bedroht werden, solidarisieren, sie unterstützen und versuchen, die Opfer emotional aufzufangen. Das finde ich großartig.«

Natalie Stark beobachtet, dass unsere Empathie davon abhängt, wie sehr wir betroffen sind. Als Beispiel führt sie die Flüchtlingskrise an: »Ich finde, seit Sommer 2015 wurde im Verlauf der Flüchtlingskrise ganz deutlich, dass die Empathie davon abhängt, wie stark wir persönlich von dem Ereignis betroffen sind, und ob es sich in unserer direkten Nähe abspielt. Als massenhaft Flüchtlinge an den deutschen Bahnhöfen ankamen, gab es eine riesige Welle der Hilfsbereitschaft. Auf betterplace. org haben wir das nicht nur anhand des steigenden Spendenvolumens sehen können. Auch auf Facebook und Twitter wurden Postings rund um das Thema Willkommenskultur und Flüchtlingshilfe nahezu ›gefeiert‹. Und ein paar Monate später? Gleiche Situation, anderer Ort. Die Flüchtlinge kommen größtenteils in Griechenland und Italien an, und das deutsche Netz verstummt nahezu. Social-Media-Beiträge von Flüchtlingshilfen rauschen an den Menschen vorbei und rufen kaum noch Reaktionen hervor.« Sie erwähnt einen wesentlichen Aspekt, der uns nachdenklich machen sollte. Zeigen sich Nutzer nur dann aktiv, wenn etwas in der näheren Umgebung stattfindet, oder haben wir es hier mit gewissen emotionalen Erschöpfungstendenzen zu tun?

Cornelius Puschmann erwähnt das Interesse auch an Menschen, die nicht in unserer unmittelbaren Umgebung von Schicksalsschlägen betroffen sind: »Die genannte Solidarität bei Katastrophen oder

Terrorangriffen ist ein gutes Beispiel, welches verdeutlicht, dass diese Möglichkeiten der Kommunikation als Teil einer immer stärker globalisierten Öffentlichkeit zu werten sind. Sicherlich sind die unmittelbaren lokalen Bezüge für die allermeisten Menschen das, was wirklich zählt, aber das Interesse an Menschen, die geografisch weit von uns entfernt sind, wächst durch digitale Kommunikationswerkzeuge wie Twitter und Facebook eindeutig. Und schließlich ermöglicht das Netz auch Formen der Anteilnahme am Schicksal von engen Freunden oder Verwandten, die es sonst nicht gäbe.«

Anne Wizorek sieht das Potenzial, sich im Internet für eine gerechtere Gesellschaft zu engagieren: »Ich bin nicht von Rassismus betroffen, aber ich habe durch das Netz überall auf der Welt Zugang zu unterschiedlichen Positionen von Rassismusbetroffenen. Das heißt, dass ich mir das, neben der deutschen, auch im Kontext der amerikanischen, der britischen oder der französischen Debatte angucken kann. Wer das Privileg hat, nicht von Rassismus betroffen zu sein, kann dieses Problem theoretisch ausblenden. Aber das Potenzial, mit diesen Perspektiven übers Netz noch einmal Leute zu erreichen und auch zu aktivieren, um sich für eine gerechtere Gesellschaft zu engagieren, das ist definitiv da. Und dafür ist das Netz – gerade für mich als Aktivistin – natürlich unerlässlich.«

Nele Heise betont die erzählerischen Möglichkeiten, die das Netz bietet, um Empathie hervorzurufen: »Wenn man an Videos, Texte oder Geschichten denkt, die uns die Lebensrealität, etwa von benachteiligten Personen, begreifbar machen, die sonst kein Sprachrohr haben oder kaum sichtbar sind, oder die uns Ungerechtigkeiten im Alltag zeigen. Wie das funktioniert, sieht man ja manchmal, wenn emotionale Inhalte oder berührende Geschichten viral gehen, denn oft sind das Dinge, in denen wir uns wiedererkennen können.«

Ronja von Wurmb-Seibel zeigt auf, dass es durch die Vernetzung leichter geworden ist zu helfen. Sie erwähnt Beispiele aus ihrem privaten Umfeld: »Letztens habe ich für einen bedürftigen Kumpel ein neues Handy gesucht und dafür auf Facebook gepostet. Nach drei Minuten schrieb mir jemand, dass er gern sein altes iPhone verschenken möchte. Und ein Bekannter von mir hat neulich online Geld für eine weitere Runde Chemotherapie gesammelt, weil er sich mit den Behandlungen davor schon komplett verschuldet hatte.«

Patrick Breitenbach wiederum erkennt durch die Kommunikation im Internet den Anstieg einer Sensibilisierung für Sprache verbunden mit Empathie: »Ich glaube, dass eine Sensibilisierung und ein Bewusstsein für Sprache weitaus stärker stattfinden, als es vor dem Internet der Fall war. Dies löst natürlich zunächst einmal eine riesen Reaktanz bei denjenigen aus, die sich nicht vorhalten lassen wollen, wie sie zu sprechen haben. Aber letztendlich ist eine Sensibilisierung für Sprache – verbunden mit einer Empathie – eher angestiegen.«

Weiterhin wurden die Interviewpartner befragt, welche Strategien sie für ein besseres Miteinander im Netz sehen. Für Anne Wizorek stellt die gegenseitige Unterstützung unter den Nutzern eine Strategie dar: »Ich glaube, dies ist etwas, womit wir bewusster in unserem Medienkonsum, insbesondere aber eben auch im Netz, umgehen sollten. Auch wieder mehr Leuten zu sagen und zu zeigen: Das, was du machst, ist gut, und ich unterstütze dich. Das klingt total simpel, aber das ist etwas, was wir viel zu wenig tun. Und es kann auch so, wie wir es bei ›Organisierte Liebe‹ versucht haben, ein Impuls reichen, um zu verdeutlichen, wohin wir wollen. Am Ende ist meine Vorstellung von einem humanen Netz ja auch eines, in dem Fehler passieren, in dem Menschen aber auch daran wachsen dürfen und nicht sofort alle komplett fertiggemacht werden müssen. Das ist auch gerade für Menschen

wichtig, die mit dem Netz aufwachsen. Es ist klar, dass ich mit Anfang 20 nicht so reflektiert über Dinge sprechen kann wie zehn Jahre
später. Dies muss man in dem jeweiligen Kontext betrachten, und das
muss das Netz auch erlauben.« Ein wichtiger Punkt: In einem humanen Netz dürfen Fehler passieren.

Nele Heise widmet sich dieser Frage intensiv und sieht unterschiedliche Möglichkeiten als Strategie. Darüber hinaus beschreibt sie, dass
auch Herzchen, Gifs oder Emojis ihren Teil beitragen können: »Das
heißt, alle Mittel, die uns vergegenwärtigen, dass wir es im Netz miteinander als Menschen zu tun haben, können dabei helfen, Empathie zu
fördern. Manchmal sind das Hinweise auf unredliches, negatives Verhalten, manchmal sind es Mittel, die positives Verhalten unterstützen
(blödes Beispiel: Herzchen, aber auch Katzenbilder). Auch so etwas wie
Gifs oder Emojis können uns dabei helfen, unsere eigenen Gefühle in
Räumen zum Ausdruck zu bringen, in denen wir uns ja zunächst erst
einmal nur ›virtuell‹ begegnen, und die Gefühle anderer zu ›lesen‹ beziehungsweise kennenzulernen. Solche Ausdrucksformen sind extrem
spannend, weil sie uns auch zeigen können, was uns als Menschen,
egal, welcher Herkunft (Sprache, Kultur, Ethnie), verbindet. Sie müssen aber auch gelernt werden, gewissermaßen als Kulturtechniken und
›Sprach‹-Codes des Netzes. Zur Steigerung von Empathie gehört für
mich aber vor allem auch eine Diskussion darüber, wie wir miteinander umgehen wollen, welches Verhalten akzeptabel ist und wo Grenzen
überschritten werden. Das kann letztlich nicht nur eine technische oder
rechtliche Frage sein, und all jene, die öffentliche Räume schaffen, sind
hier in der Pflicht und tragen genauso eine Verantwortung wie wir als
User. Ich frage mich aber selbst, wie es gelingen kann, dass wir Tools
und Spielregeln gestalten, in denen grundlegende Rechte und Normen
miteinander in Einklang kommen und auf die man sich einigen und

die man als bindend annehmen kann. Die Möglichkeiten der vernetzten Kommunikation sind ja eigentlich noch recht jung und sorgen für einen so gewaltigen Umbruch, dass uns die großen damit verbundenen Probleme erst allmählich bewusst werden und wir als Gesellschaft erst am Anfang der Debatte stehen. Nicht zuletzt könnte ich als Ethikerin den uralten Spruch ›Was du nicht willst, das man dir tu, das füg auch keinem andern zu‹ bemühen. Aber auch dafür muss letztlich die Bereitschaft und Fähigkeit zu Empathie bei den Usern da sein. Menschen, die bewusst verletzten, Dialog (zer)stören oder einfach ihren Hass auskippen möchten beziehungsweise das Netz als Ort ansehen, an dem sie ungestraft ihren Frust loswerden können, scheint es ja leider viele zu geben. Vielleicht fällt uns das im Alltag nur nicht so auf, oder wir können es leichter ausblenden. Ob es fruchtet, diesen Leuten die Konsequenzen ihres Handelns aufzuzeigen und sie zu sanktionieren, daran habe ich, ehrlich gesagt, Zweifel.« Dieser Aussage sollten wir Bedeutung beimessen, da es nicht Sanktionen sein werden, die die Nutzer zu einem Umdenken bewegen könnten.

Für Christoph Kappes sind es die Anwender, die dem Ignorieren ein Ende bereiten sollten. Er zeigt auf, dass dies nicht nur für den Diskussionspartner wichtig ist, sondern auch für alle anderen, die eine Diskussion verfolgen: »Ich glaube, dass man das Schweigen, das Weggucken, das Ignorieren brechen muss. Auch wenn es schwierig ist, auch wenn es manchmal die Dinge noch schlimmer macht. Ich habe das selbst in Netzdiskussionen erlebt, dass ich anfange, mit Leuten, die abstruse Positionen vertreten, zu diskutieren. Und ich sehe, dass die anderen ihre Positionen natürlich nicht ad hoc verändern – das wäre auch naiv, das zu erwarten – und am Ende die ganze Diskussion von ihnen dominiert wird und ich nur noch dabei bin, ihre absurden Verschwörungstheorien abzuwehren. Das ist tatsächlich die Realität. Aber ich glaube, es ist auch wichtig, dass andere sehen, dass ich hier eine Gegenposition beziehe und diesen Quatsch nicht so stehen lasse.« Weiter warnt er davor, eingefahrene Gewohnheiten mit nur einer Netzkampagne ändern zu wollen: »Also jeder Versuch, Strategien zu entwickeln, ist grundsätzlich lobenswert. Es ist nur die Frage, mit welchem Anspruch man an die Sache herangeht. Ich glaube, dass man dies durch bestimmte Netzkampagnen nicht mal eben kurz ändert. Diese Vorstellung erscheint mir etwas naiv. Das sind Jahrzehnte dauernde Prozesse, und man muss sich darüber im Klaren sein, dass man den Stein betropft, sonst hat man wieder die Frustration, und dann kommen ein Jahr später die Artikel, dass die Liebe nicht geholfen hat.« Sicher sollten die Erwartungshaltungen nicht zu hoch sein, jedoch scheint es richtig, als Nutzer aktiv zu werden, auch wenn die Aussicht auf Erfolg nicht garantiert ist.

Kappes macht darauf aufmerksam, dass auch negative Gefühlsäußerungen ihre Berechtigung haben. Auch diese Gefühle hätten Ursachen, die es ernst zu nehmen gelte. Entscheidend sei die Frage, wie man negative Gefühle in positive umwandle: »Ich glaube auch, dass man die negativen Gefühle und die negativen Äußerungen nicht unbedingt als Ganzes verdammen sollte. Für mich gehören diese zum Leben dazu. Gerade ist in der *taz* ein Aufsatz erschienen, in dem dafür plädiert wird, den Hass nicht vollständig zu dämonisieren. Es gebe bestimmte psychische Gründe, weshalb man eben diese Emotionen habe, zum Beispiel auch, um eine entsprechende zielgerichtete Aggression und Motivation aufzubauen. Das Gefühl als solches beruht auf Ursachen und lässt sich nicht einfach auslöschen oder unterdrücken. Es ist also eher die Frage, wie man es umwandelt in eine konstruktive Emotion oder in irgendeine Art von Lösung.«

Mary Scherpe zeigt ebenfalls Strategien für mehr Empathie im Internet auf. Sie macht unter anderem auf das Konzept der Gegenrede aufmerksam, die sie von den Nutzern erwartet: »Ausgesprochener Support, mehr positive Worte als nur ein Like und der Mut, auch mal uneingeschränkt zu loben, machen die Welt besser, zeigen sie doch den Betroffenen, dass sie nicht allein sind, und den stillen Mitlesern, dass es auch andere Stimmen gibt. Im Prinzip das viel beschworene Konzept der Gegenrede, was Konzerne zwar nicht einfordern können, um sich die Bürde der Moderation zu erleichtern, was ich aber von meinen Mitmenschen im Alltag verlange.«

Nach Ansicht von Natalie Stark könnten konkrete Fragestellungen in den sozialen Medien hilfreich sein, um Empathie zu fördern: »Ich denke, man könnte mehr Empathie im Netz fördern: durch konkrete Fragestellungen in Berichterstattungen oder in Social-Media-Beiträgen – ganz ähnlich, wie man es in der Streitschlichtung oder in der Kindererziehung macht. Durch Fragen wie ›Wie würdest du dich fühlen, wenn …?‹ kann sich der Leser besser in die Situation hineinversetzen.« Diesen Vorschlag, der auf ein neues methodisches Verfahren abzielt, gilt es zu überdenken und einmal ganz praktisch zu erproben.

Patrick Breitenbach zeigt ebenfalls konkrete Schritte auf, wie sich Empathie im Internet fördern lassen könnte. Er macht auf eine Art von Anwendungskompetenz aufmerksam, die eine Selbstreflexion voraussetzt: »Der erste Schritt wäre, sich bewusst zu machen, was mit Kommunikation passiert und was Kommunikation mit uns macht. Das kann auch als Selbstreflexion verstanden werden. Einfach darauf zu achten, was mit mir passiert, wenn ich einen Newsfeed angucke oder gewisse Meldungen lese. Welche Regungen fühle ich innerlich? Der erste Schritt wäre, eine Selbstachtsamkeit zu entwickeln, um Medien bewusster wahrzunehmen. Ich denke, vielen Menschen ist noch nicht klar, was Kommunikation mit ihnen und ihren Emotionen macht. Der zweite Schritt wäre – wenn man erkannt hat, was dies mit einem macht –, anzufangen, strategisch dagegenzugehen. Indem man zum Beispiel bewusst sagt: Okay, das regt mich jetzt tierisch auf, aber ich teile jetzt mein Leid nicht mit meinen Freunden, denn dann regen sie sich ja genauso auf. Warum sollte ich ihnen das antun? Das sollte man natürlich nur sagen, wenn man selbst an einem Punkt angelangt ist, an dem man nichts mehr ändern kann. Oder wenn ich etwas daran ändern kann, dann mache ich es, indem ich mich auf einer gewissen Ebene engagiere.«

Er beschreibt weiterhin, dass es eine Herausforderung für Nutzer darstellt, auf die eigenen Emotionen zu achten, da diese stärker sind als eine vernünftige Handlung: »Das hört sich jetzt sehr leicht an, ist aber unfassbar schwer. Ich habe das selbst öfters probiert und bin immer selber in die Falle getappt: Emotionen sind stärker als eine Achtsamkeit und eine bewusste vernünftige Handlung. Das liegt daran, dass wir als Menschen maßgeblich von unserem limbischen System, von unserem Gefühlszentrum, auf Überleben programmiert sind.«

Breitenbach rät den Nutzern, Achtsamkeit zu trainieren. Außerdem sollte man eher positive Nachrichten im Internet verbreiten und versuchen, die Ansteckung in eine andere Richtung zu lenken: »Deshalb würde ich raten, eine Achtsamkeit zu trainieren, daraus eine gewisse Gelassenheit zu entwickeln und dann zu überlegen, welche Botschaften ich weitertragen möchte. Dazu gehört natürlich auch, die positiven Sachen im Netz stärker zu verbreiten, auch wenn sie nicht so viele Empörungs-Klicks und Likes bekommen. Aber ich kann mir bewusst werden, dass wir natürlich auch Freude miteinander teilen und die Ansteckung auch in eine andere Richtung forcieren können. Wenn wir so einen Umgang miteinander pflegen würden: nicht bei jeder Kleinigkeit drauflossprechen, sondern auch mal fünf gerade sein lassen – Stichwort »Toleranz« –, ein Stück weit einfach leben und leben lassen und bei Gewaltandrohung handeln, die Justiz einschalten oder sich engagieren, wäre dies sehr sinnvoll.«

Auch nach Meinung von Jessica Einspänner-Pflock sollten nicht immer nur die negativen Aspekte im Netz hervorgehoben werden. Sie glaubt, wir sollten uns ein gesundes Bewusstsein dafür, dass das Netz auch viele positive Herausforderungen bereithält und Chancen bietet, bewahren und uns dementsprechend verhalten.

Simon Hegelich ist davon überzeugt, dass das Internet eher zu Empathie als zu Hass beiträgt. Denn je mehr Menschen über andere wüssten, umso mehr Gründe hätten sie, mit ihnen zu fühlen. Die beste Strategie für mehr Empathie im Netz sei es, die Konflikte in der echten Welt zu lösen.

Es lässt sich also nicht so einfach feststellen oder wissenschaftlich nachweisen, ob das Internet Empathie fördert. Jedoch ist die Tendenz der Befragten eindeutig: Das Netz trägt eher zu Empathie als zu Hass bei. Es liegt somit auch in der Verantwortung der Nutzer, die positiven Seiten des Netzes hervorzuheben. Facebook »belohnt« positive Gefühle: Die Nutzer drückten – gerade wenn es um empathische Geschichten geht – gerne den Like-Button. Eine Chance der Vernetzung ist die Entwicklung eines Gefühls der Zusammengehörigkeit.

Die Interviewpartner wurden weiterhin gefragt, welche Strategien sie für ein gutes Miteinander im Netz sehen. Genannt wurden im Wesentlichen folgende Punkte:

1. Betonung des Gedankens der Mitmenschlichkeit in den verschiedensten Ausdrucksformen (Nele Heise, Anne Wizorek)
2. Mehr Lob für andere und mehr Mut, andere zu loben (Mary Scherpe, Anne Wizorek)

3. Zivilcourage, Flagge zeigen, nicht wegducken, Gegenrede (Christoph Kappes, Mary Scherpe)

4. Toleranz üben, Fehler verzeihen (Patrick Breitenbach, Anne Wizorek)

5. Selbstreflexion und Selbstachtsamkeit einüben (Patrick Breitenbach)

6. Sich Hineinversetzen in die Gefühlslage des Gegenübers (Natalie Stark)

7. Optimismus, Gelassenheit (Jessica Einspänner-Pflock, Patrick Breitenbach)

Die Interviews – ob schriftlich, am Telefon oder von Angesicht zu Angesicht geführt – haben wesentlich dazu beigetragen, eine Einschätzung zu den Themenfeldern Hass und Empathie im Netz, zu erhalten. Feststellbar war ein breiter Konsens darüber, dass es die Anwender selbst in der Hand haben, für eine bessere Diskussionskultur im Internet zu sorgen. Strategien der Plattformen, der Regulierungsbehörden oder der Rechtsorgane, so wichtig sie auch sein mögen, werden die Lösung der Probleme im Netz nicht ohne den Einsatz der Nutzer herbeiführen können. Elemente wie das Prinzip der Gegenrede, ein besseres Sicheinfühlen in das Gegenüber, Lob und gegenseitige Unterstützung sowie die Einübung von Selbstreflexion und Selbstachtsamkeit können am Ende für ein besseres Miteinander in den sozialen Medien sorgen.

Kapitel 6: Auf zum Mitgefühl

6.1 Strategien

Es ist längst nicht mehr so, dass von *einer* Öffentlichkeit gesprochen werden kann, so, wie es in der griechischen Polis die Agora einst für die Bürger war. Wir haben es längst mit mehreren Öffentlichkeiten im Internet zu tun, die auf unterschiedlichen Niveaus miteinander kommunizieren. Aus diesem Grund benötigen diese Räume deutlichere Verhaltensregeln, die für jeden Nutzer leicht und ohne Suche erkennbar sind. In einem ICE finden wir auch unterschiedliche Abteile vor: einen Ruhebereich, einen Handybereich, einen Familienbereich und einen Speisewagen. Jeder Fahrgast weiß, dass es für jedes Abteil unterschiedliche Verhaltensregeln zu beachten gilt. Ähnliche Spielregeln könnten auch für die Öffentlichkeiten im Internet vorgeschlagen werden.

Durch den technischen Wandel haben alle Menschen – sofern sie über ein Gerät mit Internetzugang verfügen – die Möglichkeit, Beiträge im Netz zu verfassen und zu kommentieren. In den sozialen Medien begegnen sich folglich Nutzer unterschiedlicher Sozialisation, Bildung und Herkunft. Es ist unvermeidlich, dass diese heterogenen Gruppen sprachlich sehr unterschiedlich agieren. Dies ist der Versuch einer Typologie von Nutzern, die sich in den sozialen Medien wiederfinden:

1. Selbst ernannte Experten

Diese Personen haben das Bedürfnis, jeden Beitrag kommentieren zu müssen, nicht nur Beiträge von Freunden, sondern auch Artikel etwa zu politischen Themen. Bei einer Umweltdiskussion werden sie zu Umweltexperten, bei einer Rentendiskussion zu Rentenexperten. Diese Nutzer verstricken sich auch in endlosen Kommentaren und diskutieren in Foren. Sie argumentieren jedoch meist rational und sind daher vom Troll zu unterscheiden.

2. Trolle

Den Trollen geht es darum, mit einer provozierenden These auf das Unverständnis anderer Nutzer zu stoßen. Der Begriff stammt vom Englischen Wort »Trolling«, was so viel wie »Schleppfischen« bedeutet. Trolle sind in der Erwartung, dass die Beute zuschnappt und fortan an ihrem Haken hängt. Zeigen die Mitlesenden keine Reaktion, suchen sie sich ihre Opfer in der Regel woanders. Es gibt jedoch vermehrt Trolle, bei denen der Spruch »Don't feed the Troll« nicht länger ausreicht.

3. Ideologen

Eine weitere Gruppe, die für schlechte Stimmung im Internet sorgt: Ideologen. Sie sind bei den verschiedensten Themen zu finden; etwa bei Gesundheitsfragen, weil sie sich von Geflüchteten bedroht fühlen und häufig auch bei Genderthemen. Ideologen sind nicht mehr offen für Diskussionen und den Austausch von Argumenten, ihre Motivation ist die Verbreitung der eigenen Weltanschauung.

4. Unsichtbare Mitleser

Es gibt auch Nutzer, die in den sozialen Medien mitlesen, ohne selbst in Erscheinung zu treten. Alle Facebook-Freunde könnten die unsichtbaren Mitleser sein, auch wenn der Algorithmus oftmals verhindert, dass die eigenen Einträge für jeden in der Timeline sichtbar sind. Die unsichtbaren Mitleser sollten gerade beim Prinzip der Gegenrede nicht vergessen werden.

Doch welche Akteure sind in der Verantwortung, gegen herabsetzende Kommentare im Internet vorzugehen? Sind es die Plattformbetreiber, die Regulierungsbehörden, die Medienhäuser oder gar die Nutzer selbst?

Jasmin Schreiber macht im Interview deutlich, dass Unternehmen wie Facebook oder YouTube eine Verantwortung tragen, um gegen Hate Speech vorzugehen: »In meinen Augen müsste hier viel stärker reguliert werden. Das, was in den Gruppen abläuft, ist in meinen Augen nicht einmal mehr ansatzweise von der Meinungsfreiheit gedeckt. Die Unternehmen winden sich da ziemlich raus. Ohne Social Media hätten diese Hetzer in meinen Augen kaum Rückhalt und hätte das alles nicht so dermaßen an Fahrt aufgenommen. Außerdem habe ich mich gewundert: Wenn ich hier so einfach in dieses Netzwerk einsteigen kann, weshalb macht das die Polizei nicht? Schon in einer Gruppe könnte man einen Beamten quasi dauerbeschäftigen. Aber irgendwie passiert da gefühlt nichts.«

Stefan Plöchinger ist der Ansicht, dass Medienhäuser in der Pflicht sind, Leser vor Hass und Wut zu schützen: »Ich fände es unverantwortlich, wenn sie Hetzer ungefiltert auf das Massenpublikum etablierter Medientitel losließen, was zum Glück nur noch bei wenigen großen regelmäßig passiert.«

Andreas Rickmann äußert sich ähnlich, räumt aber ein, dass BILD noch keine Strategie gegen Hasskommentare gefunden hat: »Am Ende achten wir bei dem Thema sehr genau darauf, was unserer Netiquette entspricht und was nicht. Wir lassen uns auch schlichtweg nicht alles bieten, und was Rassismus oder einfach dumpfer Hass ist, da behalten wir es uns auch vor, die Kommentare zu löschen. Weil wir solche Leute nicht auf unserer Plattform dulden müssen.«

Franziska Koch sieht den Schlüssel für negative Kommentare im Internet in der fehlenden Kommunikation der Journalisten: »Ich bin überzeugt davon, dass eine Ursache für den Verlust der Glaubwürdigkeit der Medien von unserem Selbstverständnis, welches wir Journalisten vor uns hertragen, rührt. Wir kommunizieren nicht auf Augenhöhe. Die aggressiven und ungehobelten Kommentare im Netz sind aus meiner Sicht ein Versuch der Menschen, wahrgenommen zu werden. Die Menschen wollen ja eine Reaktion auf ihre Beleidigungen. Das Phänomen ›Im Netz schreien‹ wird meiner Meinung nach erst aufhören, wenn wir uns auch auf unbequeme Meinungen einlassen und Sachverhalte noch differenzierter beleuchten.« Auf die Frage, welche Strategien Medienhäuser entwickeln könnten, um Hasskommentare einzudämmen, rät Koch zu individuellen Kampagnen: »Das ist ganz schwierig, und für jedes Haus wird die Lösung anders aussehen. Ich würde versuchen, an das jeweilige Medienhaus angepasste Kampagnen zu entwerfen, die die User einerseits abholen und andererseits mit einbeziehen.«

Für Cornelius Puschmann sind es auch die Nutzer, die im Internet für eine bessere Stimmung sorgen könnten. Er gibt jedoch zu bedenken, dass es sich bei den Anwendern um eine sehr heterogene Gruppe handelt: »Das ist etwa so, also würde man einen einheitlichen Standpunkt von allen Rechtshändern oder von allen Joggern erwarten.« Puschmann greift damit einen wichtigen Aspekt auf: Es ist nicht zu erwarten, dass alle Nutzer des Internets inhaltlich einen einheitlichen Standpunkt vertreten. Das Ziel soll jedoch nicht sein, eine Konformität von Meinungen herzustellen, wohl aber eine Meinungsvielfalt zu erhalten. Die Nutzer müssten sich auf einen kategorischen Imperativ »Null Toleranz gegenüber Intoleranten« verständigen.

Aber wie könnten Strategien zur Durchsetzung dieses Prinzips aussehen? Es gibt bislang keine wissenschaftlich nachgewiesene Strategie der Deeskalation, die sich speziell für die Kommunikation im Internet eignet, aber unterschiedliche Möglichkeiten für Betroffene, die in ihrer Gesamtheit eine Strategie darstellen könnten:

1. Das Prinzip der Gegenrede

Es gilt, das Gegenüber darauf aufmerksam zu machen, sachlich zu bleiben und auf beleidigende Äußerungen zu verzichten. Darauf sollte nicht nur gegenüber dem Kommunikationspartner, sondern auch im Interesse der unsichtbaren Mitlesenden, welche die Diskussionen verfolgen, bestanden werden.

2. Beleidigungen dokumentieren

Es lässt sich auch für einen sachlich und zurückhaltend argumentierenden Nutzer nicht vermeiden, mit negativen Kommentaren konfrontiert zu werden. Eine Möglichkeit der Gegenwehr ist das Dokumentieren von Angriffen in Form von Screenshots.

3. Blocken

Eine weitere Möglichkeit, um von einer Person Abstand zu bekommen, ist, sie zu blocken. Dies sollte jedoch nur dann gemacht werden, wenn auch auf Nachfrage, warum sich die Person so aggressiv verhält, keine Einsicht zu erkennen ist.

4. Austausch mit anderen Betroffenen

Hierfür gibt es unterschiedliche Möglichkeiten: Manche Betroffene lesen öffentlich Kommentare vor, die Seite hatr.org sammelt negative Kommentare und veröffentlicht sie.[155]

5. Humor

Humor ist eine bewährte Strategie, um eine verquere Diskussion wieder in die richtige Bahn zu lenken. Oftmals wird hierdurch die Schärfe aus einer Debatte genommen oder die Luft aus einer angespannten Situation.

6. Plattformbetreiber kontaktieren

Darüber hinaus sollten sich Nutzer auch an die Plattformbetreiber wenden, selbst wenn Beispiele aus der Vergangenheit gezeigt haben, dass die Unternehmen nur zögerlich eingeschritten sind. Umso wichtiger ist es, aktiv zu werden und öffentlich Druck auf die Plattformbetreiber, auch mithilfe der Politik, aufzubauen.

7. Rechtliche Schritte einleiten

Im Fall von Beleidigungen und Verleumdungen sollte überlegt werden, durch Erstattung einer Strafanzeige bei der Polizei oder Staatsanwaltschaft rechtliche Schritte einzuleiten. Insbesondere Aufrufe zu Gewalt im Internet sollten nicht ohne eine Reaktion bleiben. Auch wenn nicht alle Strafanzeigen vor Gericht zum Erfolg führen, ist es dennoch wichtig, öffentlich auf die Verletzung von Persönlichkeitsrechten aufmerksam zu machen.

Aber können sich Nutzer überhaupt vor Angriffen im Internet schützen? Mary Scherpe hält dies für eine Illusion: »Abgesehen davon, dass das verlangen würde, sich selbst stumm und unsichtbar zu machen, wird ein gewillter Täter einen überall finden. Menschen zu sagen, man könne sich ernsthaft schützen, spielt in die Hände derer, die Opfern gern die Schuld geben. Man hätte sich schließlich schützen können, sollen, müssen.« Auf die Frage, auf welche Weise Nutzer sich mit Angegriffenen solidarisch zeigen können, hat sie einen Rat: »Betroffenen zuhören, sie ernst nehmen und ihnen Glauben schenken – und auf der anderen Seite Täter konfrontieren beziehungsweise aus der Gemeinschaft ausschließen. Es gibt so viele Täter, deren Verbrechen bekannt sind, die aber weder juristisch noch gesellschaftlich zur Rechenschaft gezogen werden, die weiter publizieren, arbeiten und netzwerken und kaum je Konsequenzen ihrer Taten spüren.«

Unsere Gesellschaft ist mit einer Anhäufung problematischer Kommentare im Internet konfrontiert, weshalb sowohl Plattformen, Regulierungsbehörden, Medienhäuser als auch Nutzer Lösungen erarbeiten müssen. Anwendern, die ihre Grenzen überschreiten, sollte verdeutlicht werden, an welcher Stelle ihr Recht auf freie Meinungsäußerung endet; nämlich dort, wo die Menschenwürde und Persönlichkeitsrechte anderer beeinträchtigt werden. Da es sich vielfach jedoch nicht nur um spontane Ausbrüche handelt, sondern auch um organisierten Hass, sollten von allen Akteuren differenzierte Strategien entwickelt werden. Auch den Nutzern sollte bewusst werden, welche Möglichkeiten sie haben, um das Internet als Diskussionsforum für die Zukunft zu erhalten. Sie sollten sich nicht durch wenige Stimmungsmacher aus ihrem digitalen Zuhause verdrängen lassen.

Es gibt also nicht die eine richtige Strategie, wie sich Nutzer gegen

Angriffe im Internet wehren können. In unserem digitalen Werkzeugkasten sollten wir aber einen Überblick über alle zur Verfügung stehenden Strategien haben, um eine davon in der passenden Situation anzuwenden. Ferner wäre viel gewonnen, wenn User dazu gebracht werden könnten, sich über die Wirkung ihrer Kommentare im Internet bewusst zu werden. Hier wäre zu überlegen, geeignete Erziehungs- und Bildungsangebote bereits für Kinder und Jugendliche zu entwickeln, um diesen die Überprüfung ihres eigenen Kommunikationsverhaltens zu ermöglichen. Denn: Beleidigungen, Anfeindungen und Drohungen sind kein guter Ausgangspunkt für eine faire und konstruktive Diskussion im Internet.

6.2. Digitale Zivilcourage – jetzt

In ihrem Vortrag auf der re:publica 2016, »Organisierte Liebe«, appellierte die Bloggerin Kübra Gümüşay an ihre Zuhörer und Zuhörerinnen, Liebe im Internet zu organisieren, denn der Hass sei bereits organisiert. Wer sich im Internet damit begnüge, sich nur ein dickes Fell zuzulegen, zahle einen hohen Preis: »Ein dickes Fell macht einsam. Wir verlieren ein Stück Empathie. Ein Stückchen Einfühlungsvermögen. Es macht uns härter.« Und zum Thema Mitgefühl rief sie auf: »Zeigt Empathie! Monica Lewinsky sagte: ›Online we've got an empathy crises.‹ Es ist so einfach, online Menschen zu entmenschlichen, zu dehumanisieren, sie auf ein Erlebnis, eine Begebenheit, ihre Hautfarbe, Herkunft und Religion zu reduzieren.«[156]

Martin Weigert ruft dazu auf, den Trollen im Internet zu widersprechen. Er hält nichts davon, Streitgespräche zu führen. Ihm geht es nur um das Widersprechen: »Wenn jeder User und jede Userin nur ein Mal täglich bei Facebook oder Twitter auf einen einzigen Troll-Kommentar reagiert, dann prasseln auf die paar Zehntausend oder im schlimmsten Fall wenigen Hunderttausend Troll-Konten Tag für Tag Millionen an Gegen-Kommentaren ein. Es geht gar nicht darum, ein langes Streitgespräch zu führen oder argumentativ zu brillieren – nicht allen ist das Diskutieren in die Wiege gelegt. Es genügt, einmal kurz den Inhalt eines Troll-Kommentars mit einem konträren Fakt, einer kritischen Rückfrage oder einer satirischen Bemerkung infrage zu stellen. Einfach um zu zeigen: Ich widerspreche.«[157]

Franziska Koch ist ebenfalls der Ansicht, dass wir eine digitale Zivilcourage im Internet benötigen: »Menschen sollten viel öfter und viel stärker reagieren, wenn sie im Netz merken, dass jemand anderes gemobbt oder beschimpft wird. Wenn mehrere dagegenhalten und zeigen, dass solch ein Verhalten im Netz nicht toleriert wird, ist das Opfer zumindest nicht allein. Die ›Bürgerhilfe im Netz‹ sollte unbedingt ausgebaut werden.« Ich selbst würde an dieser Stelle sogar noch einen Schritt weitergehen und auf Bundes- und EU-Ebene einen Ombudsmann oder eine Ombudsfrau für den Schutz der Nutzer im Internet fordern.

An dieser Stelle möchte ich fünf Beispiele vorstellen, wie eine digitale Zivilcourage aussehen könnte:

- Ein Nutzer wollte sich die rassistischen Äußerungen in den sozialen Medien nicht länger gefallen lassen. Er wurde selbst aktiv und entlarvte gemeinsam mit Freunden Anwender, die er anzeige und manchmal sogar Arbeitgebern meldete. Bei Facebook machte er Screenshots von den Profilen, die meisten Nutzer hatten sogar ihren Klarnamen und oft auch ihren Arbeitgeber eingetragen.[158]
- Auf ihrem Blog »Eigentlich jeden Tag« hielt Mary Scherpe alle Handlungen ihres Stalkers fest. Darüber hinaus hat sie eine Peti-

tion zum Thema Stalking im Internet gestartet: »Die Petition unterstützte eine Gesetzesänderung, die seit Jahren nicht nur im Koalitionsvertrag stand, sondern auch von Opferverbänden gefordert wurde. Kern ist, die Betroffenen zu entlasten und die Verantwortung dahin zu verlagern, wo sie hingehört, zu den Tätern. Bisher musste man als Betroffener stichhaltig nachweisen, dass das Stalking die eigene ›Lebensgestaltung schwerwiegend beeinflusst‹, darunter fielen Wohnungswechsel, Jobverlust und psychische Beeinträchtigung. In Zukunft wird es ausreichen, wenn die Taten geeignet sind, solche Belastungen auszulösen.«

• Der Journalist Dirk von Gehlen wiederum möchte für Nutzer, die das Internet als ihr Zuhause bezeichnen, einen »Digitalen Heimat- und Brauchtumsverein« gründen. Auf seinem Blog »Digitale Notizen« formulierte er hierzu acht Punkte, von denen ich hier auszugsweise die für dieses Buch wichtigsten Ziele vorstellen möchte:[159]

1. Wir lieben das Internet und die neuen Formen der (Volks- und Beteiligungs-)Kultur, die es hervorgebracht hat und weiterhin hervorbringen soll. Das Internet ist uns grenzüberschreitende Heimat geworden, deren Erhalt und Pflege oberstes Vereinsziel ist! Wir haben das Internet als netzneutrales, völkerverbindendes Netzwerk der demokratischen Bürgerbeteiligung kennengelernt. Als solches wollen wir es verteidigen und ausbauen. Anlasslose Massenüberwachung aus kommerziellen wie politischen Gründen, Einschränkung des Zugangs sowie den Bruch des Fernmeldegeheimnis lehnen wir strikt ab!

2. Digitale Kultur verdient (mindestens) das gleiche Ansehen und die gleiche auch finanzielle Förderung wie etablierte Kulturformen. Als Lobby-Verein für digitale (Volks-)Kultur verstehen wir uns als Teil

der digitalen Zivilgesellschaft, die die Schaffung angemessener digitaler Rahmenbedingungen auch als zivilgesellschaftliche und öffentliche (nicht einzig privatwirtschaftliche) Aufgabe versteht. […]

3. Unser Ziel ist es, die digitale Kultur in öffentlichen Organisationen und Gremien angemessen zu repräsentieren, sie gegen einseitige kommerzielle Interessen nicht nur der Digitalwirtschaft zu verteidigen und nicht zuletzt ein Bewusstsein für ihre gesellschaftliche Bedeutung in Schulen, Parlamenten, Parteien, Kirchen und Verbänden zu schaffen. Wir verstehen dies als Voraussetzung für einen souveränen Umgang mit dem Digitalen, der dringend überfällig ist.

4. Digitale Brauchtumspflege ist ein internationales Anliegen. Als deutschsprachiger Verein verstehen wir uns als Teil einer internationalen Gemeinschaft […]

5. Das Bekenntnis zur digitalen Heimat bedeutet ausdrücklich auch: Wir lehnen Nationalismus, Rassismus, Sexismus und jegliche Ausgrenzung vermeintlicher Minderheiten ab. Wir sehen im Internet einen grenzüberschreitenden Ort der Verbindung, den wir schützen und ausbauen wollen.

6. Wir wünschen und fördern einen pragmatischen Umgang mit den gesellschaftlichen Veränderungen, die durch das Internet und die Digitalisierung angestoßen wurden. Wir wehren uns gegen einseitige Panikmache und stellen dem die Forderung entgegen, Veränderungen im Sinne der Werte von Freiheit und Demokratie zu gestalten. Angst führt niemals zu Souveränität! […]«[160]

• Christoph Kappes hat in einem Blogbeitrag ebenfalls zur Unterstützung eines von ihm initiierten Projekts aufgerufen. Der Hintergrund ist das Nachrichten- und Meinungsangebot »Breitbart News Network«, das nun auch in Deutschland gestartet ist: »Dieser Text ruft zur Unterstützung eines Projektes auf. Das Nachrichten- und Meinungsangebot ›Breitbart News Network‹, das in den USA wesentlich zu Trumps Wahlerfolg beigetragen hat, hat mit dem Aufbau eines Deutschland-Ablegers begonnen. [...] Dessen Start kann in Deutschland einen politischen Erdrutsch auslösen. Daher möchte ich ein Online-Projekt anstoßen, das man wohl als ›Breitbart-Watch‹ bezeichnen kann. ›Schmalbart‹ ist ein Arbeitstitel, aber nicht ganz anspielungsfrei gewählt.«[161]

- Das fünfte und damit letzte Beispiel digitaler Zivilcourage ist die Plattform Hoaxmap.org, die Falschmeldungen über Geflüchtete sammelt. Dabei stützt sie sich auf Meldungen, die bereits durch lokale Medien oder Institutionen widerlegt worden sind: »Das funktioniert ganz gut über Crowdsourcing, d.h. Menschen schicken uns Meldungen direkt zu. Oft schauen wir aber auch selber, was in Umlauf ist. Wenn uns Meldungen über widerlegte Gerüchte aus Lokalzeitungen erreichen, entscheiden wir nach einer Reihe von Kriterien über die Aufnahme in die Hoaxmap. Also ob genügend Informationen dabei sind, ob die Ursprungsmeldung genannt wird, ob sie klar widerlegt ist oder noch Informationen fehlen.«[162] Diese Beispiele, so unterschiedlich sie auch sind, machen deutlich, dass es wichtig ist, sich als Anwender der eigenen Verantwortung als Sender bewusst zu werden und digitale Zivilcourage zu zeigen. Darüber hinaus können Nutzer auch öffentlich Druck auf Unternehmen wie Facebook ausüben und bei der nächsten Wahl darauf achten, welche Politiker sich besonders für die Rechte der Nutzer einsetzen.

Was das Thema Falschmeldungen im Internet angeht, so ist es wichtig, dass Nutzer sich nicht verunsichern lassen. Um diese nicht einfach weiterzuverbreiten, können sich User folgende Fragen stellen: Ist die

Quelle vertrauenswürdig? Von welchem Medium wird die Nachricht sonst noch geteilt?

Zudem sollten Anwender falsche Quellen möglichst schnell widerlegen, auch im Interesse der Aufklärung anderer Nutzer. Untersuchungen haben ergeben, dass für die Richtigstellung einer Falschmeldung nur wenige Stunden bleibt.

Die Nutzer sollten sich also über ihren Einfluss und die eigenen Möglichkeiten bewusst werden und sich trauen, digitale Zivilcourage zu zeigen. Falschmeldungen und Verschwörungstheorien sollten entkräftet werden. Die Richtigstellung zielt nicht nur auf den Verfasser einer falschen Meldung, sondern auch auf die Mitlesenden.

Digitale Zivilcourage kann mehrere Formen annehmen wie zum Beispiel das Prinzip der Gegenrede, das Veröffentlichen von Beleidigungen, das Erarbeiten oder Unterstützen von Petitionen, die Forderung an die Betreiber von Plattformen nach mehr (Daten-)Transparenz, die Dokumentation von Rechtsverletzungen und last, but not least das Stellen von Strafanzeigen. Alle Formen digitaler Zivilcourage und, wenn es sein muss, digitalen Widerstands müssen sich am Prinzip einer wehrhaften Zivilgesellschaft orientieren, das nur lauten kann: Null Toleranz gegenüber intolerantem Verhalten.

6.3 Lasst uns üben!

Die Frage, wie eine perfekte Gesellschaft aussehen sollte, ist bis heute noch nicht beantwortet, obwohl sich namhafte Philosophen seit der Antike hierüber den Kopf zerbrochen haben. Der englische Staatsmann und Humanist Thomas Morus hat zur Zeit der Renaissance ein Buch verfasst, in dem er einen Weltreisenden von einem Inselvolk berichten lässt, welches sich eine ideale Staats- und Gesellschaftsordnung gegeben hat und nach dieser friedlich und genügsam zusammenlebt. Nicht ohne Ironie hat der Verfasser dem Buch den Titel *Utopia* gegeben, was aus dem Griechischen übersetzt so viel bedeutet wie »Nicht-Ort«. Mit seinem Buch bezweckte er, der damaligen englischen Gesellschaft, die so ganz und gar nicht utopisch zusammenlebte, einen gesellschaftskritischen Spiegel vorzuhalten. Seit Morus haben sich immer wieder Staatsphilosophen, angefangen von Jean-Jacques Rousseau bis zu Karl Marx, an neuen Gesellschaftsmodellen versucht, ohne dass es ihnen gelungen wäre, eine perfekte Gesellschaft zu definieren und vor allem eine solche in die Praxis umzusetzen.

Auch wenn Vergleiche im Allgemeinen hinken, könnte man den Verkehr auf den Datenautobahnen des Internets in gewisser Weise mit dem Straßenverkehr vergleichen. Auch im Straßenverkehr gibt es rücksichtslose Autofahrer, und niemand würde auf die Idee kommen, den Straßenverkehr als solchen zu verteufeln. Als Bertha Benz vor circa 100 Jahren ihre erste längere Fahrt in einem Pkw mit Benzinmotor unternahm, gab es so gut wie keine Verkehrszeichen und Verkehrsregeln, allenfalls für Pferdefuhrwerke. Darüber hinaus hat es über ein halbes Jahrhundert seit der ersten Produktion von Pkws gedauert, bis auch nur jeder dritte Erwachsene in Deutschland überhaupt einen Führerschein besaß, von einem eigenen Fahrzeug ganz zu schweigen.

Vergleicht man die Entwicklung der technischen Innovation »Automobil« mit der technischen Innovation »Smartphone« (= »Kommunikationsmobil«), über die in den Industriestaaten bereits 20 Jahre nach Einführung der internetbasierten Kommunikation beinahe jedes Schulkind verfügt, so grenzt es fast an ein Wunder, wie gering die Zahl der Totalschäden nach dieser kurzen Einübungszeit mit dem neuen technischen Hilfsmittel ist. Zugegeben, an Unfällen aller Art mangelt es wahrhaftig nicht, es wäre jedoch eine einseitige Betrachtungsweise, würde man das Internet nur als eine Spielwiese der Rowdys wahrnehmen. Ferner ist beim digitalen Datenaustausch zu berücksichtigen, dass Erwachsene als Vorbilder im Umgang mit den neuen Geräten überwiegend ausfallen, da sich Jugendliche mit Apps und Tools meist besser auskennen als ihre Eltern.

Da es die Menschen sind, die das Internet nutzen, sind auch sie es, die durch Einflussnahme über die Nutzungsregeln entscheiden. Die Gestaltung der Spielregeln liegt somit nicht zuletzt in der Verantwortung der Nutzer. Beim Auto ist es in Deutschland – als einem der wenigen Länder der Erde – trotz einer Vielzahl an bestehenden Verkehrsvorschriften derzeit politisch nicht durchsetzbar, ein generelles Tempolimit auf Autobahnen einzuführen. Ebenso wird bei den »Verkehrsregeln« im Internet sowohl von den einzelnen Nutzern als auch von den Plattformbetreibern und staatlichen Aufsichtsbehörden noch einiges an Regulierung zu leisten sein, gerade wenn davon auszugehen ist, dass die technische Vernetzung weiter voranschreitet.

Das Smartphone wächst näher an den Körper heran, wodurch sich auch unsere Kommunikation verändert: Aus der ARD-ZDF-Onlinestudie des Jahres 2016 geht hervor, dass das Smartphone erstmals das meistgenutzte Gerät für den Internetzugang darstellt. Darüber hinaus kam die Studie zu dem Ergebnis, dass Nutzer die meiste Zeit im Internet mit der Kommunikation (39 Prozent) verbringen.[163] Die Digitalisierung ist – vom technischen Standpunkt aus betrachtet – fast vollendet, während sich die Gesellschaft noch in einem Übungsprozess befindet. Es braucht Zeit und Geduld, um eine positive Sozialisierung im Internet erzielen zu können.

Unsere Gesellschaft braucht also eine digitale Streitkultur, um Probleme, die in der analogen Welt nicht ausreichend thematisiert wurden, sichtbar zu machen und einer Lösung zuzuführen. Betrachtet man den Shitstorm als Fieberthermometer der Gesellschaft, so erfüllt er insoweit eine positive Funktion, als er zum Beispiel der Politik zwischen den Wahlen Handlungsbedarf anzeigt.

Die Menschen wissen im Allgemeinen, wie sie in ihrem ›analogen‹ Leben mit einem Großereignis umzugehen haben, sie wurden damit sozialisiert. Jedoch gibt es Situationen, in denen wir auch im analogen Leben keine schnellen Lösungen parat haben. In diesen Fällen würde es zu kurz greifen, das Internet für den Problemstau verantwortlich zu machen. Im Übrigen ist es ein langer Weg, bis Verhaltensweisen – die im analogen Leben längst verinnerlicht wurden – sich auch ins digitale Leben übertragen lassen. Die Nutzer befinden sich (noch) in einem Prozess des *trial and error,* der als Übergangsstadium auf dem Weg zu einer digitalen Gesellschaft durchlaufen werden muss. Vielleicht sollten wir uns vorerst mit dem Status »Übungsprozess« zufriedengeben. Je häufiger diese Prozesse in den sozialen Medien durchlaufen werden, desto größer ist die Chance, dass aus diesen Erfahrungen gelernt werden kann. Das unfreiwillige Veröffentlichen privater Bilder oder Informationen, der Kritikpegel nach einem Großereignis, die ungeprüfte Weiterverbreitung von Quellen – all dies könnte man unter dem Begriff des digitalen Übungsprozesses zusammenfassen. In den sozialen Medien müssen die eigenen Handlungen erst einmal erprobt werden. Deshalb spricht vieles auch dafür, dass ein Reifungsprozess hin zu einem »Normalmodus« einsetzen wird und die Nutzer den Status Übungsprozess wieder verlassen werden. Ein Grund für den Übungsprozess liegt in dem Umstand, dass sich Nutzer nicht am Verhalten von Vorgängergenerationen orientieren können, weshalb ihnen auch häufig Fehler unterlaufen. Es ist nicht zu übersehen, dass die im ›analogen‹ Leben erprobten gesellschaftlichen Verhaltensweisen und Normen noch nicht gänzlich im Internet etabliert sind. Auch der Phänomeme-Blog der *Süddeutschen Zeitung* spricht in diesem Zusammenhang von einem Übungsprozess.[164]

Auf diesem Weg wird man gerade jüngeren Menschen zugestehen müssen, dass auch sie eine Entwicklung durchmachen. Im Grunde ist ein digitales Aufwachsen vergleichbar mit einem analogen Aufwachsen, mit dem einen – aber nicht unwesentlichen – Unterschied, dass sich Nutzer heute unter öffentlicher Beobachtung entwickeln.

Um zusätzliche Anstrengungen für eine verbesserte Anwendungskompetenz von Jung und Alt wird unsere Gesellschaft also nicht herumkommen. Zum Schutz seiner demokratischen Strukturen ist es für den Staat eine Frage der Selbstbehauptung mehr in Medienkompetenz zu investieren. Dazu gehören auch Seiten und digitale Bildungsangebote, die für Nutzer technische Hilfestellung bei Hate Speech und Falschmeldungen im Alltag leisten.

6.4 Kulturpessimismus? Nein, danke

Die Kommunikation im Internet und die mit ihr verbundenen Möglichkeiten haben – wie die meisten Dinge im Leben – zwei Seiten: Der technische Wandel birgt zwar Risiken, aber auch Chancen für eine Gesellschaft, die sich immer mehr zu einer vernetzten Digitalgesellschaft entwickelt. Freilich benötigt eine digitale Gesellschaft auch Leitplanken in Form von gesetzlichen Rahmenbedingungen sowie Plattformbetreiber, die sich ihrer Verantwortung bewusst sind und die Augen nicht vor missbräuchlichen Entwicklungen verschließen. Ob die Inkulturation der digitalisierten Medien in unsere Gesellschaft gelingt, hängt maßgeblich davon ab, ob und wie wir die jüngere Generation für neue Nutzungsformen begeistern und über sie aufklären können. Kinder und Jugendliche sollten darüber Bescheid wissen, wie Algorithmen entstehen und was in ihrem Smartphone vor sich geht. Dies ist eines der Themen, die in der Schule Pflichtfach sein sollten. Bereits vor Jahren wurde öffentlich über die Notwendigkeit der Vermittlung von Medienkompetenz an Schulen diskutiert, bis heute ist dieses Fach jedoch nicht in die Lehrpläne integriert. Themen wie die Funktionsweise von Algorithmen gehören jedoch mehr denn je zur Allgemeinbildung.

Dabei sollte Kindern und Jugendlichen nicht unbedingt abverlangt werden, programmieren zu lernen. (Ich kann es auch nicht. Und werde es vermutlich auch nie können.) Es ist jedoch unabdingbar, dass sie wissen, welche Prozesse auf dem eigenen Smartphone ablaufen. Und wenn ein Kind Spaß daran hat, sollte es nach Möglichkeit gefördert werden. Der Autor Ulrich Trottenberg vertritt sogar die These, Kinder müssten lernen, Algorithmen zu lieben: »Algorithmen werden für unerwünschte Entwicklungen verantwortlich gemacht: Sie spionieren uns aus, kontrollieren uns, treffen lebenswichtige Entscheidungen, sie bringen die Finanzmärkte durcheinander, gefährden den Frieden – so heißt es. Tatsächlich sind Algorithmen Mathematik oder Informatik. Sie sind also logisch und nicht prinzipiell unverständlich, es sind Handlungsanweisungen, der Kern der Programme, die der Rechner versteht. Und sie sind, wie die Mathematik insgesamt – wertneutral. Messer sind ja auch im Alltag unverzichtbar und können doch Mordinstrumente werden.«[165]

Es geht jedoch nicht nur darum, Anwendungskompetenz zu vermitteln, sondern auch als Gesamtgesellschaft bei digitalen Entwicklungsprozessen nicht komplett den Anschluss zu verlieren. Eine Studie der ie.foundation besagt, dass Europa in der digitalen Plattform-Wirtschaft hinterherhinkt.[166] 50 Prozent aller Lehrer würden übrigens gerne häufiger digitale Medien im Unterricht verwenden. 82 Prozent der Lehrer der Sekundarstufe I fordern außerdem mehr Weiterbildungsangebote zu digitalen Themen. Dies hat eine Studie des Digitalverbands BITKOM herausgefunden.[167]

Die Studie ICILS 2013 (International Computer and Information Literacy Study) untersuchte überdies, über welche digitalen Kompetenzen Jugendliche in Deutschland verfügen. Herauskam, dass beinahe 30 Prozent der Jugendlichen nur über geringe Computer- und IT-Kompetenzen verfügt.[168]

Medienbildung wird mittlerweile auch von der Politik wichtiger genommen. Die Kultusministerkonferenz arbeitet aktuell an einem Entwurf zum Strategiepapier »Bildung in der digitalen Welt«, und auch das Bundesministerium für Bildung und Forschung plant, mit fünf Milliarden Euro die Schulen zu digitalisieren.[169] Die Jugendlichen nutzen das Internet längst als Informationsquelle für die Schule, wie die JIM-Studie bestätigt: »Dass neben der Arbeit für Texte und Präsentationen bei den Hausaufgaben das Internet als Informationsquelle eine wichtige Rolle spielt, zeigen eine Reihe von Kennzahlen: 28 Prozent der Jugendlichen nutzen innerhalb von 14 Tagen YouTube, um dort Erklärvideos zu Themen aus der Schule anzusehen. Sieben Prozent nutzen täglich Wikipedia oder vergleichbare Angebote. Diese Daten belegen, dass Schüler zu Hause bereits digitale Hilfestellung in Anspruch nehmen.«[170]

Die Geschichte hat gezeigt, dass Maschinenstürmer, auf lange Sicht betrachtet, noch nie erfolgreich waren. Entscheidend ist, dass sich die Nutzer nicht in die Rolle des Zauberlehrlings drängen lassen, sondern die Technik mithilfe gesellschaftlicher Normen beherrschen. Enno

Park, der sich selbst als Cyborg bezeichnet, glaubt, dass es übertrieben sei, von Sucht zu sprechen, wenn Nutzer ihr Smartphone vermissen: »Eine für mich sehr schlüssige Theorie besagt: Wir sind im Grunde alle längst Cyborgs, ohne es gemerkt zu haben. Das Smartphone ist bei vielen das Erste, das sie morgens in die Hand nehmen, und das Letzte, das sie vorm Schlafen weglegen. Vielen fehlt etwas, wenn das Gerät nicht da ist. Der Begriff ›Sucht‹ beschreibt dieses Phänomen aber nur sehr mangelhaft. Schon jetzt stellt derartige Technik eine Art von Sinneserweiterung dar, indem sie etwa das unsichtbare Internet, das wir über die Welt gelegt haben, sichtbar macht. Dazu wächst die Technik immer näher an uns heran.«[171] Park erinnert daran, dass Menschen schon seit jeher ihre Fähigkeiten kontinuierlich verbessert haben: »Als der Mensch in der Steinzeit anfing, Werkzeuge zu benutzen, als er Bildung weitergab, als sich Kultur und Gesellschaft entwickelten, war das auch schon eine Form der Selbstmodifikation. Bildung ist auch jetzt noch ein Sich-selbst-Verbessern.«[172]

Die Menschen haben ihre eigenen Fähigkeiten also schon immer erweitert. Ein Beispiel hierfür sind Brillengläser oder Kontaktlinsen, die ganz selbstverständlich getragen werden. Und auch bei medizinisch eingepflanzten Prothesen wie Herzschrittmachern und Defibrillatoren hat sich die Gesellschaft längst daran gewöhnt. Es wird jedoch auch in Zukunft Menschen geben, die sich den neuen Möglichkeiten verschließen und auf die Erweiterung ihrer Fähigkeiten verzichten. Auf der anderen Seite wird es auch immer Menschen geben, die diese Möglichkeiten nutzen werden, um die eigenen Fähigkeiten auszubauen. Diese werden den Skeptikern bald überlegen sein.

Für Simon Hegelich ist es wahrscheinlich, dass die Technik eines Tages in unsere Sinne eingespeist wird. Er glaubt, dass wir das sehr bald erleben werden: »Die Firma MagicLeaps entwickelt zum Beispiel einen Ansatz, bei dem Computerbilder direkt auf die Netzhaut projiziert werden. Angeblich kann man dann nicht mehr zwischen virtuellen Illusionen und der Wirklichkeit unterscheiden.« Er sieht die Entwicklung eines künstlichen Geistes durchaus positiv: »Es gibt für mich keinen Grund anzunehmen, warum eine Maschine, die uns im Denken überlegen ist, grausamer sein sollte als ein Mensch. Ich glaube daher, das wird ziemlich cool. Angst sollten uns allerdings die Menschen machen, die ›künstliche Intelligenz‹ jetzt schon für ihre ökonomischen und militärischen Zwecke nutzen wollen.«

Es ist bedauerlich, dass die Gesellschaft immer noch die Risiken des Digitalen überbetont, weil sie das Internet nicht versteht. Es wäre eher angebracht, der Technik eine Liebeserklärung zu machen, anstatt sie zu verteufeln. Die Technik einschließlich der Medizintechnik mit ihren die Lebensqualität verbessernden Tools wächst immer näher an den menschlichen Körper heran, deshalb wäre es nur folgerichtig, dieser neuen Entwicklung offen gegenüberzustehen. Ein Zurück wird es ohnehin nicht mehr geben. Wenn die Digitalisierung durch die Brille des Kulturpessimisten gesehen wird, liegt es nahe, dass die Technik, zum Beispiel der Einsatz von Algorithmen, für Fehlentwicklungen in der Gesellschaft verantwortlich gemacht wird. Damit wird die Debatte jedoch in eine gänzlich falsche Richtung gelenkt.

Dass es im Entwicklungsprozess der Digitalisierung auch zu Fehlentwicklungen kommt, ist unvermeidlich. Und wenn Unternehmen wie Facebook beispielsweise alleine darüber entscheiden, wie Millionen von Menschen im Netz miteinander kommunizieren, ist dies kritisch zu betrachten. Solche Monopolstellungen gilt es zu durchbrechen und die Nutzer zu einer selbstbestimmten Kommunikation auf alternativen

Plattformen zu animieren. Das Internet in seiner derzeitigen Form ist jedoch nichts, was uns Anwendern aufgezwungen wurde. Wir sind es, die freiwillig auf den etablierten Plattformen im Internet miteinander kommunizieren. Es gilt jedoch zu bedenken, dass gerade jüngere Nutzer nur eingeschränkt frei in ihrer Wahl sind, da sie sich in der Regel auf den Plattformen anmelden, auf denen sie ihre Freunde treffen. Wenn sie sich dazu entscheiden sollten, bestimmte soziale Medien nicht zu nutzen, werden sie sich aus einer (oder mehreren Gruppen) mehr oder weniger freiwillig ausschließen.

Kapitel 7: Auf den Punkt gebracht

An dieser Stelle sei ein Rückblick darauf erlaubt, welche Erkenntnisse aus den vorherigen Kapiteln gewonnen wurden. Im ersten Kapitel haben wir gesehen, dass das Internet nur eine Plattform darstellt, auf der die Weichen für neue soziale Umgangsformen gestellt werden. Der digitale Wandel vollzieht sich dadurch, dass die Nutzer die sozialen Medien gebrauchen.

Im zweiten Kapitel ging es darum, ob und wie Nutzer heutzutage die eigenen Daten schützen sollten. In der Antike stellten die Freiheit der Person und die Teilnahme am öffentlichen Diskurs und Entscheidungsprozess ein Privileg dar, das lediglich die städtische Oberschicht für sich in Anspruch nehmen konnte,[173] in den 80er-Jahren des vergangenen Jahrhunderts haben dagegen Tausende Menschen aus allen gesellschaftlichen Schichten gegen eine geplante (und dann auch unter strengen Auflagen des Bundesverfassungsgerichts durchgeführte) Volkszählung demonstriert, da sie diese als Eingriff in ihre vom Grundgesetz geschützte Privatsphäre ansahen. Und heute? Die Aktivisten Juli Zeh und Ilija Trojanow weisen darauf hin, dass 20 Jahre später niemand mehr gegen gespeicherte Fingerabdrücke demonstriert.[174] Und selbst nach Bekanntwerden der NSA-Affäre hielt sich der Widerstand der Bevölkerung gegen das Ausspähen persönlicher Daten in Grenzen.

Bei dem Thema der Privatheit handelt es sich um einen Bereich, der uns in den nächsten Jahren noch weiter beschäftigen wird. Der Soziologe Zygmunt Baumann wurde zu diesem Thema interviewt und meinte: »Privatsphäre ist kein Ideal mehr. Die Menschen wollen heute nicht mehr allein gelassen werden. Wir genießen es, überwacht zu werden. Unsere größte Angst ist es, nicht beachtet zu werden, in unserem eigenen Saft zu schmoren.«[175] Ist das so?

Jugendliche gehen heute ganz selbstverständlich mit der neuen Technik um. Die Gesellschaft steht damit, bedingt durch den technischen Wandel, vor einem neuen Verständnis von Privatheit. Die Frage, die sich in diesem Zusammenhang stellt: Können wir überhaupt noch von Privatheit sprechen, oder müssen wir Privatheit neu denken? Darüber hinaus gilt es, Klarheit darüber zu gewinnen, welche Institutionen unsere Daten speichern und wie Nutzer Auskünfte und Löschungsansprüche durchsetzen können. Denn das Internet und die damit verbundene neue gesellschaftliche Freiheit sollten nicht weltweit agierenden Plattformen und nationalen Sicherheitsbehörden überlassen werden, sonst werden gesellschaftliche Themen wie Überwachung und Speicherung des mobilen Datenverkehrs nicht im Sinne der demokratischen Verfassungs- und Gesellschaftsordnung geregelt.

Ein weiterer Punkt, der zu denken geben sollte: Niemand außer Facebook selbst kann bislang eindeutige Erhebungen und Studien über die Plattform veröffentlichen. Somit ist es für Wissenschaftler schwierig, hinter die Unternehmensstruktur zu blicken und eine objektive empirische Einschätzung zu liefern.

Eine Möglichkeit der Nutzer ist es, Aktionsbündnisse zu schließen, um so auf Regulierungsbehörden und Plattformbetreiber Einfluss zu nehmen. Eine weitere wäre die Entscheidung, das eigene Leben weitgehend öffentlich zu führen und sich selbstbestimmt durch das Netz zu bewegen. Diese Option gilt jedoch nicht für alle Nutzer gleichermaßen, denn gerade Kinder und Jugendliche können die Folgen ihrer öffentlichen Kommunikation weniger gut einschätzen als Erwachsene. Hier wird eine neue Anwendungskompetenz erforderlich, die zum Beispiel in der Schule oder in der Familie ausgebildet werden könnte. Sobald diese vermittelt und ein bewusster Umgang mit dem Internet erlernt ist, stellt die bewusste Veröffentlichung privater Informationen eine Option dar. Um es noch einmal zu verdeutlichen: Nutzer, die ihr Leben in den sozialen Medien öffentlich leben, wissen, dass die Daten, die sie heute geschützt glauben, in naher Zukunft schon in Umlauf geraten können. Dies bedeutet nicht, dass sie keine Geheimnisse bewahren wollten oder die Überwachung durch Geheimdienste billigen würden.

Das dritte Kapitel befasste sich mit der negativen Seite der Vernetzung. In einem digitalen Umfeld werden Wut und Empörung deutlicher wahrgenommen, jedoch gibt es diese bereits seit dem Bestehen der Menschheit. Negative Handlungen können durch das Internet und die ihm zu Gebote stehenden technischen Möglichkeiten mit einer größeren Breitenwirkung in den öffentlichen Raum dringen. Auch wenn es nur wenige sind, die im Internet für schlechte Stimmung sorgen, sollte ihnen deutlich aufgezeigt werden, wo die Grenzen liegen. Jede Form von digitaler Zivilcourage ist hier erlaubt. In einer digitalen und vernetzten Gesellschaft gilt heute mehr denn je: Die Nutzer müssen die sozialen Medien wieder für faire Diskussionen zurückgewinnen.

Aus diesem Grund sollten Kinder und Jugendliche nicht nur erlernen, das Internet zu gebrauchen, sondern darüber hinaus auch, es zu verstehen. Die Wirkung von Algorithmen in den sozialen Medien sollte nicht überbewertet werden, immerhin machen diese nur, was Menschen ihnen auftragen zu tun: Wir Menschen erstellen und interpretieren Algorithmen selbst. Bedenklich wird es erst dann, wenn Nutzer nicht wissen, dass es sich bei Plattformen wie Facebook oder Google nicht um neutrale Oberflächen handelt, oder wenn Algorithmen von

Unternehmen oder Interessengruppen für eigene, undurchsichtige Zwecke missbraucht werden. Die Gesellschaft wird sich in den kommenden Jahren noch intensiver mit diesem Thema auseinandersetzen müssen. Derzeit gibt es noch keine eindeutigen wissenschaftlichen Befunde darüber, ob Filterblasen existieren, wie sie wirken, und ob Nutzer, die im Internet negative Kommentare veröffentlichen, dies auch im analogen Leben tun.

Im vierten Kapitel wurde der Frage auf den Grund gegangen, weshalb manche Nutzer nach spektakulären Ereignissen zu Kritikern werden und andere zu Universalexperten. Im Verlauf dieses Kapitels wurde deutlich, dass es dauert, bis sich eine Sozialisierung im Internet einstellt. Vorsicht ist aber bei der These geboten, im Netz würde ein Übermaß an Kritik ausgeschüttet. Immerhin gilt es zu bedenken, dass Nutzer durch den technischen Wandel erstmals die Möglichkeit erhalten, ihre Meinung ungefiltert einer breiten Öffentlichkeit zugänglich zu machen, und von dieser Freiheit nun rege Gebrauch machen.

Freiheit bedeutet aber auch Verantwortung. Und dieser werden Anwender nicht gerecht, die etwa nach einer Katastrophe in den sozialen Medien sofort die Schuldigen zu kennen glauben, Gerüchte verbreiten oder Verschwörungstheorien parat haben. Es muss von ihnen erwartet werden, dass sie Inhalte vor der weiteren Verbreitung auf ihre Glaubwürdigkeit prüfen und sich mit vorschnellen Anschuldigungen zurückhalten. Gerade in Zeiten, in denen populistische Inhalte im Netz verbreitet werden, sollten wir uns der Verantwortung, die wir als Sender haben, bewusst sein. Deshalb werden die Nutzer der sozialen Medien lernen müssen, ein Stück weit wie Journalisten zu denken und zu handeln. Digitale Bildung benötigen somit nicht nur Kinder und Jugendliche, sondern Personen aller Altersschichten.

Daneben wird die Frage, ob sich Menschen im Internet ebenso authentisch verhalten wie im analogen Leben, unsere Gesellschaft noch eine Weile beschäftigen. Das Leben wird sich jedoch immer mehr dahingehend entwickeln, dass unsere Welt nicht länger in eine digitale und analoge Welt unterteilt werden kann. In naher Zukunft wird es nur noch eine Welt geben: die digitale und vernetzte Welt. Der Soziologe Jan Schmidt macht darauf aufmerksam, dass die Unterscheidung zwischen virtuellem und echtem Leben nicht mehr lange aufrechterhalten werden kann: »Die Trennung zwischen ›virtuellem‹ und ›echtem‹ Leben, zwischen Cyberspace und realer Welt war immer schon fragwürdig, und sie lässt sich immer weniger aufrechterhalten, je mehr Menschen immer mehr Aktivitäten ihres persönlichen oder beruflichen Alltags mithilfe des Internets unterstützen.«[176] Dies geht sogar so weit, dass das Internet Partnerbeziehungen erweiterte Möglichkeiten bietet. Auch hier sind es die Nutzer selbst, die – wie im ›analogen‹ Leben – die Regeln und Grenzen ihrer Beziehung bestimmen.

Eine weitere Herausforderung für die digitale Gesellschaft besteht ferner darin, Strategien zu entwickeln, mit denen sich Gewohnheiten, die über Generationen hin gewachsen sind, in das Kommunikationsverhalten im Internet implementieren lassen. Eine neue Kommunikationskultur im Netz zeichnet sich dadurch aus, dass sie akzeptiert, dass an der einen oder anderen Stelle auch ein Shitstorm nötig sein kann, um gesellschaftliche Prozesse in Gang zu bringen oder in eine andere Richtung zu lenken. Empörung im Internet kann auch dazu beitragen, bisherige Normen und Verhaltensweisen – insbesondere von Unternehmen und Politik – infrage zu stellen. War es früher noch so, dass deren Entscheidungen nach dem Top-down-Prinzip getroffen wurden, sind es heute die Nutzer, die in der Lage sind, durch die sozialen Medien auf Fehlverhalten hinzuweisen, um bestehende Prozesse zu verändern.

Anwender weisen in den sozialen Medien jedoch nicht nur auf das Fehlverhalten von Unternehmen und Institutionen hin, sondern so manche Empörungswelle richtet sich auch gegen Einzelpersonen. Mit einem solchen Verhalten können Menschen dehumanisiert und isoliert werden.

Das fünfte Kapitel hat gezeigt, dass die digitale Kommunikation nicht nur negative, sondern vielmehr auch positive Erscheinungen hervorgebracht hat. Die Titelfrage dieses Buches lautet: Hat die Digitalisierung zu einer Verrohung unserer Gesellschaft geführt? Diese Frage greift eine Stimmung auf, die sich in der öffentlichen Debatte der vergangenen Monate ausgebreitet hat und bei der man den Eindruck gewinnen konnte, Nutzer hätten es im Netz ausschließlich mit Hate Speech und Fake News zu tun. Die Hoffnungen auf eine Wissensgesellschaft, die die Erfinder des Internets mit dessen Gründung verbunden hätten, seien zutiefst enttäuscht worden. Zugegeben, unser Verständnis von einer fairen Diskussionskultur wird in manchen Foren auf eine harte Probe gestellt. Auch ist nicht auszuschließen, dass gezielte Falschmeldungen und der Einsatz von Social Bots in den sozialen Medien unsere demokratische Ordnung beeinflussen können. Dennoch gilt: Negative Gefühlsäußerungen wie Beleidigungen oder Verleumdungen werden zwar durch die Verschriftlichung deutlicher sichtbar oder spürbar und werden dadurch verstärkt, dass sie mit einer größeren Breitenwirkung und Geschwindigkeit in den öffentlichen Raum vordringen. Die Vernetzung führt jedoch nicht dazu, dass Nutzer im Internet verrohen. Das Gegenteil ist der Fall.

Es ist sogar eine Tendenz zu erkennen, dass sich Anwender im Internet empathischer verhalten. Beispiele hierfür sind unter anderem der Erfolg der Enzyklopädie Wikipedia, zahlreiche Crowdfunding- und Spendenplattformen, aber auch neue Kulturtechniken wie Emojis oder GIFs.

Darüber hinaus können Anwender sich in den sozialen Medien zusammenschließen, neue Plattformen entwickeln und bei bisher unterdrückten Tabus gesellschaftliche und kulturelle Aufbrüche herbeiführen. Das Prinzip der Anwendungskompetenz wurde bereits thematisiert, jedoch sollte sich die digitale Gesellschaft vor Augen halten, dass alte Gewohnheiten nicht von heute auf morgen zu ändern sind. Die Digitalisierung zwingt uns zu einem kontinuierlichen Übungsprozess von Rede und Gegenrede, von Strategien der Beeinflussung von Meinungen und argumentativ abgesicherter Selbstbehauptung, von Versuchen der Fremdbestimmung und Abwehrstrategien gegenüber Vereinnahmung.

Freie und demokratisch organisierte Gesellschaften sind bei Phänomenen wie Hate Speech und Fake News autoritär geführten möglicherweise unterlegen, dies gilt aber nur auf kurze Sicht. Langfristig betrachtet wird sich der Freiheitsdrang der intelligenten und kreativen Nutzer durchsetzen, die sich das Internet und seine positiven Entfaltungsmöglichkeiten nicht nehmen lassen werden.

Das Ziel dieses Buchs war es herauszuarbeiten, dass es sich bei der Digitalisierung nicht in erster Linie um einen technischen, sondern um einen sozialen Wandel handelt. Die Technik liefert nur das Gerüst. Die Ursachen negativer Kommentare sind daher nicht in der digitalen, sondern in der ›analogen‹ Welt zu suchen. Die Anhäufung dieser Kommentare im Netz stellt jedoch eine Herausforderung dar, welche die Nutzer annehmen müssen. Bei den Phänomenen Shitstorm, Hate Speech und Fake News möchte ich mich an dieser Stelle dafür einsetzen, die Begriffe nicht zu verharmlosen: Kritik ist Kritik, Hass ist Hass, und eine Falschmeldung ist eine Falschmeldung. Es scheint wichtig, die Phänomene im Internet nicht zu vermischen.

In den vergangenen Jahren wurden überdies immer häufiger Forderungen nach deutlicheren Regeln zur Moderation durch Facebook laut. Es ist die Aufgabe der Plattformbetreiber, Hasskommentare und Gewaltandrohungen zu verfolgen, und der staatlichen Regulierungsbehörden, deren Vorgehen zu kontrollieren. Eine Gesellschaft wird pejorativen Kommentaren im Internet jedoch nicht ausschließlich mit der Moderation durch Plattformbetreiber, mit neuen Rechtsnormen und schärferen Strafen Einhalt gebieten können. Was unsere Gesellschaft in diesem Zusammenhang braucht, sind intelligente Formen des zivilgesellschaftlichen Widerstands: originelle Rebellen, die sich mit anderen Nutzern zusammenschließen und kreative Ideen entwickeln und umsetzen. Es werden die Menschen sein, die mit neuen Gedanken und Aktionen dafür sorgen, dass die positive Seite der Vernetzung ausgeschöpft und der negativen Seite Einhalt geboten wird.

Die Nutzer sind es auch, die sich entscheiden müssen, ob sie sich damit abfinden wollen, dass ihre Daten von staatlichen Stellen gesammelt, ausgewertet und gegen sie verwendet werden. Oder ob sie ihre Komfortzone verlassen und anfangen zu handeln. Es scheint sich der Eindruck durchzusetzen, dass die Nutzer noch gar nicht verstanden haben, was die Digitalisierung eigentlich ausgelöst hat und welche Folgen sich daraus ergeben.

An dieser Stelle soll nochmals an Hannah Arendt erinnert werden. Sie forderte eine Pflicht zum Ungehorsam, man könnte auch sagen eine Pflicht zum Widerstand. Arendts Thesen sind wieder aktuell und können auf unsere heutige Lebensrealität in den sozialen Medien übertragen werden; nicht nur bei der staatlichen Überwachung, bei destruktiven Kommentaren oder gezielten Falschmeldungen – heute gilt es als Nutzer mehr denn je, ein freies Netz in jeder Hinsicht zu verteidigen und Zivilcourage zu zeigen.

Damit auch jüngere Anwender Kreativität entfalten können, sollte ihnen bereits in der Grundschule eine solide Anwendungskompetenz vermittelt werden. Dass den Kindern in der Schule das richtige Handwerkszeug mitgegeben wird, ist auch deshalb wichtig, damit dieses Land in der Digitalisierung nicht gänzlich abgehängt wird. Das Internet wird sich nicht mehr zurückentwickeln, und deshalb ist es wichtig, dass sich seine Nutzer überlegen, wie sie die Möglichkeiten gestalten, damit sie die Chancen bestmöglich für sich nutzen können. Sollten jedoch immer nur die negativen Aspekte der Vernetzung betont und Zukunftsängste geschürt werden, wird sich eine negative Einstellung in der Gesellschaft manifestieren. Es gehört deshalb auch zu den Aufgaben der Zukunft, positive Aspekte der Digitalisierung zu verbreiten.

Auch die Algorithmen werden zu den Themen gehören, die in den kommenden Jahren bedeutender werden. Big Data und künstliche Intelligenz werden unsere Gesellschaft in den nächsten Jahren ebenso beschäftigen, zum Beispiel wenn es darum geht, dass die digitale Technik in unsere Lebens- und Arbeitswelt vordringt. Es wäre erfreulich, wenn dieses Buch als Anregung dienen würde, diese Diskussion in die Gesellschaft hineinzutragen. Denn die Technik wächst immer näher an den menschlichen Körper heran, was auch sogenannte Wearables (»tragbare« Minicomputer) zeigen. Aufgrund der Perspektive, dass in naher Zukunft immer mehr Gegenstände (wie zum Beispiel Fahrzeuge, Operationssäle, Haushaltsgeräte) an das Netz angeschlossen werden, verändert sich unser gesamtes Kommunikationsverhalten.[177] Sobald die nächste Stufe der Vernetzung eintritt und die Technik sich mit unseren Sinnen vernetzt, werden wir um diese Debatte nicht mehr herumkommen. Deshalb sollten wir sie jetzt führen.

Schlusswort

Ich bin ohne Internet aufgewachsen und kann mich noch gut daran erinnern, wie ich meine Großeltern mit einem Wählscheiben-Telefon angerufen habe. Mir ist auch heute noch gut im Gedächtnis, wie ich zehn Jahre später mit glänzenden Augen mein erstes Mobiltelefon in den Händen hielt und welche Freiheiten ich dadurch gewonnen habe. Das erste Smartphone, zehn Jahre später, war für mich der logische Schritt zur weiteren Vernetzung: ein Gerät, mit dem ich nicht nur telefonieren, sondern auch E-Mails schreiben und mich mit dem Internet verbinden konnte. Und unsere Vernetzung wird weiter voranschreiten.

Das Internet, wie wir es heute kennen, bietet uns nicht nur erweiterte Möglichkeiten der Kommunikation; uns steht unendlich viel Wissen zur Verfügung, wir erhalten Einblicke in andere Lebensrealitäten und können uns mit anderen Menschen verbinden. Die positive Seite unserer Vernetzung steht jedoch auch der »Gegenseite« zur Verfügung. So, wie wir mit einem Auto mutwillig einen Unfall verursachen können, wenn wir es darauf anlegen, können wir auch mit der digitalen Kommunikationstechnik immensen Schaden anrichten. Einen Führerschein für das Internet, das kommt noch dazu, haben wir nie gemacht.

Im Rahmen eines Seminars, das ich an der Universität im Fach Medienwissenschaft abhielt, wurden 30 Studierende von mir befragt, wer für die Inhalte in den sozialen Medien verantwortlich sei. Und wer dafür sorgen könne, die Probleme, die durch missbräuchlichen Umgang mit unserer Vernetzung entstanden sind, zu beheben. Fast alle Studierenden waren der Meinung, dass es in erster Linie die Nutzer seien, und nur wenige meinten, dass die Plattformen primär in der Verantwortung stünden. Dies gab mir zu denken, auch wenn diese Befragung keinen wissenschaftlichen Anspruch erhob. Die Studenten haben mich jedoch in meiner Meinung bestätigt.

Die Nutzer haben die größte Verantwortung: Sie sind nicht verpflichtet, bei jedem Shitstorm mitzumachen. Und sie müssen auch nicht jeden Tweet kommentieren. Sie können aber mit gutem Beispiel vorangehen und digitale Zivilcourage zeigen.

Vielleicht ist es zu optimistisch, von jüngeren Anwendern zu erwarten, dass sie sich die Räume für ihre Kommunikation selbst bauen. Ich möchte aber deutlich machen, dass die Nutzer es eigentlich selbst in der Hand haben. Es wird an ihnen liegen, Einfluss zu nehmen: auf die Plattformbetreiber, auf die Regulierungsbehörden, auf die Politik und die Justiz. Schulen und Familien sind außerdem in der Verantwortung, den Kindern Anwendungskompetenz zu vermitteln. Das Ziel dieses Buches ist es deshalb auch, Eltern und Pädagogen zu erreichen, um sie für dieses Thema zu sensibilisieren.

Es ist nicht einfach, dabei zuzusehen, wie manche die Möglichkeiten, die wir durch die Digitalisierung bekommen haben, durch verantwortungsloses Verhalten wieder verspielen. Dabei sind es längst nicht alle Nutzer, die im Internet für schlechte Stimmung sorgen. Aber schon wenige reichen aus, um Sanktionen für alle befürchten zu müssen.

Aus meiner Sicht sollte das Netz ein humanes sein; eines, in dem wir neugierig, offen, tolerant und aktivistisch sein dürfen. Und nicht eines, in dem wir uns gegenseitig angreifen und niedermachen. Ich möchte in einer digitalen Gesellschaft leben, in der wir Menschen einander respektieren. In der nicht Egoismus und Angst, sondern Offenheit und Toleranz die Tagesordnung bestimmen.

Darüber hinaus sollten wir ein Bewusstsein für unsere Daten entwickeln. Es wird die Aufgabe unserer Generation sein, Kenntnisse darüber zu erlangen, wer unsere Daten sammelt und zu welchem Zweck – und welche Folgen dies für das Funktionieren unserer Demokratie haben könnte. Meine Generation muss sich entscheiden: Wollen wir uns damit zufriedengeben, dass Regierungen in großem Stil Zugriff auf unsere persönlichen Daten erhalten? Oder wollen wir anfangen, uns mit den Themen Verschlüsselung und Datensicherheit zu befassen?

Auch hier werden es die Nutzer sein, die aufwachen müssen. Nach Möglichkeit sollte dabei nicht der technische Fortschritt für alle Fehlentwicklungen im Internet verantwortlich gemacht werden. Das Netz ist immer auch eine Spiegelung der analogen Welt.

Das Netz sind wir alle – auch wenn es unbequem wird. Der Kategorische Imperativ nach Kant[178] findet auch im digitalen Zeitalter noch Verwendung. In einem globalen Netz gilt er heute mehr denn je.

»Der Friede (im Netz) ist das Meisterwerk der Vernunft.«
(frei nach Immanuel Kant)

Dank

Ein besonderer Dank geht an meinen Lektor Johannes Engelke und an Markus Michalek von der Agentur AVA International.

Ein weiterer Dank geht an meine 15 Interviewpartner und -partnerinnen für die Einordnung und Denkanstöße: Nele Heise, Jessica Einspänner-Pflock, Mary Scherpe, Anne Wizorek, Ronja von Wurmb-Seibel, Victoria Schwartz, Jasmin Schreiber, Franziska Koch, Simon Hegelich, Patrick Breitenbach, Christoph Kappes, Cornelius Puschmann, Stefan Plöchinger, Natalie Stark und Andreas Rickmann.

Anhang

Literatur

Arendt, Hannah: *Vita activa oder Vom tätigen Leben,* München 2013.

Arns, Inke: *Netzkulturen,* Hamburg 2002.

Baumann, Zygmunt: »Wir wollen überwacht werden«, in: *FAS* vom 15.09.2013.

Beckedahl, Markus/Meister, Andre (Hrsg.): *Jahrbuch Netzpolitik 2012,* Berlin 2012.

Biermann, Kai: »Alles gehört allen!«, in: *fluter* Nr. 46, Ich bin dann mal web, Bonn 2013

Boyd, Danah: *It's Complicated: The Social Lives of Networked Teens,* Yale 2014.

Böhn, Andreas/Seidler, Andreas: *Mediengeschichte,* Tübingen 2008.

Brandeis, Louis/Warren, Samuel: »The Right to Privacy«, in: *Harvard Law Review,* Vol. 4 (1890–91).

Brecht, Bertolt: *Radiotheorie,* in: Gesammelte Werke, Band 18, Frankfurt/Main 1968.

Brockman, John: *Wie hat das Internet ihr Denken verändert?,* Frankfurt/Main 2011.

Bredow, Rafaela von et al.: »Ende der Privatheit«, in: *Spiegel* vom 11.01.2010.

Bruhns, Annette: »Kopf hoch!«, in: *Der Spiegel Wissen,* Ausgabe 4/2016.

Bundeszentrale für politische Bildung (Hrsg.): *Transparenz und Privatsphäre. Aus Politik und Zeitgeschichte,* 15–16/2013.

Bunz, Mercedes: *Die stille Revolution,* Berlin 2012.

Bunz, Mercedes: »Technologie fällt nicht vom Himmel«, in: *Stuttgarter Zeitung* vom 20. März 2013.

Carr, Nicholas: »Is Google making us stupid?« in: *The Atlantic,* Nr. 1 August 2008.

Crouch, Colin: *Postdemokratie,* Frankfurt/Main 2008.

Enzensberger, Hans Magnus: *Baukasten zu einer Theorie der Medien,* in: Prokop, Dieter (Hrsg.): *Massenkommunikationsforschung. Band 3: Produktanalysen,* Frankfurt/Main 1973.

Enzensberger, Hans Magnus: *Mittelmaß und Wahn. Gesammelte Zerstreuungen,* Frankfurt/Main 1988.

Geldner, Andreas: »Die Schnüffelei ist der Alltag«, in: *Stuttgarter Zeitung* vom 20.07.2013.

Geuss, Raymond: *Privatheit. Eine Genealogie,* Frankfurt/Main 2002.

Graber, Hedy/Landwehr, Dominik/Sellier, Veronika (Hrsg.): *Kultur digital. Begriffe, Hintergründe, Beispiele,* Basel 2011.

Grimm, Petra/Zöllner, Oliver (Hrsg.): *Schöne neue Kommunikationswelt oder Ende der Privatheit?,* Stuttgart 2012.

Habermas, Jürgen: *Strukturwandel der Öffentlichkeit*, Frankfurt/Main 1990.

Hartmann, Frank: *Medien und Kommunikation,* Stuttgart 2008.

Internet & Gesellschaft Co:llaboratory (Hrsg.): *Gleichgewicht und Spannung zwischen digitaler Privatheit und Öffentlichkeit,* Abschlussbericht Berlin 2011.

Jarvis, Jeff: *Mehr Transparenz wagen! Wie Facebook, Twitter & Co die Welt erneuern*, Berlin 2012.

Kittler, Friedrich: *Aufschreibesysteme 1800/1900*, München 1995.

McLuhan, Marshall: *Die magischen Kanäle. Understanding Media*, Düsseldorf 1992.

Kloock, Daniela/Spahr, Angela: *Medientheorien. Eine Einführung*, Stuttgart 2012.

Leistert, Oliver/Röhle, Theo (Hrsg.): *Generation Facebook. Über das Leben im Social Net*, Bielefeld 2011.

Margreiter, Reinhard: *Medienphilosophie. Eine Einführung*, Berlin 2007.

Meibauer, Jörg (Hrsg.): *Hassrede/Hate Speech*, Gießen 2013.

Michelis, Daniel/Schildhauer, Thomas (Hrsg): *Social Media Handbuch. Theorien, Methoden, Modelle und Praxis*, Baden-Baden 2010.

Münker, Stefan: *Emergenz digitaler Öffentlichkeiten. Die Sozialen Medien im Web 2.0*, Frankfurt/Main 2009.

Münker, Stefan/Roesler, Alexander (Hrsg.): *Telefonbuch. Beiträge zu einer Kulturgeschichte des Telefons*, Frankfurt/Main 2000.

Münker, Stefan/Roesler, Alexander (Hrsg.): *Mythos Internet*, Frankfurt/Main 1997.

newthinking communication GmbH (Hrsg.): *Zehn Jahre newthinking*, Berlin 2013.

Orwell, George: *1984*, Berlin 2009.

Otto, Philipp (Hrsg.): *Das Netz. Jahresrückblick Netzpolitik 2013–2014*, Berlin 2013.

Papacharissi, Zizi: *A Private Sphere: Democracy in a Digital Age*, Cambridge 2010.

Pariser, Eli: *Filter Bubble. Wie wir im Internet entmündigt werden*, München 2011.

Pörksen, Bernhard/Detel, Hanne: *Der entfesselte Skandal. Das Ende der Kontrolle im digitalen Zeitalter,* Köln 2012.

Röhle, Theo: *Der Google Komplex. Über Macht im Zeitalter des Internets,* Bielefeld 2010.

Rössler, Beate: *Der Wert des Privaten,* Frankfurt/Main 2001.

Schaar, Peter: *Das Ende der Privatsphäre. Der Weg in die Überwachungsgesellschaft,* München 2009.

Schertz, Christian/Höch, Dominik: *Privat war gestern. Wie Medien und Internet unsere Werte zerstören,* Berlin 2011.

Schmidt, Jan: *Das neue Netz. Merkmale, Praktiken und Folgen des Web 2.0,* Konstanz 2011.

Serres, Michel: *Erfindet euch neu! Eine Liebeserklärung an die vernetzte Generation,* Berlin 2013.

Spitzer, Manfred: *Digitale Demenz. Wie wir uns und unsere Kinder um den Verstand bringen,* München 2012.

Stiegler, Bernd/Roesler, Alexander (Hrsg.): *Grundbegriffe der Medientheorie*, Paderborn 2005.

Stiegler, Christian/Breitenbach, Patrick/Zorbach, Thomas (Hrsg.): *New Media Culture. Mediale Phänomene der Netzkultur,* Bielefeld 2015.

Wenzlaff, Karsten/Eisfeld-Reschke, Jörg (Hrsg.): *Crowdfunding Handbuch,* Berlin 2011.

Interviews zum Buch

Stefan Plöchinger

Du bist Digitalchef bei der *Süddeutschen Zeitung*, die bereits früh ihre Kommentarfunktion unter den Artikeln abgeschafft hat. Welche Begründung gab es für diese Entscheidung?
Die öffentliche Debatte zu moderieren ist ein Kern des journalistischen Jobs. Sie anzuheizen darf uns nicht passieren. Das war unser Kalkül bei SZ.de, als wir vor anderthalb Jahren beschlossen haben, die Diskussionen unter unseren Artikeln durch einige wenige, gut moderierte Foren zu ersetzen. Das war ein Schritt gegen die selbst ernannten Ketzer, die vorher dort versucht haben, die Debatten zu bestimmen, und die immer schwieriger in den Griff zu bekommen waren.

Die Diskussionskultur wird so auf Social Media verschoben. Ist das wirklich ein effektives Mittel, um Hass im Netz zu verringern?
Es ist ja nicht so, als würde bei uns nicht mehr diskutiert – http://www.sueddeutsche.de/thema/Ihr_Forum –, und ich bezweifle auch, dass wir die entscheidende Macht sind, um den Debatten auf Facebook und Twitter zu einem Boom zu verhelfen. Das schaffen Facebook und Twitter schon selbst. Die Leute sind da längst und kommentieren, und sie kommentieren dort mit allen bekannten Auswüchsen, die mir nicht ge-

fallen. Mein Eindruck ist nicht, dass Facebook effektiv daran arbeitet, gegen Hass und Hetze anzukommen. Das allerdings ist ein Problem, das vor allem Facebook und die Nutzer dort aktiv angehen müssen.

Gab es nie die Überlegung, die Kommentarfunktion wieder zu aktivieren?
Sie ist nicht deaktiviert. Wir haben die Entscheidung, uns auf weniger Themen pro Tag zu konzentrieren, nie bereut. Es ist ehrlicher und im Wortsinn schlauer, gut moderierte Debatten zu pflegen, statt den neben vielen klugen Nutzern immer präsenten Hetzern hinterherzulaufen und so ja auch keine gute Diskussion für alle Beteiligten zu erzeugen.

Bei anderen Zeitungen ist diese Funktion noch uneingeschränkt aktiv. Kritisierst du das oder guckst du nicht in den Garten der anderen?
Wir sind ein freies Land, wieso sollte ich andere dafür kritisieren, dass sie anderes versuchen? Ich lese auf allen Nachrichtenseiten viel schlecht Moderiertes, das ich als Unsinn bezeichnen würde, teils auch Fehlerhaftes, öfter auch Agitatorisches – aber diese Nachrichtenseiten haben sich eben entschieden, auch derlei Wortmeldungen zu tolerieren, oder schaffen es von ihrer Ausstattung her nicht besser, die Sache in den Griff zu kriegen. Die Kollegen wissen sicher besser als ich, ob das bei ihren Lesern ähnlich gemischte Reaktionen wie bei mir persönlich auslöst, oder ob es doch zu viel Reichweite bringt.

Welche Möglichkeiten haben Medienhäuser, um die Leser vor Hass und Wut zu schützen?
Viele: wegmoderieren, anschreiben, verbannen … Sie haben vor allem die Pflicht dazu. Ich fände es unverantwortlich, wenn sie Hetzer unge-

filtert auf das Massenpublikum etablierter Medientitel losließen, was zum Glück nur noch bei wenigen großen regelmäßig passiert.

Verstärken die sozialen Medien Hass oder Mitgefühl? Oder macht das Netz Hass oder Mitgefühl nur deutlicher spürbar?

Soziale Medien belohnen und verstärken damit emotionale Äußerungen jeder Art. Das »Like« und seine neuen Emotionsbrüder auf Facebook sind genau das: Gefühlsäußerungen, die man noch dazu impulsiv mit einem Klick in die Welt rausjagen kann. Technisch gesehen, machen die sozialen Medien damit Gefühlsimpulse erstmals überhaupt digital spür- und messbar. Dadurch, dass Algorithmen diese Impulse auswerten und anhand der Impulse die Prominenz von Meldungen in Streams festlegen, bekommen die schnell geäußerten Emotionen bei jenen Menschen mehr Einfluss auf die Informations- und Meinungsbildung, die soziale Medien stark nutzen.

Wie schätzt du die Macht der Algorithmen bei unserer Kommunikation ein?

Sie ist enorm gewachsen. Facebook ist für viele Menschen eine Informationsplattform geworden, Google ein Eintrittstor ins Internet, durch das man die digitale Welt entdeckt, und beide sind komplett algorithmisch gesteuert. Auf beiden verbringen viele Menschen sehr viel Zeit, nach allem, was wir wissen, mehr Zeit als in den Apps oder auf den Homepages klassischer Medienmarken.

Gibt es Momente, in denen du wegen des rauen Tons, der im Netz manchmal herrscht, ungern vernetzt bist?

Nein. Journalisten neigen ja eh zum Zynismus, was nicht gut ist und womit ich persönlich umzugehen versuche, indem ich meinen Zynismus gezielt einsetze. Zum Beispiel, um mit Hass und Hetze im Netz umzugehen.

Siehst du Felder, auf denen uns das Netz empathischer macht? Gibt es Strategien, welche die Empathie im Netz fördern könnten?
Emotionalität im Netz richtet sich ja nicht in nur ins Negative. Facebook belohnt ja ausdrücklich zuallererst positive Gefühle, indem es den »Like« nach oben stellt – und gerade empathische Geschichten machen es sehr leicht, »Gefällt mir« zu drücken. Manche Medien haben die Empathie deshalb als journalistisches oder Geschäftsmodell entdeckt, Stichwort Upworthy. Mir ist das oft etwas zu verkopft und publizistisch-taktisch. Ich sehe es nicht als unseren Job, Empathie für irgendwas oder irgendwen zu fördern. Unser Maßstab ist das Weltgeschehen, wie mutmachend oder verzweifelnd es sich auch auszuformen vermag.

Simon Hegelich

Du arbeitest als Professor für Political Data Science an der Hochschule für Politik der Technischen Universität München und beschäftigst dich mit Social Bots und dem Thema der künstlichen Intelligenz. Würdest du dich als Cyborg bezeichnen?
Nein. Ich denke zwar, dass die Grenzen zwischen Mensch und Technik nicht starr sind und derzeit aufgelöst werden. Ich selbst fühle mich aber noch sehr menschlich.

Wie wahrscheinlich ist es, dass die Technik eines Tages in unsere Sinne eingespeist wird?
Das werden wir mit Sicherheit schon sehr bald erleben. Die Firma

MagicLeaps entwickelt zum Beispiel einen Ansatz, bei dem Computerbilder direkt auf die Netzhaut projiziert werden. Angeblich kann man dann nicht mehr zwischen virtuellen Illusionen und der Wirklichkeit unterscheiden.

Wir führen unsere Beziehungen mittlerweile digital. Wie werden wir in 30 Jahren Liebesbeziehungen führen? Wird unser Mitgefühl darunter leiden?

Mitgefühl bedeutet ja, das man mit jemand anderem fühlt. Ich sehe keinen Grund, warum wir nicht auch gegenüber Maschinen Mitgefühl entwickeln können. Was den Blick in die Zukunft anbelangt: Ich denke, wir erleben derzeit so viele disruptive Umbrüche, dass niemand in der Lage ist, auch nur die nächsten fünf Jahre vernünftig abzuschätzen. In 30 Jahren werden wir aber – so hoffe ich – echte künstliche Intelligenz haben, also Maschinen mit Bewusstsein. Eigentlich wäre also die Bezeichnung »künstlicher Geist« besser, denn Bewusstsein muss nicht unbedingt mit einer überlegenen Intelligenz einhergehen beziehungsweise das Konzept der Intelligenz ist eh sehr fraglich.

Wie wahrscheinlich ist es, dass wir uns eines Tages in Roboter verlieben und heiraten?

Verlieben: Warum nicht? Wenn er einen angenehmen Charakter entwickelt. Heiraten? Eher nicht. Das würde Rechtsgleichheit von Mensch und Roboter unterstellen.

Sollte uns ein »künstlicher Geist« Angst machen? Oder dürfen wir uns darauf freuen?

Es gibt für mich keinen Grund anzunehmen, warum eine Maschine, die uns im Denken überlegen ist, grausamer sein sollte als ein Mensch.

Ich glaube daher, das wird ziemlich cool. Angst sollten uns allerdings die Menschen machen, die »künstliche Intelligenz« jetzt schon für ihre ökonomischen und militärischen Zwecke nutzen wollen.

Verstärken die sozialen Medien Hass oder Mitgefühl? Oder macht das Netz Hass oder Mitgefühl nur deutlicher spürbar?

Ich denke, es gibt gegenläufige Effekte: Im Netz können sich Stimmungen hochschaukeln, sodass Hass und Mitgefühl verstärkt werden. Gleichzeitig wissen wir aber auch, dass die berühmten Shitstorms sehr schnell abebben. Es tritt also vermutlich auch ein Gewöhnungseffekt ein, sodass Hass und Mitgefühl auch gleichzeitig geschwächt werden.

Wie schätzt du die Macht der Algorithmen bei unserer Kommunikation ein?

Unsere Kommunikation wird immer stärker durch Algorithmen bestimmt. Was ich bei Google, Facebook und so weiter angezeigt bekomme, ist stark von Algorithmen abhängig. Dazu kommt: Diese Algorithmen werden nicht völlig offengelegt, weil man sie ansonsten manipulieren könnte. Beispiel Google: Die Reihenfolge der Suchergebnisse wird stark durch den »PageRank« bestimmt. Diesen Algorithmus muss man sich vorstellen wie einen gigantischen Webcrawler, der immer, wenn er auf eine Seite kommt, sich zufällig einen Link herauspickt und dem dann folgt. Dabei zählt er, wie oft welche Seite besucht wird. Wenn ich das weiß, kann ich zwei Seiten bauen, die gegenseitig aufeinander verlinken. Der Crawler wird dann immer von der einen auf die andere Seite geleitet, und Google würde glauben, die Seite sei sehr beliebt – wenn sie nicht ihren Algorithmus angepasst hätten, um solche Manipulationen zu verhindern. Dadurch wissen aber heute nicht mal mehr Experten, wie diese Algorithmen genau funktionieren.

Aber: Ich habe im Internet alle Freiheit, auch auf eine Seite zu gehen, die Google mir nicht vorschlägt. Damit etwas gefährlich wird, braucht es also auch immer Nutzer, die sich selbst von den Algorithmen abhängig machen.

Gibt es Momente, in denen du wegen des rauen Tons, der im Netz manchmal herrscht, ungern vernetzt bist?
Ja. Aber es gibt auch viele Momente, in denen ich ungern in einer Kneipe oder im Fußballstadion bin.

Siehst du Felder, auf denen uns das Netz empathischer macht? Gibt es Strategien, welche die Empathie im Netz fördern könnten?
Ich glaube schon, dass das Netz vom Grundsatz her eher zu Empathie als zu Hass beiträgt. Je mehr ich über andere weiß, umso mehr Gründe habe ich, mit ihnen zu fühlen. Die beste Strategie für mehr Empathie im Netz ist es, die Konflikte in der echten Welt zu lösen.

Ronja von Wurmb-Seibel

Du hast als Journalistin in Kabul gelebt und gearbeitet. In welchem Umfang kommunizieren die Menschen dort übers Netz?
Als ich nach Kabul kam, war ich überrascht, wie wichtig das Internet dort ist. Gerade die jüngeren Leute sind online extrem stark vernetzt. Facebook, Instagram, Twitter und Apps, deren Namen ich vorher noch nie gehört hatte. Extrem viel läuft über Facebook, jedes Ministerium, jeder Politiker, jedes Geschäft hat eine eigene Seite, alles zu Zeiten, als dies in Deutschland noch sehr ungewöhnlich war.

Das Internet hat in Kabul eine sehr existenzielle Funktion: Immer wenn es irgendwo in der Stadt einen Anschlag gegeben hat, tauschen die Leute auf Twitter ihre Infos aus. Wer hat den Knall gehört? In welchen Stadtteilen? Wie viele Verletzte gibt es? Wie viele Tote? Wer war der Angreifer? Meistens gibt es schon in den ersten Minuten nach dem Anschlag relativ genaue Angaben dazu, wo etwas passiert ist.

Und dann gibt es noch eine ganz andere Seite: Viele junge Leute nutzen das Internet, um mit ihrem heimlichen Schwarm zu flirten, weil die meisten Familien immer noch darauf beharren, dass ihre Kinder ihren zukünftigen Mann oder ihre zukünftige Frau erst bei der Hochzeit kennenlernen. Das Internet bietet also auch die Möglichkeit, gesellschaftlich streng überwachte Regeln zu umgehen.

Insgesamt gibt es aber natürlich einen Haufen Leute in Kabul, die das Internet nicht nutzen, weil sie es sich nicht leisten können. Das Geld, das sie verdienen oder erbetteln, reicht nicht einmal, um genug Essen für ihre Familie kaufen zu können.

Welchen Beitrag könnte die Technik deiner Meinung nach leisten, um die Kommunikation in Afghanistan zu verbessern?
Eine Handykarte 4G kostet etwa 10 Dollar, je nach Anbieter. So viel verdient ein einfacher Arbeiter an zwei oder drei Tagen. Man muss sich das Internet also erst mal überhaupt leisten können. Über das Handy hinaus haben nur sehr wohlhabende Afghanen und manche Ausländer eine wirklich stabile Verbindung. Und sobald man die Stadt verlässt, ist es auch schon vorbei mit Vernetzung. Da ist noch viel Luft nach oben, gerade in den ländlichen Gebieten.

Gehen die Menschen dort im Netz anders miteinander um als hier?
Diskussionen im Netz, unabhängig von ihrem Inhalt, werden wahnsinnig schnell politisch aufgeladen. Da gibt es immer irgendeinen, der

anfängt, dieses oder jenes Thema für eine Debatte über die verschiedenen Ethnien in Afghanistan zu benutzen. Das liegt vermutlich auch daran, dass die meisten Menschen in Afghanistan sehr politisch sind, einfach weil sie die konkreten Auswirkungen der Politik und des Kriegs viel stärker in ihrem eigenen Leben spüren, als wir das in Europa gewohnt sind. In vielen Fällen ist die Kommunikation aber auch sehr zielgerichtet, etwa wenn es darum geht, eine Demonstration zu organisieren, oder wenn nach einem großen Anschlag die Blutreserven in den Krankenhäusern knapp werden und dringend Spender für eine bestimmte Blutgruppe gesucht werden.

Waren die Geflüchteten aus Syrien und Afghanistan der Grund, dass ein rauer Ton im Netz spürbar wurde, oder war der Umgang früher genauso rau?
Aus meiner Sicht war das schon immer so. Während des Studiums, von 2007 bis 2011, habe ich für die Redaktion von GMX und web.de gearbeitet. Während der Wochenenddienste musste ich dort manchmal die Foren betreuen – niemand wollte diesen Job machen, weil es in den Kommentarspalten so derb zuging. Ich kann mich an mehrere Morddrohungen unter den Usern erinnern, ein paar Mal mussten wir die Polizei rufen. Vielleicht ist der raue Ton heute hörbarer geworden, weil mehr Leute diese Kommunikationsform nutzen. Aber das kann ja auch etwas Positives sein. Wenn man ein Phänomen erst mal erkannt hat, kann man es auch ändern oder wenigstens gegensteuern. Gerade im Zusammenhang mit den Neuankömmlingen in Deutschland habe ich das Netz auch als einen Ort des Mitgefühls und der Unterstützung erlebt. Wenn ich zum Beispiel für Freunde, die aus Kabul nach Deutschland gekommen sind, über Social Media einen Job, ein Fahrrad oder einen Deutschlehrer gesucht habe, hat dies jedes Mal unglaublich schnell geklappt.

Welchen Rat kannst du Journalisten/Journalistinnen geben, die sich aufmachen, aus Krisen- und Kriegsgebieten zu berichten und zu bloggen?

Banal, aber wichtig: Die meisten »normalen« Versicherungen gelten in Kriegsgebieten nicht, selbst wenn der Versicherer etwas anderes behauptet. Als ich zum ersten Mal nach Afghanistan ging, fragte ich einen erfahrenen Kollegen, der seit Jahrzehnten in Kriegsgebieten unterwegs ist, welche Versicherung er nutzt. Er bemerkte bei dieser Gelegenheit, dass seine Versicherung nicht ansatzweise das abdeckte, von dem er immer ausgegangen war. Im Ernstfall ist so etwas fatal. Ich kann die Versicherung über Reporter ohne Grenzen empfehlen, sie ist einigermaßen günstig und deckt bis auf Entführungen alles ab. Ansonsten: Versucht so gut wie möglich zu verstehen, warum ihr in das jeweilige Land wollt. Das hilft später beim Geschichtenverkaufen, aber vor allem hilft es gegen die Sucht nach Adrenalin und die Gefahr, die damit einhergeht.

Macht euch ein eigenes Bild! Ihr könnt so viele Bücher gelesen haben, wie ihr wollt. Das, was wirklich neu sein wird an euren Geschichten, ist euer Blick, euer Zugang. Als junge Menschen lernt ihr andere Leute kennen als alteingesessene Korrespondenten. Nutzt das als Vorteil und versucht nicht, so zu werden wie sie.

Macht euer eigenes Ding! Die beste Ausbildung, die besten Kontakte, die beste Ausrüstung und das größte Talent sind nichts im Vergleich zu dem Gefühl, wenn du vor einer Geschichte stehst und spürst: Ich *muss* das erzählen. Seid offen, lasst euch berühren, versucht, Schmerz, Wut und Ohnmacht nicht wegzudrücken, sondern auszuhalten und zu verstehen; und dann: Macht was draus!

Helft euch gegenseitig! Arschlöcher gibt es in unserer Branche schon genug. Aber vor allem: Hört auf euer Bauchgefühl. Wenn euch etwas zu unsicher vorkommt, lasst es bleiben. Immer. Seid nicht zu wagemutig.

Dass ihr in das Land gegangen seid, war tough genug. Egal, wie wichtig eine Geschichte ist: Wenn ihr bei der Recherche draufgeht, könnt ihr sie nicht erzählen.

Verstärken die sozialen Medien Hass oder Mitgefühl? Oder macht das Netz Hass oder Mitgefühl nur deutlicher spürbar?

Ach, die Schimpfenden sind halt lauter als der Rest, das ist im Netz nicht anders als überall sonst. Aber es ist mit dem Netz auch einfacher geworden zu helfen: Letztens habe ich für einen bedürftigen Kumpel ein neues Handy gesucht und dafür auf Facebook gepostet. Nach drei Minuten schrieb mir jemand, dass er gern sein altes iPhone verschenken möchte. Und ein Bekannter von mir hat neulich online Geld für eine weitere Runde Chemotherapie gesammelt, weil er sich mit den Behandlungen davor schon komplett verschuldet hatte.

Gibt es Momente, in denen du wegen des rauen Tons, der im Netz manchmal herrscht, ungern vernetzt bist?

Nein. Ich kann ja selbst steuern, wann und wie ich mich diesem Ton aussetze. Ich lese zum Beispiel grundsätzlich sämtliche Kommentare unter meinen Artikeln, allerdings nur dann, wenn ich gut drauf bin und weiß, dass mir die Pöbler nichts ausmachen. Ich versuche, ihre überbordenden Gefühle rauszufiltern und mich zu fragen, welche inhaltliche Kritik hinter dem Lärm versteckt sein könnte. Manchmal komme ich dabei auf ganz gute Ideen. Ich finde, es ist wichtig zuzuhören – gerade denjenigen, deren Meinung wir nicht teilen.

Gibt es Strategien, welche die Empathie im Netz fördern könnten?

O ja, die gibt es. Kübra Gümüşay, eine unglaublich kluge und aktive Bloggerin, macht uns das regelmäßig vor. Mit #SchauHin initiierte sie eine Kampagne, die nun schon seit Jahren auf Alltagsrassismus aufmerksam macht. Auf der diesjährigen re:publica warb sie mit #OrganisierteLiebe dafür, das Mitgefühl im Netz laut werden zu lassen, oder wie sie selbst es sagte: »Wir müssen Kommentarspalten fluten und Danke sagen!«

Jasmin Schreiber

Du warst Undercover bei Facebook in rechten Gruppen unterwegs. Was war deine Motivation?
Meine Motivation war pure Neugier. Ich hab das jetzt nicht als Journalistin gemacht, sondern hatte gerade viel über rechten Hass von Pegida & Co. in Facebook-Gruppen gelesen. Da wollte ich mir einfach anschauen, ob es wirklich so massiv ist und inwieweit die Hemmungen gefallen sind, sich öffentlich rassistisch und menschenverachtend zu äußern.

Welche Rückschlüsse konntest du aus diesem Experiment ziehen?
Ich stellte fest: Es ist wirklich schlimm. Während man solche rechten Hetzreden früher nach fünf Bier am Stammtisch mit seinen drei besten Freunden vom Stapel gelassen und hinterher auf den Suff geschoben hat, erfährt man nun tausendfache Bestätigung. Diese Menschen leben in ihrer Filterblase und lassen sich durch den Output konspirativer Blogs und AfD-Statements berieseln. Sie fühlen sich wie im Kriegszustand und haben das Gefühl, sich verteidigen zu müssen. Gegen Flüchtlinge, gegen Homosexuelle, gegen Karrierefrauen und Feministinnen, kurz und gut: gegen alle, die anders sind.

Gibt es auch etwas, das dich überrascht hat?

Einerseits, dass diese wirklich harten Parolen nicht nur von harten Skinheads abgelassen werden, sondern von Leuten, die man beim Einkaufen trifft und die einem dort sympathisch wären. Das hat mich dann doch schockiert. Auch dass sie so ungehemmt hetzen und wirklich davon überzeugt sind, »die Wahrheit« zu kennen, unterdrückt und im Recht zu sein.

Wie vernetzen sich rechte Gruppen bei Social Media?

Das geht ganz einfach. Die Gruppen haben einschlägige Namen wie »Heimatliebe«, irgendwas mit »Vaterland« und Co., alles so typische Buzzwords. Wenn man so einer Gruppe beitritt, erhält man sofort massenhaft Freundesanfragen und parallel dazu Nachrichten wie »Wir Patrioten müssen zusammenhalten« und Co. Es wird also sofort versucht, einen auf sozialer Ebene – und damit auch emotionaler Ebene – zu integrieren. Man bekommt Fotos der Haustiere geschickt und parallel dazu Videos, wo arabisch aussehende Männer Tiere quälen. Da werden Fotos der Kinder und Enkel gepostet, und dazwischen findet man etliche Hetzartikel und Hass-Postings. Man taucht in eine Welt ein, die unglaublich negativ ist. Die Menschen in den Gruppen versuchen, bei den Neuen Angst zu schüren und sie zu radikalisieren. Diese massive »Integration« in dieses Sozialgefüge hat schon etwas Sektenartiges.

Welche Verantwortung haben Unternehmen wie Facebook oder YouTube, um gegen »Hate Speech« vorzugehen?

In meinen Augen müsste hier viel stärker reguliert werden. Das, was in den Gruppen abläuft, ist in meinen Augen nicht einmal mehr ansatzweise von der Meinungsfreiheit gedeckt. Die Unternehmen winden sich da ziemlich raus. Ohne Social Media hätten diese Hetzer in meinen Augen kaum Rückhalt und hätte das alles nicht so dermaßen an Fahrt aufgenommen. Außerdem habe ich mich gewundert: Wenn ich hier so einfach in dieses Netzwerk einsteigen kann, weshalb macht das die Polizei nicht? Schon in einer Gruppe könnte man einen Beamten quasi dauerbeschäftigen. Aber irgendwie passiert da gefühlt nichts.

Verstärken die sozialen Medien Hass oder Mitgefühl? Oder macht das Netz Hass oder Mitgefühl nur deutlicher spürbar?

Die sozialen Medien wirken meiner Meinung nach auf jeden Fall gefühlsverstärkend – einfach dadurch, dass man oft unbemerkt in einer Filterblase sitzt und 24/7 mit ganz bestimmten Meinungen zugeschmissen wird. In dieser Woche fand ich die Stimmung in den rechten Gruppen wahnsinnig bedrückend, es hat mich total runtergezogen. Und bei vielen Leuten hat man gesehen, wie sie innerhalb weniger Tage von gemäßigten Meinungen in immer extremere Gefilde abdrifteten. Einfach dadurch, dass sie so viel fremdenfeindlichen Content vorgesetzt bekamen. Irgendwann war das für sie die neue Realität.

Wie schätzt du die Macht der Algorithmen bei unserer Kommunikation ein?

Sehr hoch. Algorithmen beeinflussen das, was wir jeden Tag vorgesetzt bekommen. Dadurch, dass ich diese rechten Gruppen geliked und mich mit rechts eingestellten Leuten befreundet habe beziehungsweise von ihnen befreundet wurde, wurden mir – darauf basierend – immer mehr rechte Facebook-Seiten, Menschen, Links und Gruppen vorgeschlagen. Ich habe genug Erfahrung mit Medien und Co., um mir bewusst zu sein, in einer Filterblase zu sitzen, und ich durchbreche diese, indem ich eben auch Leuten und Organisationen folge, deren Meinung ich nicht teile. Aber ich denke, das machen die wenigsten. Die meisten lassen sich unbedarft vom Algorithmus treiben – und wenn die Gesellschaft Pech hat, landen sie rechts von uns und sind überzeugt davon, dies sei die ungefilterte und knallharte Wahrheit.

Gibt es Momente, in denen du wegen des rauen Tons, der im Netz manchmal herrscht, ungern vernetzt bist?

Ich finde es schon heftig, wie vor allem Frauen mit großer Followerbase und entsprechendem Einfluss oft angegangen werden. Da ist von platten Beschimpfungen bis zu Vergewaltigungsandrohungen und -wünschen alles dabei. Und auch sonst kann eigentlich jeder zur Zielscheibe werden; im Netz wird ungehemmt gehasst. Viele verstecken sich hinter tatsächlicher oder vermeintlicher Anonymität. Das kann schon schlauchen. Ab und zu nehme ich mir dann eine Offline-Pause, wenn mich das zu sehr nervt.

Siehst du Felder, auf denen uns das Netz empathischer macht? Gibt es Strategien, welche die Empathie im Netz fördern könnten?

Das Netz ermöglicht uns, Menschen in bestimmten Situationen zu treffen, was man sonst vielleicht nie könnte. Wenn ich in einem 20-Seelen-Dorf in Franken lebe, ist die Wahrscheinlichkeit, dass ich eine Transgender-Person treffe, gering. Im Netz habe ich aber die Möglichkeit, auf solche Menschen zu treffen und mich mit ihnen auszutauschen. Ich bin überzeugt davon, dass so etwas zu unserer Empathiefähigkeit beiträgt. Ohne das Internet wüssten wir auch gar nicht so gut über das Leid der Flüchtlinge oder die kritische Situation in der Türkei Bescheid. Außerdem finde ich es schön, wie sich viele Menschen mit Leuten, die durch Hate Speech bedroht werden, solidarisieren, sie unterstützen und versuchen, die Opfer emotional aufzufangen. Das finde ich großartig.

Cornelius Puschmann

Du bist Senior Researcher des Postdoc-Kollegs »Algorithmed Public Spheres« am Hans-Bredow-Institut für Medienforschung und beschäftigst dich mit verbaler Aggression und der Rolle der Algorithmen. Sind die Menschen, die im Netz wütend sind, auch im ›analogen‹ Leben wütend?

Das ist schwer zu beantworten, auch deshalb, weil uns dazu derzeit noch die empirischen Befunde fehlen. Fest steht, dass es Menschen gibt, die sehr viel Frust gegenüber der Politik, den Medien und anderen gesellschaftlichen Institutionen empfinden, welche sie als elitär und ausschließlich an ihrem eigenen Vorteil orientiert wahrnehmen. Es gibt aber auch Menschen, die große Bestätigung aus den Reaktionen ziehen, die ihre Äußerungen im Netz auslösen, welche also eher Trolle im klassischen Sinne sind.

In welchem Zusammenhang stehen Social Bots und Hasskommentare?

Ich würde diese Phänomene zunächst getrennt betrachten. Social Bots spielen in ganz unterschiedlichen Diskursen eine Rolle. Sie können etwa Nachrichten verbreiten oder Transparenz herstellen. Sie können aber auch große Unterstützung für Positionen suggerieren, die in Wahrheit deutlich weniger Befürworter haben, oder durch starke Aktivität legitime Stimmen übertönen. Man kann sich allerdings auch eine konstruktive Rolle von Social Bots im Zusammenhang mit Hasskommentaren vorstellen, etwa wenn es darum geht, Personen gezielt anzusprechen, die solche Kommentare von sich geben.

181

Inwieweit werden die Themen, die in der Wissenschaft besprochen werden, in die nichtwissenschaftliche Realität übertragen?
Ich denke, gerade für die Sozialwissenschaften wäre es fatal, wenn wissenschaftliche Erkenntnisse nicht in die Gesellschaft übertragbar wären. Gleichzeitig kommen die Themen im Gegensatz zu den Theorien ja aus der Gesellschaft, ob das jetzt der Klimawandel oder die Digitalisierung ist.

Welche Chance haben die Nutzer, im Netz selbst für eine bessere Stimmung zu sorgen?
Die Möglichkeiten dazu liegen bei den Plattformbetreibern, den Regulierungsbehörden und natürlich bei den Nutzern selbst. Ganz klar spielen die Nutzer eine zentrale Rolle, nur sind eben »alle Nutzer von Facebook« inzwischen eine sehr große und heterogene Gruppe. Das ist etwa so, also würde man einen einheitlichen Standpunkt von allen Rechtshändern oder von allen Joggern erwarten.

Zugleich kann man nicht unbedingt davon sprechen, dass die Stimmung im Netz tatsächlich schlechter ist, als sie es einmal war, sondern höchstens davon, dass das Netz inzwischen sehr vielen Menschen eine Stimme gibt – inklusive solchen, die zuvor nicht gehört wurden, etwa auch, weil sie politisch extreme Standpunkte vertreten. Und schließlich ist Wut lauter als Zufriedenheit und wird stärker wahrgenommen.

Ein wichtiger Aspekt für mich und für unser Projekt ist, inwieweit das Design digitaler Plattformen polarisierte Debatten noch verschärfen kann. Weil etwa für Facebook als Unternehmen das Engagement in Form von Kommentaren oder Likes ein Erfolgsindikator ist, sind manche Diskurse möglicherweise extremer, als sie es sonst wären.

Welche Rolle können Algorithmen spielen, um ›digitale‹ Empathie zu erlernen?

Ganz normale Empathie reicht schon – und ich denke, die erreicht man eher durch die alltägliche Sozialisation als durch Algorithmen. Aber es ist sicherlich vorstellbar, dass Algorithmen langfristig auch für sozial progressive Interventionen eine Rolle spielen könnten. Öffentlich-rechtliche Algorithmen, wenn man so will.

Verstärken die sozialen Medien Hass oder Mitgefühl? Oder macht das Netz Hass oder Mitgefühl nur deutlicher spürbar?

Das ist sicherlich individuell sehr unterschiedlich. Eindeutig existieren sowohl Formen des Hasses als auch der Anteilnahme im Netz, die ohne bestimmte technische Grundlagen so nicht denkbar wären, etwa bei Naturkatastrophen oder Unglücksfällen. Zugleich führt die stärkere Sichtbarkeit aber auch dazu, dass diese Phänomene insofern überschätzt werden, als dass man Nichtanteilnahme ja nicht sehen oder messen kann. Die sozialen Medien suggerieren zum Teil eine größere Polarisierung, als auf anderem Wege tatsächlich festgestellt werden kann.

Wie schätzt du die Macht der Algorithmen bei unserer Kommunikation ein?

Zunächst muss man klären, was genau man in diesem Zusammenhang als Algorithmus betrachtet und was nicht – und dann, was man unter Macht versteht. Algorithmen sind nicht insofern mächtig, als dass sie unsere Einstellungen über Nacht umdrehen können, sondern dadurch, dass wir sie gar nicht wahrnehmen. Sie wirken dort, wo wir sie nicht vermuten. Um ein konkretes Bespiel zu liefern: Viele Menschen glauben, dass ihre Freunde sie weniger mögen als früher, wenn ihre

Beiträge bei Facebook weniger Likes erhalten, auch wenn in Wahrheit der Grund dafür darin besteht, dass die Freunde die eigenen Beiträge vielleicht nicht angezeigt bekommen, weil der Newsfeed-Algorithmus seine Selektionskriterien verändert hat. Solche Rationalisierungen – meine Freunde mögen mich nicht mehr – finden deshalb statt, weil die Selektion durch den Algorithmus praktisch unsichtbar ist.

Gibt es Momente, in denen du wegen des rauen Tons, der im Netz manchmal herrscht, ungern vernetzt bist?
Eigentlich nicht, weil ich davon in meinem persönlichen Umfeld wenig mitbekomme. Anders sieht es aus, wenn ich mich durch die Arbeit mit solchem Material beschäftige. Das ist mitunter ernüchternd, aber auch wichtig. Als Wissenschaftler muss einen das interessieren.

Siehst du Felder, auf denen uns das Netz empathischer macht? Gibt es Strategien, welche die Empathie im Netz fördern könnten?
Die genannte Solidarität bei Katastrophen oder Terrorangriffen ist ein gutes Beispiel, welches verdeutlicht, dass diese Möglichkeiten der Kommunikation als Teil einer immer stärker globalisierten Öffentlichkeit zu werten sind. Sicherlich sind die unmittelbaren lokalen Bezüge für die allermeisten Menschen das, was wirklich zählt, aber das Interesse an Menschen, die geografisch weit von uns entfernt sind, wächst durch digitale Kommunikationswerkzeuge wie Twitter und Facebook eindeutig. Und schließlich ermöglicht das Netz auch Formen der Anteilnahme am Schicksal von engen Freunden oder Verwandten, die es sonst nicht gäbe.

Nele Heise

Du bist Medienforscherin und im Netz zu Hause. Was schätzt du an der vernetzten Kommunikation?

Ehrlich gesagt: alles. Also fast alles. Ohne die Möglichkeiten digitaler Kommunikation könnte ich schlichtweg meine Arbeit nicht machen. Ich hätte aber zum Beispiel auch nicht so ein tolles Netzwerk von Kolleg*innen auf der ganzen Welt und könnte mich weniger schnell darüber informieren, an welchen Projekten und Themen sie so arbeiten. Vernetzte Kommunikation hilft mir, Veränderungen und bestimmte Entwicklungen, aber auch Probleme oder Konflikte in der digitalen Gesellschaft zu erkennen und ein Stück weit zu verstehen, unter anderem, weil sie Einblicke in mir fremde Lebenswelten ermöglicht. Das Netz bereichert meine Arbeit also immens und gibt mir außerdem die Möglichkeit, mich in Debatten einzuschalten, sie anzustoßen oder auf Themen aufmerksam zu machen. Über Plattformen wie Twitter kann ich mit Menschen außerhalb der Wissenschaft in Kontakt kommen, die mit meiner Forschung zu tun haben und mit denen ich sonst kaum Berührungspunkte hätte. Oder ich kann auf spannende Forschung und Quellen hinweisen, die sonst kaum jemand wahrnehmen würde. Dieser Austausch »zwischen den Welten« und dabei für verschiedene Menschen ansprechbar zu sein, das ist mir sehr wichtig. Da sehe ich mich nicht nur als Beobachterin, sondern auch als Vermittlerin. Und gleichzeitig macht es mir einfach eine Menge Spaß, im Netz mit neuen Tools zu experimentieren oder zu zeigen, dass ich mehr bin als die seriöse Forscherin (auch wenn das in der Wissenschaft vielleicht nicht alle gut finden). Nicht zuletzt hätte ich ohne das Netz nicht so spannende Forschungsfelder, und das wäre wirklich schade.

Warum schätze ich nur *fast* alles an der vernetzten Kommunikation? Das liegt daran, dass sie manchmal anstrengen und überfordern kann – im Berufsalltag wie im Privatleben. Erst recht, wenn sich beides nicht mehr so recht trennen lässt. Oder wenn man – wie ich – ganz bewusst in digitale Kulturen eintaucht, um sie »von innen« heraus zu verstehen und zu erforschen. Das ist eine der großen Herausforderungen vernetzter Kommunikation für uns alle, und bei vielen Konflikten, die sich daraus ergeben, stehen wir, glaube ich, mit der Suche nach Lösungen und neuen Umgangsweisen erst am Anfang.

Es scheint, dass wir uns daran gewöhnt haben, unsere Beziehungen digital zu führen. Machen uns digitale Beziehungen glücklicher?
Vielleicht machen uns digitale Beziehungen nicht notwendigerweise glücklicher als »analoge« Beziehungen. Aber digitale Kommunikationstools erweitern das, was Beziehungen sind, was sie ausmacht und wie wir sie heute leben können. Wenn man zum Beispiel an Fernbeziehungen denkt, dann haben Tools wie Skype oder Messenger die Qualität solcher Beziehungen sicher (in der Regel positiv) verändert. Oft sind digitale Tools eine Ergänzung für bestehende Beziehungen, was eine Bereicherung sein, aber auch für Konflikte sorgen kann. Weil manche Botschaften leichter mal missverstanden oder falsch gedeutet werden. Weil man sich gegenseitig mit einem Zuviel an Kommunikation auf den Senkel geht oder die Kommunikation zu einseitig verläuft. Und nicht zuletzt gibt es im Digitalen vielleicht mehr Möglichkeiten, einander zu beobachten und zu »überwachen«, was mitunter negative Gefühle wie Eifersucht verstärken kann. Pauschal sagen lässt sich das also nicht – den Gebrauch von digitalen Medien muss jedes Paar für sich aushandeln.

Für Menschen, denen es normalerweise schwerfällt, auf andere zu-

zugehen, die sich in ihrem unmittelbaren Umfeld isoliert fühlen, denen Möglichkeiten fehlen, Beziehungen aufzubauen oder anzubahnen, können digitale Kanäle ihr Leben positiv beeinflussen. Sie haben zum Beispiel nicht mehr das Gefühl, allein zu sein, oder trauen sich durch den Kontakt zu anderen auch im Analogen mehr zu. Wenn du zum Beispiel als junger Mensch irgendwo auf dem Dorf lebst und dich nicht outen kannst, dann kann der Austausch mit anderen im Netz dazu führen, dass du deinen Alltag anders erlebst und vielleicht sogar selbstbewusster mit dieser Situation umgehst.

Es kommt also – wie immer – darauf an, wie und aus welchen Gründen man digitale Kommunikation nutzt oder eben nicht. Und vielleicht sollten wir uns generell häufiger mal die Zeit nehmen, darüber nachzudenken, wann und wieso uns digitale Beziehungen glücklich oder unglücklich machen, welchen Stellenwert sie in unserem Leben haben und wann wir sie als bereichernd und wann als defizitär erleben.

Im Netz trauern wir oft lauter, wenn ein Künstler oder Politiker gestorben ist. Ist diese Art von Trauer überhaupt echt?
Ich würde da grundsätzlich zwischen Trauer und Anteilnahme unterscheiden: Trauer ist für mich sehr individuell, im Netz zeigt sie sich unglaublich facettenreich, in der Trauer um geliebte Menschen, Kolleg*innen, Haustiere bis hin zu Held*innen der Popkultur, zu denen man eine enge Verbindung fühlt (ja, dazu würde ich zum Beispiel auch Serienfiguren zählen). Das kann auch in ganz kleinem Kreis stattfinden, vielleicht in einer privaten Gruppe auf Facebook oder durch kleine Symbole wie die Veränderung eines Profilbilds. Worauf die Frage anspielt, würde ich eher als Anteilnahme verstehen: Oft kennen wir die Verstorbenen nicht persönlich, aber nehmen teil an einer Art kollektivem Ausdruck von Verlust und dem gemeinsamen Erinnern, durch

das Posten von Momenten, Zitaten usw., weil wir uns ihrer Bedeutung bewusst sind oder sie tatsächlich unser Leben berührt haben. Diese Art der Anteilnahme geht im Netz vielleicht vielfältiger und global vernetzter als offline. Und dadurch wird sie eben auch sichtbarer – oder wie du sagst: »lauter«. Der Eindruck, dass diese Anteilnahme nicht ganz so echt ist, entsteht vielleicht dadurch, dass sie mittlerweile stark ritualisiert ist und wir eigentlich jedes Mal, wenn bekannte Personen sterben, schon mit bestimmten (Standard-)Reaktionen rechnen. Und vielleicht fühlen wir uns dadurch manchmal auch quasi dazu genötigt, unsere Anteilnahme nach außen darzustellen und dabei möglichst kreativ zu sein, statt still für uns innezuhalten.

Da kann ich schon verstehen, dass einige solche kollektiven Rituale als unangemessen, unpersönlich oder fake empfinden. Ich würde mir aber nie anmaßen, die »Echtheit« von Trauer und Anteilnahme anderer zu bewerten. Eine Grenze ist für mich allerdings erreicht, wenn die Anlässe instrumentalisiert werden. Wenn also zum Beispiel Firmen oder politische Akteure den Tod einer bekannten Persönlichkeit nutzen, um durch Clickbait Werbung für sich zu machen oder Aufmerksamkeit für ihre politischen Positionen und Zwecke zu erlangen. Das halte ich für problematisch und falsch – ich würde es aber auch außerhalb des Netzes unredlich finden.

Nach Anschlägen oder anderen Katastrophen werden viele von uns zum Medienkritiker und -experten. Wird sich das eines Tages einpendeln? Zunächst einmal ist öffentlich Kritik zu üben über digitale Kanäle natürlich viel leichter geworden, und es können sich potenziell mehr Menschen äußern – egal, ob sie Laien oder Experten für ein Gebiet sind. Und in der Masse trägt das bei solchen Ereignissen zu einem gewissen reflexhaften Grundrauschen bei. Das ist häufig erregt, redundant, leider meist nicht gerade differenziert – und, wie ich finde, mittlerweile ziemlich erwart- beziehungsweise vorhersehbar. Das heißt aber natürlich nicht, dass die Kritik substanzieller oder automatisch gerechtfertigt ist (sieht man gerne mal bei selbst deklarierten »Medienexperten«). Und schon gar nicht, dass jede Form der Kritik akzeptabel wäre: Wer zum Beispiel ernsthaft von »Lügenpresse« spricht oder einzelne Medienvertreter persönlich angeht, kritisiert in der Regel nicht, hat eher wenig Ahnung und macht nur selten konstruktive Vorschläge.

Wir befinden uns jedenfalls in einer Umbruchphase, und die Bedingungen für Journalismus haben sich stark verändert. Vielen Medienmenschen fällt es, glaube ich, noch schwer anzunehmen, dass ihre Arbeit verstärkt unter Beobachtung steht und Fehler sichtbarer sind. Diese Haltung ist vielleicht nicht immer besonders förderlich, was den Umgang mit Kritik angeht. Andererseits wissen viele User kaum etwas darüber, wie Medien arbeiten, sehen ihre Meinungen nicht repräsentiert oder meinen vielleicht sogar, sie könnten es besser. Und diese Konstellation kann natürlich gerade in Situationen, in denen alles ganz schnell gehen muss, Bilder und Einordnungen verlangt werden, obwohl noch vieles im Unklaren ist, ziemlich fatal sein.

Kritik und das Aufzeigen von Grenzüberschreitungen sind wichtig, und soziale Medien können ein Weg sein, um Veränderungen einzufordern. Ich persönlich finde aber nichts langweiliger als die immer gleiche undifferenzierte Häme über Verfehlungen von »den Medien«, gerade von Menschen, die nicht dazu bereit sind, sich ernsthaft mit den dahinter liegenden Bedingungen auseinanderzusetzen. Oder auch mal konstruktive Vorschläge zu machen. Hier würde ich mir mehr fundierte Kritik und Einordnung wünschen, wie es zum Beispiel einige Watchblogs, Podcasts oder auch manche Kollegen aus der Medienethik tun. Dann braucht es vielleicht auch mehr Mut und Offenheit von Medienmachern, ihre Arbeit zu erklären, Fehler einzugestehen und daraus Konsequenzen zu ziehen. Letztlich stehen wir auch immer öfter vor Situationen, für die es noch gar keine Best Practice oder Spielregeln gibt und wo die Aushandlung von Normen in der Medienlandschaft den technologischen Entwicklungen (zum Beispiel Drohnenkameras oder Livestreams) hinterherhinkt.

Manches, glaube ich, pendelt sich sogar schon langsam ein, denn wir reagieren ja mittlerweile durchaus etwas differenzierter auf solche Ereignisse. Das sieht man zum Beispiel an Debatten darüber, ob man bestimmte Bilder teilen sollte und welche Rolle auch wir User haben, wenn es um Fragen der Menschenwürde, Verletzung der Privatsphäre usw. geht. In sozialen Netzwerken tragen wir ja selbst zu Öffentlichkeiten bei, und deswegen haben auch wir, finde ich, eine gewisse (ethische) Verantwortung dafür, was wir teilen. Auch wenn Medien wegen ihrer gesellschaftlichen Bedeutung und Funktion noch mal eine besondere Verantwortung haben, sollte jeder, der Medien kritisiert, vielleicht hin und wieder mal die eigene Nutzung reflektieren. Zum Beispiel, ob wir in bestimmten Situationen nicht selbst reflexhaft ungeklärte Informationen, abstruse Meldungen oder gefakte Bilder verbreiten, um irgendwie Teil des ganzen Rummels zu sein (ist mir bestimmt auch schon mal passiert). Hier hilft vielleicht, mal abzuwarten und sich ein Bild zu verschaffen (wie wir es ja eigentlich von den Medien erwarten). Am Ende des Tages steht es heute, Internet sei Dank, jedem frei, sein eigenes Medium zu starten und es besser zu machen – er muss sich dann aber gegebenenfalls an den eigenen Ansprüchen messen lassen.

Shitstorm, Mobbing, Hetze: Welche Verantwortung hat die Wissenschaft, diese Themen zu beleuchten?
Die Wissenschaft hat hier eine große Verantwortung, finde ich, weil

viele Dynamiken und Probleme, die dahinterstecken, Gegenstand unserer Forschung sind. Wie wir mit dieser Verantwortung umgehen, ist nicht unumstritten. Denn dabei geht es um eine ganz grundsätzliche Frage, nämlich welche Rolle Wissenschaft in der Gesellschaft hat. Ob sie sich aktiv in öffentliche Diskurse einschalten, aufklären und einordnen muss. Und wie sie das tun kann. Gerade mein Fach, die Kommunikationswissenschaft, ist bei diesen Themen leider (noch) oft merkwürdig unkommunikativ. Das hat vor allem damit zu tun, wie Wissenschaft funktioniert: Forschung dauert oft lange und ist manchmal etwas langsam für aktuelle Fragen. Objektivität ist ein wichtiges Gut, und wer sich mit klarer Kante öffentlich äußert, wird schon mal mit Argwohn beobachtet oder macht sich in der Community angreifbar. Publizieren innerhalb der Wissenschaft hat in der Regel einen höheren Stellenwert, als in den Medien aufzutauchen oder gar ein Blog zu verfassen – wofür den meisten ohnehin die Zeit und übrigens auch die Erfahrung oder die notwendigen Skills fehlen. Viele Themen sind einfach ziemlich komplex, oder die Forschung kommt zu sehr unterschiedlichen Ergebnissen. Daher können und wollen wir manchmal keine einfachen Antworten geben, wie es zum Beispiel von den Medien oft erwartet wird. Und vielleicht fehlt manchen auch der Mut, sich zu äußern, oder das Bewusstsein, dass unsere Arbeit zu Veränderung in der Gesellschaft beitragen kann und sollte. Das sind nur einige Gründe, warum sich nicht mehr Wissenschaftler in öffentliche Debatten einbringen und ihre Forschung mit der Gesellschaft teilen. Ich finde das extrem wichtig und habe mittlerweile auch den Eindruck, dass mehr und mehr Kollegen erkennen, dass soziale Medien usw. nicht nur Räume sind, die wir beforschen und oft ja auch selbst nutzen, sondern an deren Entwicklung – nicht zuletzt in unserem eigenen Interesse – wir mit unserem Wissen teilhaben sollten. Darin sehe ich keinen Widerspruch. Und im Bereich Mobbing zum Beispiel mischt sich Forschung über den Umweg der Medienbildung in Schulen ja durchaus ein, nur wird das vielleicht öffentlich nicht so wahrgenommen.

Verstärken die sozialen Medien Hass oder Mitgefühl? Oder macht das Netz Hass oder Mitgefühl nur deutlicher spürbar?

Soziale Medien machen zunächst einmal Dinge sichtbar(er), keine Frage. Sie – oder vielmehr das, was über soziale Medien transportiert wird, also die Inhalte, aber auch die Art der Kommunikation – können die Ursache für Hass oder Mitgefühl sein. Und zugleich können wir in sozialen Medien und mit ihrer Hilfe unsere Gefühle wie Hass oder Liebe zum Ausdruck bringen. Es ist also ein bisschen ein Henne-Ei-Ding.

Soziale Medien können ein wichtiges Tool sein, um Menschen zu mobilisieren, und Emotionalisierung kann dabei eine entscheidende Rolle spielen. Das heißt, um für bestimmte Dinge (zum Beispiel Petitionen) Aufmerksamkeit zu schaffen, werden sie so verpackt, dass sie uns emotional ansprechen. Gefühlt jedenfalls haben es dabei Dinge, die auf Liebe und Anerkennung bauen, grundsätzlich schwerer. Mal ein Beispiel: Aus dem Journalismus wissen wir, dass das Publikum sich in der Regel viel öfter mit Kritik oder Beschwerden an Medienschaffende wendet als mit positiven Äußerungen oder Zustimmung, die oft einfach eher über ein »Like« oder das »Teilen« signalisiert werden – es gibt ja keinen Grund, sich zu beschweren. Ganz ähnlich, fürchte ich, funktioniert das mit anderen Dingen im Netz: Hass, Wut und Empörung haben ja oft bestimmte (zum Teil irrationale) Ängste oder gefühlte Bedrohungen zur Ursache. Oder sie sprechen unseren Gerechtigkeitssinn an, polarisieren stark oder beziehen sich auf konkrete oder diffuse Feindbilder (»wir« vs. »die anderen«; »rechts« vs. »links« usw.) – all das sind ziemlich starke Treiber, und ich glaube, niemand ist wirklich immun dagegen. Und wenn man weiß, was die Auslöser für Hass und Empörung in bestimmten Gruppen oder Netzwerken sind und wie man diese Dinge kanalisiert, dann lässt sich dieses Potenzial online recht einfach mobilisieren, instrumentalisieren und sogar programmieren, wie man an Hate-Speech-Bots sieht. Und vielleicht nehmen wir diese Auslöser und den leider alltäglichen Hass im Netz generell lauter wahr als Gesten von Mitgefühl – im Journalismus würde man sagen: Eine gute Nachricht ist keine Nachricht.

Soziale Medien sind aber nur bedingt ein Abbild der Wirklichkeit oder davon, was alle so denken (oder fühlen). Das liegt schon allein daran, dass gar nicht jeder sie nutzt (beziehungsweise nutzen kann) oder sich äußert – es gibt ja nicht wenige, die eher beobachten, als sich aktiv einzubringen. Das heißt, Debatten im Netz zeigen bestimmte Ausschnitte und vielleicht auch häufiger extreme Positionen, die im klassischen Mediendiskurs seltener zu finden sind oder ausgefiltert werden, weil sie zum Beispiel gegen Diskursregeln oder demokratische Grundprinzipien verstoßen. In vielen Foren, Blogs usw. gibt es nicht immer ein Korrektiv, keine Gatekeeper oder Versuche, zu moderieren und vielfältige Meinungen abzubilden. Das ist auch an sich völlig okay. Ich denke, nur wer sich nur in bestimmten Gruppen bewegt oder nur mit Gleichgesinnten umgibt, für den wirken die Meinungen oder Ansichten in solchen Zirkeln wie in einer Art Echokammer mitunter verstärkend – das ist außerhalb des Netzes zunächst erst mal nicht anders (Stichwort Stammtisch). Ich glaube aber, dass das Netz Menschen weitaus mehr Möglichkeiten bietet, sich ortsunabhängig zu vernetzen, zu organisieren und sich gegenseitig in ihren Positionen und ihrer Gruppenzugehörigkeit zu bestärken. Wenn man dann noch die Empörungs- und Wutdynamiken dazunimmt, führt das schlimmstenfalls zu einer Radikalisierung. Sofern diese sich gegen bestimmte Personengruppen richtet, halte ich die Verstärkungseffekte des Netzes für extrem besorgniserregend.

Aber: Es gibt auch viele Beispiele für positive Mobilisierung und Solidarisierung, wie das Hashtag #Offenetüren in München gezeigt hat, und Momente der geteilten Freude, Anteilnahme und Empathie. Die sind vielleicht einfach seltener, aber wie ich finde umso eindrücklicher und machen Mut. Diese Stärke der vernetzten Kommunikation sollten wir uns immer wieder vor Augen halten. Wir sollten den Wutmachern weniger auf den Leim gehen, indem wir uns von ihnen provozieren und auf diese Weise einspannen lassen, um ihre Botschaften zu verbreiten. Wir sollten lieber anfangen, unsere Zeit, Energie und Kreativität auf Taktiken und Interventionen gegen den Hass zu richten, und jene, die dem Hass Raum bieten, an ihre Verantwortung erinnern.

Wie schätzt du die Macht der Algorithmen bei unserer Kommunikation ein?

Wow, das ist ein breites Feld! Die »Wirkmacht« von Algorithmen auf die Art und Weise, wie wir kommunizieren, ist durch die Digitalisierung vieler Lebensbereiche (Medizin, Wirtschaft, Medien, Politik usw.) natürlich unbestreitbar – jedes Computerprogramm und digitale Tool basiert auf Algorithmen. Algorithmen beeinflussen, wie wir online an Informationen gelangen, welche Inhalte uns empfohlen oder welche Freundschaften uns vorgeschlagen werden. Bis hin zur Art und Weise, wie wir im Netz uns und unsere Identität darstellen oder welche Inhalte wir publizieren können. Algorithmen haben also durchaus einen immensen Einfluss auf unser digitales – und letztlich auch analoges – Leben. Die allermeisten User nehmen das nicht bewusst wahr, was ja auch durchaus so gewollt ist, oder sie wissen gar nicht, dass Umgebungen wie Facebook von Prozessen im Hintergrund gefiltert werden.

Das bringt einige Probleme mit sich, wenn zum Beispiel das Ranking von Suchergebnissen als neutral angesehen und nicht hinterfragt wird oder wir nur noch mit Inhalten konfrontiert werden, die unseren Präferenzen entsprechen (Stichwort Filter Bubble), ohne genau zu wissen, warum. Andererseits brauchen wir Algorithmen, um uns in der Flut von Inhalten und Informationen im Netz zurechtzufinden – sie erfüllen also auch sehr wichtige Aufgaben, ohne die wir viele Funktionen digitaler Medien gar nicht nutzen könnten.

Wichtig ist, dass wir uns darüber im Klaren sind, dass Netzanwendungen keine neutralen Oberflächen sind – ihre Funktionen und die dahinterliegenden Algorithmen werden von Menschen programmiert, beeinflusst und verändert. Das können zum Beispiel einzelne Designer, Unternehmen oder auch Staaten sein, die persönliche Wertvorstellungen, kommerzielle oder politische Ziele in die Anwendungen »einschreiben«. Gerade bei so wichtigen Anwendungen wie Suchmaschinen haben diese Akteure also große Macht, was unter anderem deshalb so problematisch ist, weil die Prozesse kaum transparent sind, oft auf Vorurteilen der Gestalter basieren und wir als User die Entscheidungen von Algorithmen kaum verstehen oder hinterfragen, geschweige denn ihr Design beeinflussen können. Das kann zu einer unfairen Diskriminierung und Benachteiligung führen, weil man zum Beispiel ein bestimmtes errechnetes Profil (nicht) erfüllt, oder sogar zur Manipulation öffentlicher Meinung, wie man etwa an Social Bots sehen kann.

Das alles sind Dinge, die erst allmählich in den Fokus öffentlicher Debatten rücken, und neben Hackern, Journalisten, Politikern oder Rechtsexperten haben natürlich auch wir Wissenschaftler eine wichtige Aufgabe, auf Probleme hinzuweisen und Lösungsvorschläge zu machen. Wie man sieht, die »Macht« von Algorithmen ist komplex, vielfältig und schwer greifbar, sie hat aber immer mit Menschen zu tun. Nicht zuletzt spiegeln viele Algorithmen auch unser eigenes Nutzungshandeln wider, und daher sind auch wir als User von Plattformen und als Teil der Zivilgesellschaft gefragt, Kontrolle, Transparenz und Fairness zu fordern, zu hinterfragen und über Alternativen nachzudenken.

Gibt es Momente, in denen du wegen des rauen Tons, der im Netz manchmal herrscht, ungern vernetzt bist?
Erst einmal muss ich sagen, dass sich die »Sphären«, in denen ich im Netz unterwegs bin, voneinander unterscheiden. Und zwar darin, wie öffentlich sie sind und mit wem ich es da zu tun habe. Ich versuche, das bewusst zu steuern, indem ich zum Beispiel mein Instagram-Profil auf privat geschaltet habe, um mehr Kontrolle darüber zu haben, wer diese Bilder sehen kann. In den Netzwerken, die ich mir so geschaffen habe, geht es glücklicherweise in aller Regel sehr fröhlich, »gesittet« (also: respektvoll im Umgang miteinander) und fair zu. Da wird es dann auch akzeptiert, wenn ich mich aus Diskussionen ausklinke oder auch mal einen bestimmten Ton einfordere.

Den »rauen Ton« nehme ich viel öfter wahr, wenn ich Unbekannte und deren Kommunikation beobachte, beispielsweise was so unter bestimmten Hashtags, in Kommentarbereichen oder auf den Facebook-Seiten von Medien abgeht. Dass andere Menschen zu Themen andere Meinungen haben, geschenkt. Was mich daran aber oft geradezu entsetzt, ist, dass scheinbar viele der Ansicht sind, es wäre im Netz okay, anderen mit Aggressivität, Konfrontation oder Herabwürdigung zu begegnen, bis dahin, andere regelrecht zu »entmenschlichen«. Ich tue mir das mittlerweile nicht mehr oft an, denn diese Unart des Umgangs kann ich kaum aushalten – nicht nur wegen des Tons, sondern auch wegen der Vorhersehbarkeit, Redundanz, Irrationalität und der vielen

Zeit und Energie, die damit verschwendet wird. Vielleicht lernt man mit der Zeit, eine gewisse Distanz dazu aufzubauen oder diesen »Gefilden« tatsächlich einfach aus dem Weg zu gehen, um nicht an der Welt zu verzweifeln und um des eigenen geistigen und emotionalen Wohlbefindens willen. Aber manchmal wäre ich schon gerne etwas mutiger, und sei es nur, um anderen beizustehen und die Verachtung nicht den Diskurs bestimmen zu lassen.

Grundsätzlich glaube ich, dass jeder sicher seine eigenen Grenzen oder Erwartungen hat, wie Diskussionen abzulaufen haben. Aber der »raue« Ton vieler Online-Debatten kann toxisch wirken, und das macht mir Sorge. In einem Forschungsprojekt haben wir zum Beispiel herausgefunden, dass viele Menschen sich vor allem am Ton und Niveau von Debatten stören. Gerade YouTube schnitt hier schlechter ab als andere Kommunikationsplattformen; dies verwundert nicht, da es für seine teils drastische, enthemmte Kommentarkultur bereits berüchtigt ist. Ein sinkendes Niveau und ein verletzender Ton können dazu führen, dass sich Menschen erst gar nicht an Debatten beteiligen möchten oder sich nicht trauen, ihre Stimme einzubringen. Das kenne ich auch von mir – an Diskussionen zu bestimmten Themen nehme ich gar nicht erst teil beziehungsweise einige Themen spreche ich nicht an.

Wenn Diskurse also von Personen dominiert werden, die sich in Debatten mit bestimmten Mitteln durchsetzen können und es dadurch schaffen, andere auszugrenzen, finde ich das schwierig. Besonders wenn es als Strategie genutzt wird, um Menschen abzuwerten, ihnen das Rederecht abzusprechen oder durch Missbrauch von Diskursmacht stumm zu schalten. Da setzen sich aber leider im Grunde viele Mechanismen fort, die wir aus der »Offlinewelt« kennen, und wo das Netz (bislang) nur bedingt dazu beiträgt, dass ein Diskurs stattfindet, in dem alle Stimmen zu Wort kommen (können). Dazu kommt, dass die Grenze zwischen »rauem Ton«, Hate Speech und Missbrauch teilweise fließend ist und oft zu wenig unternommen wird, diese Grenzen klar aufzuzeigen – nicht nur ethische, sondern auch rechtliche. Hier sind aber alle in der Verantwortung, insbesondere diejenigen, die Diskussionsräume, zum Beispiel Kommentarbereiche, anbieten, eine nichttoxische Kommunikationskultur zu fördern und einzufordern. Das kann zermürbend, mühselig und aufwändig sein oder auch mal schmerzlich, wenn man zum Beispiel eigene Kontakte oder Freunde auf Grenzüberschreitungen hinweisen muss. Aber nur so geht's.

Stimmst du der These zu, dass wir durch die Kommunikation im Netz gefühlsmäßig abstumpfen?
Nein, beziehungsweise es kommt darauf an :-). Ich glaube schon, dass die Kommunikation im Netz sich an einigen Punkten davon unterscheidet, wie wir im Alltag »offline« miteinander umgehen. Das hat unter anderem damit zu tun, dass digitale Kommunikation nicht automatisch alle Signale transportiert, die wir Menschen als Informationen im »Analogen« zur Verfügung haben (Gerüche, Gesichtsausdrücke usw.), und wir meistens textbasiert miteinander kommunizieren. Damit fehlen uns einige Hinweise, die wichtig sind, um die Gefühle anderer zu »lesen«, aber auch, um unsere eigenen Gefühle für andere wahrnehmbar zu machen. Andererseits glaube ich, dass es für manche Menschen gar nicht so leicht ist, Gefühle zu zeigen, und für diese können digitale Mittel vielleicht ein Weg sein, sich auszudrücken und zu öffnen. Für sie kann die Kommunikation im Netz unter Umständen also eine Bereicherung ihrer Gefühlswelt sein.

Was ich nicht glaube, ist, dass uns Kommunikation im Netz gefühlsmäßig zum Beispiel weniger verletzen oder berühren kann. Im Gegenteil: Phänomene wie Cyberbullying oder -mobbing zeigen ja ziemlich deutlich, dass Kommunikation über digitale Wege starke Auswirkungen auf unsere Gefühlswelt haben kann. Die Konfrontation mit drastischen Bildern, die uns schockieren, emotional aufwühlen, mit Traurigkeit erfüllen. Oder Katzenvideos, die uns zum Lachen bringen – das sind ja ganz reale Gefühle. Die Ansicht, dass es einen klaren Unterschied zwischen analog/digital gibt, war leider lange verbreitet, und erst allmählich fangen wir an, uns mit den emotionalen Auswirkungen von Netzkommunikation auseinanderzusetzen und sie besser zu verstehen. Das sehr umstrittene »Facebook-Experiment«, in dem ansatzweise gezeigt wurde, dass die Gefühle, die über die Inhalte transportiert werden, einen Einfluss auf uns haben und »ansteckend« sein können, ist nur ein Beispiel. Oder die Diskussion um die Menschen, deren Job es ist, krasse Inhalte auszufiltern, und die mit den gesundheitlichen und emotionalen Folgen oft alleine gelassen werden.

Was mir dazu noch einfällt: Wir nutzen heute mehr Medien als je zuvor, und gerade über das Netz sind wir mit immer mehr Informationen, Bildern, Videos usw. konfrontiert, die uns oft auch ziemlich ungefiltert erreichen. Wenn du zum Beispiel an Livestreams von gewalttätigen Ereignissen denkst, Naturkatastrophen oder Bilder aus Kriegsgebieten, die klassische Medien niemals in dieser Form publizieren würden – nicht immer können wir uns davor schützen, weil sie irgendwie in unsere Timelines gespült oder nicht ohnehin gelöscht oder gesperrt werden. Und dann gibt es ja immer noch diesen gewissen Voyeurismus oder die Neugierde, die dazu führt, dass wir uns diesen Bildern aussetzen. Da hat aber sicher jeder ganz eigene Schmerz- und Belastungsgrenzen, und vielleicht verschieben sich diese Grenzen, wenn solche Inhalte jederzeit, massenhaft verfügbar sind und scheinbar »Normalität« werden.

Ich glaube aber dennoch nicht, dass dies für uns »normale« User, die nicht permanent damit konfrontiert sind, allgemein ein Abstumpfen bedeutet. Sondern die Frage ist eher, welche Strategien wir entwickeln, um mit dieser Überforderung umzugehen, bestimmte Eindrücke zu verarbeiten und gegebenenfalls nicht zu nah an uns ranzulassen. Und dazu gehört auch, beim Teilen von Inhalten die Grenzen anderer anzuerkennen (zum Beispiel mit »trigger warnings«), sich auch mal Zeit zu nehmen, bevor man etwas anklickt oder teilt, und sich Inhalten nicht weiter auszusetzen, wenn es zu belastend wird.

Siehst du Felder, auf denen uns das Netz empathischer macht? Gibt es Strategien, welche die Empathie im Netz fördern könnten?
Das Netz bietet eigentlich so viel Raum und beispielsweise erzählerische Möglichkeiten, um Empathie in uns hervorzurufen. Wenn man an Videos, Texte oder Geschichten denkt, die uns die Lebensrealität etwa von benachteiligten Personen begreifbar machen, die sonst kein Sprachrohr haben oder kaum sichtbar sind, oder die uns Ungerechtigkeiten im Alltag zeigen. Wie das funktioniert, sieht man ja manchmal, wenn emotionale Inhalte oder berührende Geschichten viral gehen, denn oft sind das Dinge, in denen wir uns wiedererkennen können.

Ein großes Problem ist sicher, dass digitale Medien und vor allem Social-Media-Plattformen wie Twitter, Facebook oder YouTube so unglaublich viele, teils sehr verschiedene Menschen in Kontakt bringen. Wenn man es mit Millionen, teilweise anonymen Usern zu tun hat, stoßen wir mit der Forderung nach einem ethischen, empathischen Umgang miteinander an eine Grenze. Das heißt auf gar keinen Fall, dass Anonymität per se schlecht ist. Aber es fehlen uns einfach im Netz oftmals Hinweise darauf, wer der andere ist, was er fühlt, wie es ihm gerade geht usw., die wir im Alltag an unserem Gegenüber beobachten können. Ich denke, diese Einschränkungen digitaler Kommunikation führen nicht nur manchmal zu Missverständnissen, sondern können auch zu Enthemmung führen, weil andere User nicht mehr als Menschen, sondern nur als Text auf einem Bildschirm wahrgenommen werden. Und ich glaube, dass uns dadurch auch die Auswirkungen, die unser Handeln auf andere hat, oft verborgen bleiben.

Das heißt, alle Mittel, die uns vergegenwärtigen, dass wir es im Netz miteinander als Menschen zu tun haben, können dabei helfen, Empathie zu fördern. Manchmal sind das Hinweise auf unredliches, negatives Verhalten, manchmal sind es Mittel, die positives Verhalten unterstützen (blödes Beispiel: Herzchen, aber auch Katzenbilder). Auch so etwas wie Gifs oder Emojis können uns dabei helfen, unsere eigenen Gefühle in Räumen zum Ausdruck zu bringen, in denen wir uns ja zunächst erst einmal nur »virtuell« begegnen, und die Gefühle anderer »lesen« beziehungsweise kennenzulernen. Solche Ausdrucksformen sind extrem spannend, weil sie uns auch zeigen können, was uns als Menschen, egal, welcher Herkunft (Sprache, Kultur, Ethnie), verbindet. Sie müssen aber auch gelernt werden, gewissermaßen als Kulturtechniken und »Sprach«-Codes des Netzes. Zur Steigerung von Empathie gehört für mich aber vor allem auch eine Diskussion darüber, wie wir miteinander umgehen wollen, welches Verhalten akzeptabel ist und wo Grenzen überschritten werden. Das kann letztlich nicht nur eine technische oder rechtliche Frage sein, und all jene, die öffentliche Räume schaffen, sind hier in der Pflicht und tragen genauso eine Verantwortung wie wir als User. Ich frage mich aber selbst, wie es gelingen kann, dass wir Tools und Spielregeln gestalten, in denen grundlegende Rechte und Normen miteinander in Einklang kommen und auf die man sich einigen und die man als bindend annehmen kann. Die Möglichkeiten der vernetzten Kommunikation sind ja eigentlich noch recht jung und sorgen für einen so gewaltigen Umbruch, dass uns die großen damit verbundenen Probleme erst allmählich bewusst werden und wir als Gesellschaft erst am Anfang der Debatte stehen.

Nicht zuletzt könnte ich als Ethikerin den uralten Spruch »Was du nicht willst, das man dir tu, das füg auch keinem andern zu« bemühen. Aber auch dafür muss letztlich die Bereitschaft und Fähigkeit zu Empathie bei den Usern da sein. Menschen, die bewusst verletzten, Dialog (zer-)stören oder einfach ihren Hass auskippen möchten beziehungsweise das Netz als Ort ansehen, an dem sie ungestraft ihren Frust loswerden können, scheint es ja leider viele zu geben. Vielleicht fällt uns das im Alltag nur nicht so auf, oder wir können es leichter ausblenden. Ob es fruchtet, diesen Leuten die Konsequenzen ihres Handelns aufzuzeigen und sie zu sanktionieren, daran habe ich, ehrlich gesagt, Zweifel.

Natalie Stark

Du arbeitest als Social Media Managerin bei betterplace.org. Was ist das Besondere an eurer Organisation?
betterplace.org ist Deutschlands größte Online-Spendenplattform und verbindet Menschen, die helfen wollen, mit Menschen und Organisationen, die Hilfe brauchen. Das Besondere ist, dass bei uns Projekte von großen internationalen Hilfsorganisationen bis zu kleinen Graswurzelinitiativen unterstützt werden. Wir sind selbst gemeinnützig und für Spender und Organisationen kostenlos. Jede Spende kommt zu 100 Prozent beim jeweiligen Projektträger an. Ohne Abzug von Verwaltungskosten oder Sonstiges. Eine weitere Besonderheit ist, dass man für konkrete Bedarfe der Projekte spenden kann. Die Projektverant-

wortlichen geben genau an, wofür die Spenden eingesetzt werden: den Bau eines Waisenhauses, 30 warme Mahlzeiten für Obdachlose o. Ä., und berichten regelmäßig über die Fortschritte. Und natürlich darf auch der ganz besondere Teamspirit nicht vergessen werden: Rund 40 hochmotivierte, kompetente, hilfsbereite Menschen, die zusammen die Welt ein kleines bisschen besser machen.

Welche Möglichkeiten haben wir mit digitalen Medien, die Welt zu verändern?

Die Zeiten waren nie besser, um mit digitalen Medien die Welt zu verändern, und die Menschen sind offen und bereit dafür. Laut einer Studie von Teléfonica waren bereits 2013 81 Prozent der jungen Deutschen sicher, dass sie mit digitalen Medien wie zum Beispiel Online-Petitionen oder Crowdfunding die Welt verändern können. Unsere Forschungsabteilung, das betterplace lab, ist überzeugt: Die Digitalisierung kann die Welt verbessern. Dafür forscht und experimentiert das betterplace lab an der Schnittstelle zwischen Innovation und Gemeinwohl. Das lab-Team verbreitet Wissen, inspiriert durch Geschichten und kämpft dafür, dass die Digitalisierung positiv genutzt wird. Auf www.betterplace-lab.org erfährt man, welche Innovationen es gerade im digital-sozialen Sektor gibt. Hier findet man spannende Cases, wie zum Beispiel den der Plattform M-Farm in Kenia. Dort können sich Bauern unter anderem im Internet oder per SMS über die aktuellen Preise für ihr Getreide und Gemüse informieren, womit sie eine bessere Position gegenüber den Zwischenhändlern erlangen. M-Farm sorgt dafür, dass auch Bauern mit wenig Geld und Land unabhängiger von Zwischenhändlern und Getreidebanken werden können.

Welches Projekt/Phänomen im Internet hat dich nachhaltig bewegt und beeindruckt?

Im letzten Jahr (2015) konnte man quasi dabei zuschauen, wie die Digitalisierung den sozialen Sektor mit voller Wucht gepackt hat. Eine riesige Welle der Hilfsbereitschaft ging für die Erdbebenopfer in Nepal und für Hunderttausende Flüchtlinge durch das Netz. Ein beeindruckendes Beispiel bei uns auf betterplace.org war die Aktion »Blogger für Flüchtlinge – Menschen für Menschen« Ende August 2015. Hier haben drei Blogger eine Spendenaktion für Flüchtlingshilfe gestartet, und innerhalb von nur 14 Tagen sind unglaubliche 100 000 Euro zusammengekommen.

Wie können digitale Projekte ins ›analoge‹ Leben übertragen werden, und in welchen Bereichen macht dies Sinn?

Im sozialen Bereich macht dies total Sinn, und wir erleben hier auch ständig, wie digital und analog miteinander verschmelzen. Die meisten Projekte, die auf betterplace.org online Spenden sammeln, setzen diese ja dann offline und analog ein, sei es für einen Brunnenbau in Ruanda, für einen Mittagstisch für Bedürftige oder für die Begrünung eines Schulhofs. Auch wir selbst sind täglich online für das Gute tätig, aber haben auch ein- bis zweimal im Jahr den Frohen Freitag, an dem wir ganz analog bei einem Projekt in Berlin mit anpacken. So haben wir schon den Garten für eine Kindereinrichtung verschönert oder die Räume in einer Flüchtlingseinrichtung gestrichen.

Verstärken die sozialen Medien Hass oder Mitgefühl? Oder macht das Netz Hass oder Mitgefühl nur deutlicher spürbar?

Das sehe ich gemischt, zum einen werden Hass und Mitgefühl durch das Netz natürlich deutlich spürbarer, weil man sich nicht nur mit fünf

Freunden abends in der Kneipe austauscht, sondern öffentlich im Netz. Dadurch haben die Aussagen direkt mehr Reichweite, und die Chance, auf Gleichgesinnte zu treffen, erhöht sich.

Ein Segen ist das Netz zum Beispiel bei größeren Katastrophen wie dem Erdbeben in Nepal 2015. Die Nachrichten haben sich hier in Sekundenschnelle verbreitet und eine Welle des Mitgefühls und der Unterstützung ausgelöst. Aber natürlich gibt es auch gegenteilige Wirkungen. Einige Menschen treffen im Netz viel schneller Aussagen, die sie in der Offline-Welt in dieser Art vermutlich nicht so leicht äußern würden. Im Netz hat man eben kein direktes Gegenüber, dem man in die Augen schauen kann, da gehen Hemmschwellen schon mal verloren, und ein Troll macht sich das Internet da zur Spielwiese. Es gibt aber auch Webseiten wie hatr.org, sie treten Hatern gegenüber, decken Lügengeschichten auf und zeigen auf, dass niemand gegen Hass im Netz machtlos ist.

Wie schätzt du die Macht der Algorithmen bei unserer Kommunikation ein?
Das ist ein sehr komplexes Thema. Ich denke, am stärksten werden wir in Google, Amazon und Facebook von den Algorithmen beeinflusst. Hier hinterlassen wir deutliche Spuren, mit denen wir die Algorithmus-Datenbanken kräftig füttern: in Google über unseren Aufenthaltsort, in Facebook darüber, mit wem wir befreundet sind und mit wem wir am meisten interagieren, und auf Amazon darüber, welche Kaufentscheidungen wir zuvor getroffen haben oder für welche Produkte wir uns interessiert haben.

Nehmen wir mal das Beispiel Facebook: Hier entscheide ich zwar selbst, welche Seiten ich like und mit wem ich befreundet sein will, aber welche Postings dann in meinem Newsfeed erscheinen, das entscheidet der Algorithmus. Im Grunde weiß doch kaum einer, nach welchen Standards die Algorithmen eigentlich arbeiten.

Ich achte immer mehr darauf, mich selbstbestimmt und nicht fremdgesteuert durch das Internet zu bewegen. So recherchiere ich Nachrichten häufig aus mehreren Quellen, um mir eine Meinung bilden zu können. Und ich habe den Google Adblocker installiert, das ist ein kostenloser Werbeblocker, der alle nervenden Werbeanzeigen, Malware- und Tracking-Angriffe blockiert.

Gibt es Momente, in denen du wegen des rauen Tons, der im Netz manchmal herrscht, ungern vernetzt bist?
Nein, eher weniger. Beruflich betreue ich den Facebook-, Twitter- und Instagram-Kanal von betterplace.org sowie von GivingTuesday (www. givingtuesday.de). Wir haben auf dem Twitter-Kanal von betterplace. org über 85 000 Follower – klar, da kann mal jemand dabei sein, der sich im Ton vergreift, aber das ist glücklicherweise eher selten. Wir haben allerdings auch ein dankbares Thema – gegen Gutestun etwas zu sagen, fällt dann doch dem größten Nörgler eher schwer.

Siehst du Felder, auf denen uns das Netz empathischer macht? Gibt es Strategien, welche die Empathie im Netz fördern könnten?
Ich finde, seit Sommer 2015 wurde im Verlauf der Flüchtlingskrise ganz deutlich, dass die Empathie davon abhängt, wie stark wir persönlich von dem Ereignis betroffen sind, und ob es sich in unserer direkten Nähe abspielt. Als massenhaft Flüchtlinge an den deutschen Bahnhöfen ankamen, gab es eine riesige Welle der Hilfsbereitschaft. Auf betterplace.org haben wir das nicht nur anhand des steigenden Spen-

denvolumens sehen können. Auch auf Facebook und Twitter wurden Postings rund um das Thema Willkommenskultur und Flüchtlingshilfe nahezu »gefeiert«. Und ein paar Monate später? Gleiche Situation, anderer Ort. Die Flüchtlinge kommen größtenteils in Griechenland und Italien an, und das deutsche Netz verstummt nahezu. Social-Media-Beiträge von Flüchtlingshilfen rauschen an den Menschen vorbei und rufen kaum noch Reaktionen hervor.

Ich denke, man könnte mehr Empathie im Netz fördern: durch konkrete Fragestellungen in Berichterstattungen oder in Social-Media-Beiträgen – ganz ähnlich, wie man es in der Streitschlichtung oder in der Kindererziehung macht. Durch Fragen wie »Wie würdest du dich fühlen wenn, …?« kann sich der Leser besser in die Situation hineinversetzen.

Franziska Koch

Du hast im Rahmen deines Masterstudiums »New Media Journalism« bei der *Tagesschau* Hasskommentare ausgewertet. Was hat dich am meisten überrascht?
Ehrlich gesagt, hat mich am meisten der beleidigende und harsche Ton der Kommentare überrascht, sowohl gegenüber einzelnen Journalisten und Politikern als auch untereinander. Bei Facebook ist der Großteil der Kommentare negativ. Viele User schreiben aggressiv, beleidigend und unkontrolliert. Während meiner Tätigkeit bei der *Tagesschau* konnte ich mein Vokabular bezüglich Schimpfwörtern und Beleidigungen unfreiwillig erweitern. Interessant ist, dass nicht alle Medienkanäle diesen Hass hervorbringen. So sind Kommentare bei Instagram zum Beispiel deutlich positiver als bei Facebook.

In welchen Situationen haben sich die Nutzer aufgeregt? Gab es immer einen speziellen Anlass?

Ich habe den Eindruck, es ist ganz egal, wie und was gepostet wurde. Als ich im März 2016 vor Ort bei der *Tagesschau* war, standen eigentlich unter jedem Post aggressive, negative und rassistische Kommentare. Themen, die immer wieder Aggressionen geschürt haben, sind die Flüchtlingskrise, »Merkels Willkommenspolitik«, Pro-Europapolitik und die Türkei. Ich würde sogar behaupten wollen, dass es für einige User keinen speziellen Anlass braucht, um Hasskommentare zu schreiben. Selbst in den Posts über Wetter oder Sport befanden sich fremdenfeindliche Äußerungen und derbe Beleidigungen.

Was sind das für Menschen, die Hasskommentare schreiben? Spielen soziale Schicht und Bildungsgrad eine signifikante Rolle?

Das ist eine sehr interessante Frage. Leider habe ich darauf keine Antwort, da ich dies nicht untersucht habe. Auf jeden Fall sind es User, die sehr viel Zeit in den sozialen Netzwerken verbringen, auch zu üblichen Arbeitszeiten. Aufgrund der Art, wie Kommentare geschrieben sind, Grammatik, Rechtschreibung und Semantik sowie Allgemeinwissen könnte man vermuten, dass viele Kommentare von Usern stammen, die durchaus Bildungsdefizite haben.

Wie wichtig ist es deiner Meinung nach, mit den Nutzern zu kommunizieren?

Ich finde es enorm wichtig! Ich bin überzeugt davon, dass eine Ursache für den Verlust der Glaubwürdigkeit der Medien von unserem Selbstverständnis, welches wir Journalisten vor uns hertragen, rührt. Wir kommunizieren nicht auf Augenhöhe. Die aggressiven und ungehobelten Kommentare im Netz sind aus meiner Sicht ein Versuch der Menschen, wahrgenommen zu werden. Die Menschen wollen ja eine Reaktion auf ihre Beleidigungen. Das Phänomen »im Netz schreien« wird meiner Meinung nach erst aufhören, wenn wir uns auch auf unbequeme Meinungen einlassen und Sachverhalte noch differenzierter beleuchten.

Welche Strategien können Medienhäuser entwickeln, um Hasskommentare einzudämmen?
Wer diese Frage beantworten kann, der wird eine Menge Geld verdienen. ;-) Das ist ganz schwierig, und für jedes Haus wird die Lösung anders aussehen. Ich würde versuchen, an das jeweilige Medienhaus angepasste Kampagnen zu entwerfen, die die User einerseits abholen und andererseits mit einbeziehen.

Verstärken die sozialen Medien Hass oder Mitgefühl? Oder macht das Netz Hass oder Mitgefühl nur deutlicher spürbar?
Ich glaube nicht, dass soziale Medien Hass oder Mitgefühl verstärken. Sie vereinfachen und beschleunigen die Kommunikation. Das Netz lässt uns Hass und Mitgefühl vielleicht intensiver spüren, da Inhalte schneller kommuniziert werden und Themen omnipräsent sind. Aber Gefühle wie Hass und Mitgefühl entstehen im realen Leben, und wie intensiv jemand diese Gefühle empfindet, ist nicht abhängig von Twitter, Facebook und Co.

Wie schätzt du die Macht der Algorithmen bei unserer Kommunikation ein?
Mit diesem Thema habe ich mich bis jetzt zu wenig beschäftigt. Jedem sollte klar sein, dass er, wenn er Google, Facebook und Twitter nutzt, auch Informationen über sich und seine Person preisgibt, und dass Unternehmen diese Informationen für sich nutzen, um Profit zu machen.

Gibt es Momente, in denen du wegen des rauen Tons, der im Netz manchmal herrscht, ungern vernetzt bist?

Zum Glück wurde ich persönlich im Netz noch nicht angefeindet. Ich musste mich bis jetzt nicht mit Hasskommentaren beziehungsweise mit Kritik, die meine eigene Person betrifft, auseinandersetzen. Und darüber bin ich auch froh.

Stimmst du der These zu, dass wir durch die Kommunikation im Netz gefühlsmäßig abstumpfen? Warum/warum nicht?

Wir stumpfen durch die Kommunikation im Netz nicht grundsätzlich ab. Es ist sicherlich einfacher, anonym zu hetzen und zu pöbeln, als von Angesicht zu Angesicht. Aber auch unter Bekannten über andere zu lästern ist einfacher, als mit einer konkreten Person ein Problem zu besprechen. Cybermobbing ist ein Problem, weil es im öffentlichen Raum stattfindet und nicht mehr nur in einem kleinen Personenkreis. Wir müssen daher Regeln fürs Netz finden, welche sich durchsetzen lassen. Sonst können ganze Lebensläufe durch Internethass zerstört werden. Wer will schon einen bekannten Loser einstellen?

Menschen sollten viel öfter und viel stärker reagieren, wenn sie im Netz merken, dass jemand anderes gemobbt oder beschimpft wird. Wenn mehrere dagegenhalten und zeigen, dass solch ein Verhalten im Netz nicht toleriert wird, ist das Opfer zumindest nicht allein. Die »Bürgerhilfe im Netz« sollte unbedingt ausgebaut werden. Und freilich verändert sich unsere Kommunikation. Aber dass wir grundsätzlich abstumpfen, das glaube ich nicht.

Siehst du Felder, auf denen uns das Netz empathischer macht? Gibt es Strategien, welche die Empathie im Netz fördern könnten?

Ich glaube, genauso wie das Netz uns nicht abstumpfen lässt, macht es uns auch nicht empathischer. Empathie ist das Vermögen, sich in andere Menschen hineinfühlen zu können. Es ist eine Fähigkeit, die man als Charaktereigenschaft hat oder als Kind erlernt. Rücksicht zu nehmen auf andere, nicht nur an sich zu denken und sich in andere Menschen, Kulturen und Religionen hineinversetzen zu können – das bringen uns die Eltern, Großeltern und Freunde bei. Es sind keine Eigenschaften, die wir in der digitalen Welt vermittelt bekommen. Dennoch gibt es sicherlich Netzphänomene, wo man eine große Solidarität spürt, zum Beispiel nach den Anschlägen von Paris oder Toronto. Doch das Netz ist nur der Kanal, auf dem wir unser Mitgefühl und unsere Trauer zeigen.

Mary Scherpe

Du lebst und arbeitest als Bloggerin in Berlin und wurdest jahrelang gestalkt. Was versteht man unter Stalking im Netz?
Stalking im Netz unterscheidet sich bis auf die Wahl der Kanäle wenig vom sonstigen Stalking: Täter nutzen das Netz für ihre Attacken. Das Ziel, das Opfer zu drangsalieren, in Angst zu versetzen, zu beleidigen und zu verfolgen, ist das gleiche. Das Netz macht es freilich leichter, und es bietet mehr Möglichkeiten, anonym zu bleiben.

Du hast zu diesem Thema sogar eine Petition gestartet. Was wolltest du damit erreichen?
Die Petition unterstützte eine Gesetzesänderung, die seit Jahren nicht nur im Koalitionsvertrag stand, sondern auch von Opferverbänden gefordert wurde. Kern ist, die Betroffenen zu entlasten und die Verantwortung dahin zu verlagern, wo sie hingehört, zu den Tätern. Bisher

211

musste man als Betroffener stichhaltig nachweisen, dass das Stalking die eigene »Lebensgestaltung schwerwiegend beeinflusst«, darunter fielen Wohnungswechsel, Jobverlust und psychische Beeinträchtigung. In Zukunft wird es ausreichen, wenn die Taten geeignet sind, solche Belastungen auszulösen.

Oft wird gesagt, dass die User an Stalking oder (sexuellen) Übergriffen selbst schuld seien. Was antwortest du diesen Menschen?

Jeder kann von Stalking betroffen sein, die Auslöser sind derart vielfältig, und die Schuldfrage führt nirgendwohin. Es ist nur einfacher, die Betroffenen zur Verantwortung zu ziehen, weil sie in der Regel greifbarer sind. Die meisten Menschen wollen schnell zu einer Lösung kommen, wenn sie von einem Problem hören, die gibt es aber im Fall von Stalking selten. Das frustriert viele, und dann greifen sie lieber Betroffene an.

Wie schützt du dich heute vor Hass im Netz?

Gar nicht. Dass man sich wirklich schützen kann, halte ich für eine Illusion: Abgesehen davon, dass das verlangen würde, sich selbst stumm und unsichtbar zu machen, wird ein gewillter Täter einen überall finden. Menschen zu sagen, man könne sich ernsthaft schützen, spielt in die Hände derer, die Opfern gern die Schuld geben. Man hätte sich schließlich schützen können, sollen, müssen.

Was können Netzbewohner tun, um für Mitgefühl zu sorgen, wenn der Rechtsstaat versagt?

Betroffenen zuhören, sie ernst nehmen, und ihnen Glauben schenken – und auf der anderen Seite Täter konfrontieren beziehungsweise aus der Gemeinschaft ausschließen. Es gibt so viele Täter, deren Verbrechen bekannt sind, die aber weder juristisch noch gesellschaftlich zur Rechenschaft gezogen werden, die weiter publizieren, arbeiten und netzwerken und kaum je Konsequenzen ihrer Taten spüren.

Verstärken die sozialen Medien Hass oder Mitgefühl? Oder macht das Netz Hass oder Mitgefühl nur deutlicher spürbar?

Beides, das Netz hat dem Hass zig neue Möglichkeiten zur Vernetzung und Vervielfältigung gegeben, aber die gleichen Mittel stehen der Gegenseite zur Verfügung. Ich habe in einem Blog alle Attacken des Stalkers veröffentlicht – dass dieser so positiv aufgenommen und verbreitet wurde, hat dazu geführt, dass ich über meine Erfahrungen ein Buch schrieb und eine mittlerweile erfolgreiche Petition gestartet habe. Ohne das Netz und seine Möglichkeiten wäre das nicht passiert.

Wie schätzt du die Macht der Algorithmen bei unserer Kommunikation ein?

Es fällt mir zunehmend schwerer, positive Seiten an Suchalgorithmen zu sehen, ich finde sie in der Regel bevormundend und limitierend und hätte lieber mehr eigene Kontrolle darüber, was ich in meinen Social-Media-Feeds sehe. Ich kann die ökonomische Motivation verstehen, aber aus einer intellektuellen Diskursperspektive führen sie zu einem beengten Weltbild, das unsere bestehenden Meinungen lediglich bestätigt, weil sie nur danach trachten, uns zu zeigen, was wir ohnehin schon liken.

Gibt es Momente, in denen du wegen des rauen Tons, der im Netz manchmal herrscht, ungern vernetzt bist?

Mir gehen Menschen, die sich keine zwei Sekunden Zeit nehmen, um

Kritik konstruktiv zu formulieren, total auf den Nerv. Agitatoren und Provokateure kann ich nicht brauchen, sie wollen nicht Dialog, sondern motivieren weitere pseudokritische Monologe.

Stimmst du der These zu, dass wir durch die Kommunikation im Netz gefühlsmäßig abstumpfen? Warum/warum nicht?
Das halte ich für Kulturpessimismus und außerdem schlecht nachzuweisen. Und die Like-Zahlen für »cute panda babies« sprechen eine andere Sprache. Mediendystopien vergessen zu leicht, welche positiven Bewegungen erst durch die Kommunikation im Netz möglich wurden, man denke an den letzten Sommer und die Initiativen für Geflüchtete in ganz Deutschland, die sich hauptsächlich im Netz gefunden und organisiert haben.

Siehst du Felder, auf denen uns das Netz empathischer macht? Gibt es Strategien, welche die Empathie im Netz fördern könnten?
Ausgesprochener Support, mehr positive Worte als nur ein Like und der Mut, auch mal uneingeschränkt zu loben, machen die Welt besser, zeigen sie doch den Betroffenen, dass sie nicht allein sind, und den stillen Mitlesern, dass es auch andere Stimmen gibt. Im Prinzip das viel beschworene Konzept der Gegenrede, was Konzerne zwar nicht einfordern können, um sich die Bürde der Moderation zu erleichtern, was ich aber von meinen Mitmenschen im Alltag verlange.

Christoph Kappes

Du bist Jurist und hast den digitalen Wandel als Berater mitgeprägt. Hast du Verständnis dafür, dass Medienhäuser ihre Kommentarfunktion sperren lassen?
Ja, weil es Arbeit ist und es belastet, sich beschimpfen zu lassen. Nein, weil Kritik zur demokratischen Öffentlichkeit gehört und, was viele Medienhäuser machen, reine Willkür ist. Sie fallen sogar hinter Google und Facebook zurück, was Transparenz angeht.

Manche Menschen üben Selbstjustiz im Netz und machen ihren Stalker öffentlich. Was spricht dafür, was spricht dagegen?
Das muss nicht auf der grünen Wiese neu erfunden werden. Hier zeigt uns glücklicherweise das Recht, was okay ist. Also okay ist es, wenn man Tatsachen behauptet, die man auch belegen kann. In diesem Rahmen glaube ich, dass es immer in Ordnung ist, wenn man Dinge publiziert, solange sie nicht verletzend sind. Da muss man sicherlich aufpassen. Deswegen habe ich grundsätzlich keine Bedenken, wenn Menschen andere beschuldigen, bestimmte Taten begangen zu haben. Ich glaube auch, dass es ein natürliches Verhalten ist, das man nicht effektiv verbieten kann. Man muss sich dann aber dessen gewahr werden, dass die Unwahrheit Konsequenzen hat.

Fotos und Wohnort ins Netz zu stellen ist aus meiner Sicht grenzwertig. Und ich glaube, das wäre jenseits der Okay-Grenze. Es gibt auch Fälle in der Politik, dass zum Beispiel Vertreter der Antifa in Hamburg AfD-Politiker mit ihren Daten öffentlich machen, oder das, was in der IT-Szene doxen genannt wird: das Veröffentlichen der Dokumente von Personen. Das geht aus meiner Sicht einen Schritt zu weit, weil es die Person nicht in ihrer Rolle lässt, die sie in dieser Funktion hat. Ich glaube, dass man in dieser Hinsicht mit gewisser Vorsicht agieren muss.

Das bedeutet, Selbstjustiz hat Grenzen. Man darf auch keine Mails oder Briefe veröffentlichen?
Ob man Briefe veröffentlichen darf, da bin ich mir nicht so sicher. Ich könnte mir vorstellen, dass auch das einer Art Briefgeheimnis unterliegt [schmunzelt], weil beide Seiten davon ausgehen können, dass es nicht ohne Weiteres veröffentlicht wird, wenn es sich nicht um öffentliche Personen handelt. Die Rechtslage ist mir jetzt ad hoc gar nicht klar. Aber sozial und ethisch ist das schon im Grenzbereich, eine Information zu veröffentlichen, bei der die andere Seite davon ausgehen kann, dass diese nicht veröffentlicht wird. Deswegen ist das Mitschneiden von Telefonaten strafbar, und deswegen gibt es ein Briefgeheimnis. Es gibt schon auch eine Kultur, dass bestimmte Kommunikationsmittel eben als Kommunikationsmittel geschützt sind.

Es gibt immer auch das Risiko, dass man in seinem eigenen Urteil – auch wenn die Wahrscheinlichkeit noch so gering ist – schiefliegt. Gerade wenn es im digitalen Raum passiert, in dem Leute mit Pseudonymen oder anonym operieren. Und wer dann andere motiviert, sich mit dem Opfer zu solidarisieren, indem man den potenziellen Täter angreift, der muss sich das auch zurechnen lassen.

Wir haben gerade so einen Fall, wenn es um Jakob Appelbaum geht. Auch bei diesem Fall sind die Meinungen im Netz sehr gespalten: Ob er Menschen schikaniert, ob er sich Frauen gegenüber übergriffig verhalten hat oder womöglich versucht hat, sie zu vergewaltigen, oder sie sogar vergewaltigt hat. Da gibt es unterschiedliche Meinungen. Die Konstellation ist natürlich schwierig, weil diese Person dann auch Schaden für den Fall ihrer Unschuld nimmt, wovor der Rechtsstaat sie auch nicht mehr schützen kann. Das kann auch das Gericht nicht mehr wirklich heilen, es bleibt immer etwas kleben.

Manche Menschen werden im Netz bei Medienkatastrophen zum Kritiker. Wie lange brauchen wir noch, bis wir im Netz nicht drauflosspekulieren oder andere belehren?
Auch mir hat es lange Zeit nicht gefallen, dass der Kritikpegel so hoch ist. Ich habe das als negativ und abstoßend empfunden. Aber heute habe ich mich mit einer etwas anderen Sicht angefreundet. Kritik kann sehr positiv sein und in Gänze auch eine Art Klärungsmechanismus darstellen. Und dass man schlecht über Sinn und Unsinn von Kritik diskutieren kann, wenn ein Medium in die Welt gekommen ist, das eben genau dies im Überschuss ermöglicht.

Deshalb weiß ich nicht, ob man die Frage überhaupt so herum stellen kann, dass man vom Übermaß der Kritik spricht. Ich glaube eher, dass sich mit dem Internet die Möglichkeit ergeben hat, dass jeder alles kritisieren kann. Dass die Dinge im Zweifel transparenter werden, als sie manche haben wollen. Also nur im Zweifel, nicht immer. Und dass Kritik ein Prozess ist, in dem man auch Aufmerksamkeit auf bestimmte Dinge steuert. Also, wo Menschen sagen: »Musste dieser Shitstorm sein, das ist doch jetzt irrelevant, und warum müssen sich noch mal 100 Leute dazu äußern, dass dieses oder jenes passiert ist?«, glaube ich, dass dieser Prozess auf einer sozialen, höheren Perspektive sinnvoll ist.

Nehmen wir ein Beispiel, bei dem ich mich auch kurz aufgeregt habe. In einem Text der *Süddeutschen Zeitung* machte ein Autor eine mehr als unglückliche Formulierung über kleine Menschen. Das war der Hashtag #KeinZwerg. Wo ich mich auch frage: ›Muss es jetzt sein, dass man sich den ganzen Tag auf Twitter damit beschäftigt, dass diese

217

eine Sache so unglücklich gelaufen ist?‹ Es handelt sich aber um einen sozialen Prozess, dass Betroffene sich artikulieren und die Dinge sagen, die ihnen wichtig sind, und man eine neue gesellschaftliche Vereinbarung darüber trifft oder treffen kann, ob man kleine Menschen noch als Zwerge bezeichnen darf, wie das meine Großmutter immer sehr wohlwollend gemeint hat. Oder ob man das heutzutage eben nicht mehr tut. Also das ist auch ein Teil eines notwendigen Prozesses, dass man dann eben nicht mehr Neger oder Zwerg sagt. Der Prozess kann auch nur stattfinden, wenn er über diesen Mikro-Shitstorm zum Ausdruck gekommen ist.

Das heißt, wir brauchen manchmal einen Shitstorm im Netz?
Ja, natürlich. Ich glaube, der Anlass kann häufig ganz banal sein. Es gibt diesen berühmten Brigitte-Shitstorm, bei dem sich eine Frau darüber mokiert hat, dass 40-jährige Männer, die mit dem Longboard über Bürgersteige fahren, Frauen mit ihren Kinderwagen behindern. Das ist natürlich eigentlich nicht wirklich der Rede wert, weil es sich um einen Einzelfall gehandelt hat. An dieser Stelle kann man jetzt beliebige Standpunkte einnehmen: Man kann der Longboard fahrende Mann sein oder auch die entrüstete Mutter, die den Kinderwagen schiebt. Darum geht es aber nicht, sondern meistens geht es um die Konflikte dahinter. Es geht immer darum, neue soziale Regeln zu finden. Ist es richtig, dass man sich so verhält? Oder ist es nicht richtig? Und ich betrachte das eben so abstrakt, dass ich sage: Es gibt keinen wirklichen Knigge mehr, es gibt auch keine Institutionen mehr wie die Kirche oder die Schule, wo wir lernen, ob wir das dürfen oder ob wir das nicht dürfen. Also wir machen es im Leben eben, und dann geht es manchmal schief. Ich bin ja fast froh darum, dass es jetzt das Internet gibt, wo man im konkreten Shitstorm immer diskutieren kann,

ob ich als 40-jähriger Mann mit dem Longboard einfach völlig ohne Grund auf dem Bürgersteig herumrasen darf oder nicht. Oder ist es okay, wenn ich ein zweijähriges Kind mit auf die CeBIT nehme? Das war ein anderer Shitstorm.

Wenn ein Popstar oder eine berühmte Person gestorben ist, trägt das Netz meistens ein bis zwei Tage Trauer. Ist unsere Trauer im Netz an dieser Stelle echt?

Ich weiß nicht, ob man das verallgemeinern kann. Es gibt sicherlich Fans von Stars – also das, was man in der Medienwissenschaft auch parasoziale Interaktion nennt, dass man eine emotionale Beziehung zu einer Figur entwickelt, die man gar nicht persönlich kennt. Oder die es so vielleicht gar nicht gibt. Wo genauso wie der Aufbau der Bindung und die Vorstellung von dieser Person eine Projektion ist, wie umgekehrt der Akt, wenn sie stirbt, eben auch ein emotionaler Ablösungsprozess ist. Das wäre aus meiner Sicht völlig naheliegend. So, wie eine übermäßige Bindung eines Fans an eine projizierte Figur stattfindet wie an Michael Jackson, um ein Beispiel zu nennen, dass der Gegenprozess, wenn sich das Ganze auflöst, auch mit entsprechendem emotionalem Aufwand geschieht.

Ich finde es naheliegend, dass dies echt ist. Nur weil es medial vermittelt ist, ist es ja nicht unecht. Es gibt aber sicherlich auch Ansteckungseffekte, wenn eine gewisse Anzahl von Kontakten auf eine bestimmte Art und Weise kommuniziert, sodass Menschen in ihrem Meinungsbild umkippen und dann auch anfangen mitzumachen. Das sieht man übrigens auch in der physischen Kohlenstoffrealität, wenn Leute anfangen, Deutschland-Fähnchen auf die Autos zu stecken, obwohl ihnen Fußball völlig egal ist und vielleicht auch Deutschland. Sie machen es dann einfach, weil man es tut. Also, was daran jetzt authentisch ist, das vermag ich nicht zu beurteilen, und ich bin ohnehin skeptisch, ob der Begriff der Authentizität zu irgendetwas tauglich ist. Weil er immer unterstellt, dass etwas anders ist, als es aussieht. Aber das kann man von außen ja nicht mit letzter Sicherheit erkennen.

Verstärken die sozialen Medien Hass oder Mitgefühl? Oder macht das Netz Hass oder Mitgefühl nur deutlicher spürbar?
Es gibt Leute, zu denen auch ich gehöre, die dazu neigen zu sagen: Hier wird einfach nur etwas sichtbar, was ohnehin schon da ist. Wenn es zum Beispiel darum geht, rechtsextreme Einstellungen der Bevölkerung im Internet wahrzunehmen, so glaube ich, dass diese vorher schon da waren. Das ist das eine. Natürlich gibt es dann wiederum auch Verstärkungseffekte, dass sich Positionen, wenn sie erst einmal in der Welt sind, fortpflanzen. Und das Üble ist, dass bestimmte Dinge, die sozial bewusst stigmatisiert sind, also das Unsagbare, dass wenn das Unsagbare gesagt ist, die Grenze nach vorne verschoben ist. Ich will jetzt gar kein Beispiel nennen, weil ich dann das Unsagbare sagen würde. Aber eine gewisse Art von Tabuisierung ist eben sozial und kommunikativ auch wichtig: dass man bestimmte Wörter nicht gebraucht und dass man über bestimmte religiöse und soziale Gruppen nicht auf eine bestimmte Art und Weise spricht. Wenn man diese Grenze überschreitet, dann hat das eine gewisse Ansteckungskraft.

In dieser Situation wirkt das Netz verstärkend, weil es durch die Schriftlichkeit die Dinge dauerhaft macht, die sonst verschwunden sind. Also was man um zwei Uhr nachts halb angetrunken in der Kneipe sagt, ist ja bei allen Beteiligten einen Tag später schon wieder vergessen. Das ist beim Internet nicht so. Es bleibt durch die Schriftlichkeit bestehen, und es wird dann leider auch sichtbarer, weil der Kritikmechanismus, der dann ansetzt, eben auch noch einmal die Aufmerksamkeit verstärkt. Ich sage immer, dass Kritik eigentlich Hotspots setzt. Also Kritik an bestimmten Kommentaren, Diskussionen markiert in einem unübersichtlichen Raum von Millionen von Interaktionen die Stellen, die wichtig sind. Das sind Punkte, die unsere Gesellschaft klären muss oder bei denen sie Konflikte hat. Es gibt ja auch in der Soziologie die Konflikttheorie, die eben die Gesellschaft über ihre Konflikte beschreibt.

Wie schätzt du die Macht der Algorithmen bei unserer Kommunikation ein?

Ich tue mich sehr schwer damit, Algorithmen Subjekteigenschaften zuzusprechen. Algorithmen als solche handeln nicht. Oder ich sage mal anders: Autos handeln nicht, trotzdem führen ihre Existenz und ihre Benutzung kausal dazu, dass es Verkehrstote gibt. Zurechnen tue ich das aber entweder den Autofahrern oder den Produktherstellern. In dieser Situation bin ich der Jurist, der sich weigert, ein physisches oder ein gedachtes Ding verantwortlich zu erklären.

Algorithmen sind nötig, sie kommen in verschiedenen Ausprägungen vor. Wir haben sie bei Google, und ohne Google wäre das Internet praktisch unbenutzbar. Bei aller Google-Kritik vergessen viele Leute sich vorzustellen, was passieren würde, wenn es keine Suchmaschine gäbe. Oder was passieren würde, wenn eine Suchmaschine keine Relevanzgewichtung vornehmen würde, sondern die Treffer zum Beispiel chronologisch ausgeben würde. Dann hätten wir einen Internetindex von 1994 mit kaputten Links auf der ersten Ergebnisseite. Dort sind Algorithmen einfach nötig.

Eigentlich ging es bei ihr nur um die Beobachtung, dass bestimmte Personen mit bestimmten politischen Positionen aufgrund des Algorithmus – indem er auf bestimmte Engagements aufsetzt wie Likes, Shares

und Kommentare –, zu einer gewissen Veränderung der neu einfließenden News führt. Mehr sagt die Filter Bubble nicht. Sie sagt nicht, dass
Menschen jetzt nur noch eines konsumieren, denn es gibt Bereiche, die
ohne solche Algorithmen funktionieren. Alles außerhalb von Facebook
ist ohne. Und es gibt auch gegenläufige Effekte, die Eli Pariser gar nicht
thematisiert hat. Beispielsweise sehe ich, wenn aus meinem – vielleicht
sogar extrem homogenen – Freundeskreis jemand anderes an einer für
mich unerwarteten Stelle Kritik äußert. Dann sehe ich diese Kritik, weil
es ein Kontakt zweiten Grades ist, genauso, wie es umgekehrt passiert.
Also ich glaube, es gibt auch gegenläufige Effekte, über die bisher niemand gesprochen hat, die diese Filter Bubble wieder öffnen.

Das Problem der Echokammern ist größer. Weil es Probleme in Welt-
anschauungen gibt, die sich gegen rationale Argumentation und gegen Kritik immunisieren. Das findet sich unter anderem in der ganzen rechtspopulistischen Ecke, in der gerne Verschwörungstheorien
genannt werden oder bestimmte Dinge erst recht falsch sein sollen,
weil sie ja überall behauptet werden. Stichwort: Lügenpresse. Man
markiert im Grunde ein ganzes Mediensystem als grundsätzlich ver-
logen. Das gibt es aber auch bei Ideologien oder bei bestimmten
politischen Positionen, dass man sich gegen Argumente von außen
immunisiert.

Ein Beispiel ist der sogenannte Whataboutism, über den viele Menschen stolz sind, ihn vor einigen Jahren entdeckt zu haben. Die Argumentation mit Whataboutism ist mir grundsätzlich verdächtig, weil
sie eine Diskussion abschneidet, statt eine These der anderen Seite
weiterzuverfolgen. Nehmen wir mal ein Beispiel von Whataboutism:
Ich sage, die Currywurst ist zu scharf, daraufhin sagt jemand anderes:
Aber Chili con Carne ist doch auch scharf. Da würde man tatsächlich

als rational denkender Mensch sagen, was hat denn jetzt um Himmels willen die Currywurst mit Chili con Carne zu tun? Es steht ja auch die Currywurst auf dem Tisch und nicht Chili con Carne. Aber ich glaube, dass man dies wohlwollend als Vergleichsversuch interpretieren und jetzt klären muss, ob der Vergleich gerechtfertigt ist oder nicht. Statt das von vornherein abzuwehren und zu sagen: Das ist Whataboutism, und mit dir rede ich nicht. Das sind die Probleme. Ich glaube eher, dass es ideologische Schutzmechanismen in den Argumentationen sind, die zu Verschließungen und Echokammern führen.

Gibt es Momente, in denen du wegen des rauen Tons, der im Netz manchmal herrscht, ungern vernetzt bist?
Ja, die gibt es häufig. Ich sage aber nicht, dass ich das mal zumache. Das ist keine aktive Entscheidung. Ich mache dann einfach etwas anderes, wie ich auch im Tagesablauf keine aktive Entscheidung treffe, das Essen einzustellen, sondern mich dem Spazierengehen widme.

Das sind Prozesse, die laufen ab, ohne dass man größere rationale Diskussionen mit sich selbst führt. Also wenn es mir zu doof wird, mache ich eben etwas anderes. Ich frage mich häufiger nach dem Sinn dessen, was ich da tue. Wobei ich mich immer damit herausreden kann, dass es mir ja beruflich hilft und ich gewissermaßen forsche, wenn ich bestimmte Beiträge poste.

Häufig erscheinen mir Diskussionen auch sinnlos, gerade wenn ich das Gefühl habe, dass einige der Teilnehmer die Diskussionen sehr dominieren, aber eigentlich vom Thema wegführen. Das ist meine milde Formulierung für Whataboutism. Also es ist schwer, ein Thema auf einem Punkt zu halten. Das ist aber vielleicht auch ein Anspruch, den man nur noch in der alten Printpresse und als alter weißer Mann hat, weil es eben ein gemeinschaftlicher Diskursprozess ist, bei dem ich keine

Herrschaftsansprüche stellen kann. Ich kann den Anschluss anderer ja weder voraussehen noch garantieren. Es geschieht, wie es geschieht.

Stimmst du der These zu, dass wir durch die Kommunikation im Netz gefühlsmäßig abstumpfen? Warum/warum nicht?
Auf die Frage gibt es verschiedene Antworten. Spontan würde ich sagen, dass bestimmte Themen zumindest in der Twitter- und Facebook-Bubble, in der ich mich befinde, deutlicher sichtbar werden. Beispielsweise wenn es um psychische Krankheiten und Befindlichkeiten geht. Also wenn Menschen ihre Depressionen zum Thema machen oder wenn Autisten diskutieren, wie sie behandelt werden wollen. Oder auch der neueste Versuch, Hass mit Liebe zu bekämpfen, ein Vortrag auf der re:publica, den ich ja ganz süß finde, weil die Leute gar nicht merken, dass Jesus das schon gesagt hat.

Bei all diesen Beispielen geht es um Emotionen, die vorher nicht unbedingt sichtbar waren. Also zumindest hat sich die Tageszeitung nicht mit dieser Art von Emotion präsentiert. Wir haben es auch mit persönlicher Betroffenheit zu tun, die artikuliert wird, und wir haben es mit vielen persönlichen Lebensgeschichten zu tun, die sich hier und dort zeigen. Obwohl auch vieles verdeckt wird. Auch die Lebenswelten anderer Personen werden über Massenmedien traditionell nicht so sehr transportiert. Bis dahin würde ich sagen, es ist eher gegenteilig. Ich sehe mehr Menschen, die sich artikulieren, es gibt kulturelle Entwicklungen wie Memes, wie animierte Gifs, wie Emojis oder auch Formate wie Snapchat, die das noch einmal verstärken.

Umgekehrt kann man sich fragen, ob es hilft, dies ins Konstruktive zu wenden, weil die öffentliche Anteilnahme durch Veränderungen des Avatar-Bilds eben die allerleichteste Übung ist. Das sagen ja auch die Clicktivismus-Vorwürfe einiger anderer Debattenteilnehmer, und vielleicht ist die veröffentlichte Anteilnahme auch ein relativ einfacher Substitutionsversuch, anstatt wirklich etwas zu verändern. Also – plakativ gesagt – vielleicht ist der eine oder andere Refugee-Sticker ja auch eher eine Beruhigung dafür, dass man den Weg zum Flüchtlingscamp eben nicht nimmt.

Ich sehe eine leichte Tendenz dafür, dass die Emotionalisierung durch die Kommunikation im Netz verstärkt wird. Die Frage ist, ob sie ins Konstruktive gewendet werden kann oder ob sie im Nichts verläuft.

Siehst du Felder, auf denen uns das Netz empathischer macht? Gibt es Strategien, welche die Empathie im Netz fördern könnten?
Es gibt natürlich Aktionen, bei denen Leute sagen »Hier bin ich, ich brauche Geld« und tatsächlich auch viel Mitgefühl erfahren und einiges an Geld gesponsert bekommen. Das sind Beispiele dafür, dass Menschen in Not auch geholfen wird.

Was die Strategien angeht: Ich schätze Menschen, die Ideale haben. Aber es wären nicht Ideale, wenn sie die Realität wären. Hier geht es eigentlich darum, dass Menschen etwas verändern wollen. Das ist ja grundsätzlich etwas, das ich nicht verurteilen möchte. Ich glaube auch, dass es solche Strategien gibt. Ich bin nur mit dem Begriff Hass in diesem Zusammenhang vorsichtig, weil Hass für mich psychologisch der reine, auf Vernichtung der fremden Psyche gerichtete, Wille ist, und manches, was unter Hass subsumiert wird, für mich nicht dazugehört. Aber wenn sich beispielsweise Bürger aus der sogenannten Mitte der Gesellschaft stärker artikulieren würden, statt sich dezent zurückzuhalten, wäre dies sicherlich eine sinnvolle Strategie.

Ich glaube, dass man das Schweigen, das Weggucken, das Ignorieren brechen muss. Auch wenn es schwierig ist, auch wenn es manchmal die Dinge noch schlimmer macht. Ich habe das selbst in Netzdiskussionen erlebt, dass ich anfange, mit Leuten, die abstruse Positionen vertreten, zu diskutieren. Und ich sehe, dass die anderen ihre Positionen natürlich nicht ad hoc verändern – das wäre auch naiv, das zu erwarten – und am Ende die ganze Diskussion von ihnen dominiert wird und ich nur noch dabei bin, ihre absurden Verschwörungstheorien abzuwehren. Das ist tatsächlich die Realität. Aber ich glaube, es ist auch wichtig, dass andere sehen, dass ich hier eine Gegenposition beziehe und diesen Quatsch nicht so stehen lasse.

Also jeder Versuch, Strategien zu entwickeln, ist grundsätzlich lobenswert. Es ist nur die Frage, mit welchem Anspruch man an die Sache herangeht. Ich glaube, dass man dies durch bestimmte Netzkampagnen nicht mal eben kurz ändert. Diese Vorstellung erscheint mir etwas naiv. Das sind Jahrzehnte dauernde Prozesse, und man muss sich darüber im Klaren sein, dass man den Stein betropft, sonst hat man wieder die Frustration, und dann kommen ein Jahr später die Artikel, dass die Liebe nicht geholfen hat.

Ich glaube auch, dass man die negativen Gefühle und die negativen Äußerungen nicht unbedingt als Ganzes verdammen sollte. Für mich gehören diese zum Leben dazu. Gerade ist in der *taz* ein Aufsatz erschienen, in dem dafür plädiert wird, den Hass nicht vollständig zu dämonisieren. Es gebe bestimmte psychische Gründe, weshalb man eben diese Emotionen habe, zum Beispiel auch, um eine entsprechende zielgerichtete Aggression und Motivation aufzubauen. Das Gefühl als solches beruht auf Ursachen und lässt sich nicht einfach auslöschen oder unterdrücken. Es ist also eher die Frage, wie man es umwandelt in eine konstruktive Emotion oder in irgendeine Art von Lösung.

Andreas Rickmann

Du leitest bei BILD die Social-Media-Redaktion. Beobachtest du bei den Nutzern einen Verlust von Mitgefühl?

Einen Verlust von Mitgefühl beobachte ich nicht. Es kommt tatsächlich darauf an, welche Geschichten und Artikel man wie verkauft und welche Themen man angeht. Am Ende geht es darum, authentisch zu sein, und den Usern das Gefühl zu geben, sie ernst zu nehmen. Wir merken immer wieder, dass man ernsthafte Debatten bekommt, wenn man die Nutzer ernst nimmt. Wenn man sie allerdings nicht ernst nimmt, dann darf man sich auch nicht beschweren, wenn sie sich entsprechend benehmen, auch in den Kommentaren. Dies ist eine ständige Herausforderung.

Daneben gibt es allerdings tatsächlich auch Themen, bei denen man bereits vorher weiß, dass sie problematische Kommentare hervorrufen könnten. Man kann manchmal durchaus den Eindruck gewinnen, dass Leute sich eine oftmals ja sehr differenzierte und komplexe Welt sehr einfach machen.

Neue Wege, wie Facebook-Live, bieten uns ganz neue Möglichkeiten, was das Thema Kommentare betrifft. Auch dort haben wir viele Kommentare unter Facebook-Postings. Community-Management ist somit nicht mehr nur noch das Moderieren von Kommentaren bei Facebook, da wir gerade bei Facebook-Live tolle Möglichkeiten haben, die Leute einzubinden. Das geht aber auch auf vielen kleineren Ebenen, bei denen wir unser Reporternetzwerk sehr gut nutzen können. Wenn der Reporter, der bei uns für Bayern München zuständig ist, vor einem Champions-Spiel über unser BILD-FC-Bayern Vertical, das über 30 000 Page-Likes hat, live geht, bekommt er wahnsinnig viele Fragen, die er auch beantwortet. Das ist eine tolle Möglichkeit, Leute einerseits mit einzubeziehen, andererseits aber auch die richtige Zielgruppe für bestimmte Themen zu erreichen.

Auch wenn unser Formel-1-Reporter nach einem Rennwochenende montags über unseren Formel-1-Account ein Q&A startet und den Nutzern sagt, dass sie ihn alles fragen können, was am Wochenende passiert ist, und er ihnen seine Einschätzung gibt. Wenn man anfängt, mit den Nutzern zu sprechen, und sie ernst nimmt, dann merken wir immer wieder, dass wir wahnsinnig gutes Feedback bekommen. Natürlich gibt es Themenbereiche wie das ganze Flüchtlingsthema, bei denen man sehr auf die Kommentare achten muss. Aber dieses ganze Thema Kommentarkultur bei Facebook ist eben nicht nur auf Hasskommentare beschränkt, sondern man muss sich immer überlegen, welche Zielgruppe man wie erreichen möchte und wie man den Leuten etwas geben kann. In der öffentlichen Diskussion zum Thema Facebook-Kommentare kommt mir das häufig zu kurz.

Ist es leichter, mit den Nutzern bei Facebook zu kommunizieren als unter einem Artikel? Kann man das überhaupt vergleichen?

Man hat als Reporter – gerade bei Facebook-Live – eine sehr einfache Möglichkeit, mit den Leuten zu sprechen. Ich muss nur ein paar Dinge beachten, aber ich kann – wenn ich jetzt für einen bestimmten Themenbereich verantwortlich bin und eine gute Idee habe – sofort live gehen und mit den Nutzern sprechen. Facebook-Live bietet dort sehr einfache und direkte Möglichkeiten.

Bei digitalen Strategien ist BILD immer vorne mit dabei. Gilt das auch für die Bekämpfung von Hasskommentaren?

Ich finde, »Bekämpfung von Hasskommentaren« ist vielleicht der falsche Ausdruck. Man muss immer sehen, wie man die Leute erreicht, und ich glaube, die Leute merken sehr schnell, wenn man sie erziehen möchte. Ich glaube, die Aufgabe von Journalisten ist es, die Leute zu informieren. Nichtsdestotrotz ist eine gewisse Haltung wichtig.

Ich glaube, in Deutschland hat niemand die Lösung für Facebook-Kommentare zum Thema Flüchtlingskrise gefunden. Die Lösung ist es natürlich auch nicht, aber am Ende achten wir bei dem Thema sehr genau darauf, was unserer Netiquette entspricht und was nicht. Wir lassen uns auch schlichtweg nicht alles bieten, und was Rassismus oder einfach dumpfer Hass ist, da behalten wir es uns auch vor, die Kommentare zu löschen. Weil wir solche Leute nicht auf unserer Plattform dulden müssen.

Medien, gerade BILD, prägen das Meinungsbild von Menschen. Was tust du, um Ängste abzumildern und Mitgefühl zu wecken?
Wie schon gesagt: Ich glaube, die Aufgabe eines Journalisten ist es zu informieren, und die Aufgabe ist es nicht, die Leute zu erziehen.

Werden Community-Redakteure immer wichtiger?
Ich glaube, dass es einfach wahnsinnig wichtig ist, mit den Leuten zu sprechen, weil wir mittlerweile nicht mehr in der Situation sind, dass Journalisten von oben herab ihre Informationshäppchen auf die Leute herabwerfen und die sich freuen, dass sie diese auffangen können. Sondern letztlich sind wir mit den Leuten auf Augenhöhe. Die Nutzer können direkt bei uns kommentieren und uns Feedback geben. Es ist auch eine tolle Möglichkeit für uns Journalisten, weil wir viel zurückbekommen. Weil ich genau weiß, wie etwas ankommt, weil ich auch ein Gespür dafür bekomme, wie die Leute ticken, und letztlich kann ich viel davon lernen. Es ist mehr eine Chance und mehr eine

Möglichkeit, als dass es etwas Lästiges ist. Was manche immer noch so ansehen.

Verstärken die sozialen Medien Hass oder Mitgefühl? Oder macht das Netz Hass oder Mitgefühl nur deutlicher spürbar?

Ich glaube schon, dass man in den sozialen Medien einen Verstärker hat, weil viele Dinge extrem zugespitzt werden und manchmal die Botschaft, der eigentliche Kern von Dingen, in den Hintergrund rückt. Es kann auch sehr schnell sehr viel aus dem Zusammenhang gerissen werden. Dadurch sehe ich schon die Gefahr, dass Hass, aber auch Mitgefühl verstärkt werden kann. Die Verstärkung kann in beide Richtungen gehen.

Ich glaube, die Aufgabe von journalistischen Medienmarken muss es sein, Relevanz jenseits von hyperventilierenden, aus dem Zusammenhang gerissenen Zeilen herzustellen. Man darf nicht in die Falle tappen, Dinge zu verstärken nur um der Zahlen willen. Also dass man noch einmal einen draufsetzt und noch einmal einen draufsetzt, weil die Leute das gerade furchtbar viel teilen. An dieser Stelle ist es unsere Aufgabe, die Zahlen – natürlich ist man bei Facebook ein Stück weit zahlengetrieben – mit journalistischem Anspruch zusammenzubringen.

Wie schätzt du die Macht der Algorithmen bei unserer Kommunikation ein?

Der Algorithmus bei Facebook bestimmt letztlich das, was wir sehen. Ich glaube, man muss sich als Journalist, der auf Plattformen arbeitet, sehr genau ansehen, was dort passiert. Man sollte versuchen, das zu verstehen, und sich einmal ganz hart damit auseinandersetzen, weil das schlichtweg der Filter ist. Das ist jetzt nicht wertend gesagt, es ist einfach im Moment die Realität.

Nichtsdestotrotz sollte man immer schauen, was man mit seiner Marke sein möchte und wie man dies mit seinem journalistischen Anspruch – oder mit dem Anspruch, den man als Marke hat, wie auch immer der sein mag – verbinden kann, um eine Sichtbarkeit bei Facebook zu schaffen. Das ist eine große Herausforderung. Wenn man sich manche Seiten anschaut, dann erkennt man schnell, dass manche Medien sehr stark auf bestimmte Währungen schielen. Es tut der Marke jedoch langfristig nicht gut, wenn die Balance zwischen journalistischem Anspruch und datengetriebenem Arbeiten zu sehr in eine Richtung ausschlägt.

Es ist so, dass es einen Algorithmus gibt, der letztlich darüber entscheidet, was wir sehen und was wir nicht sehen. Am Ende steht man vor der Frage, was man damit macht. Also spielt man dieses Spiel nicht mit, ignoriert man aber auch die Lebensrealität vieler Menschen. Und wenn wir uns überlegen, dass 27 Millionen Deutsche monatlich aktiv auf Facebook eingeloggt sind, dann dürfen wir das als Medienmarke nicht ignorieren. Wir müssen dort sein, wo die Nutzer sind. Natürlich muss man in diesem Fall Kompromisse eingehen.

Werden die Nutzer in den nächsten Jahren immer noch bei Facebook sein?
Die Realität ist, dass Facebook derzeit die größte Reichweite hat, andere Netzwerke haben derzeit deutlich geringere Reichweiten. Nichtsdestotrotz glaube ich, muss man andere Netzwerke sehr genau beobachten und sehr genau schauen, wie Leute zwischen 14 und 19 kommunizieren und wo sie ihre Nachrichten schauen. Stellen sie noch Dinge auf Facebook oder lesen sie dort nur noch passiv mit? Und dann sollte man sich wiederum überlegen, was dies für uns als Marke bedeutet. Müssen wir da auch rein, und wie wollen wir da rein? Gerade Instagram und

Snapchat sind zwei Apps, die von der Struktur her ja noch einmal anders aufgebaut sind als Facebook und Twitter. Facebook und Twitter könnte ich als Medienmarke ja immer noch – überspitzt formuliert – als Linkschleuder benutzen.

Das geht bei Instagram und Snapchat nicht mehr. Denn hier ist zu beachten, dass Instagram komplett foto- und videobasiert ist und dass bei Snapchat das ganze Prinzip der Verlinkung nicht vorhanden ist. Hier muss ich von der App her denken, wie deren Struktur ist und wie ich dort eigentlich Geschichten erzählen kann, oder welche Inhalte ich für das Publikum stattfinden lassen möchte. Das ist noch einmal eine ganz neue Herausforderung.

Gibt es Momente, in denen du wegen des rauen Tons, der im Netz manchmal herrscht, ungern vernetzt bist?

Natürlich gibt es ab und zu Momente, in denen man das Internet gerne mal eine Stunde abschalten möchte. Meine Aufgabe ist es jedoch, das Ganze aus professioneller Sicht zu betrachten. Wenn man das aus dieser Sicht betrachtet, dann kann man auch gewisse Mechanismen nachvollziehen. Und natürlich ist es dann nicht meine Aufgabe, das Internet abzuschalten, sondern zu schauen, was warum passiert und was ich daraus lernen kann.

Siehst du Felder, auf denen uns das Netz empathischer macht? Gibt es Strategien, welche die Empathie im Netz fördern könnten?

Das ist am Ende all das, was mit Emotionen zu tun hat. Also im positiven wie im negativen Sinne. Das ist die gesamte Spanne von Emotionen: von Freude über Rührung und Teilnahme bis hin zur völligen Identifikation. Wenn man sich einmal anschaut, was im Netz auch sehr stark neben Empörung und Wut geteilt wird, dann ist es ganz häufig das, womit ich mich identifizieren kann. Und wenn ich etwas teile, etwa bei Facebook oder woanders, dann sage ich auch immer etwas über mich aus. Ich definiere mich selbst auch ein Stück weit über Dinge, die ich selbst teile. Ich glaube, die große Klammer, um die wir uns bewegen, sind am Ende Emotionen.

Zu den Strategien: Ich glaube, letztlich kommt es immer darauf an, Geschichten zu erzählen oder auch über Dinge zu sprechen oder zu schreiben, in denen sich Leute wiederfinden können. Die Strategie dahinter ist immer, von den Leuten und der Plattform her zu denken. Als Journalist muss ich mich immer fragen, wer meine Leser sind, was sie möchten und auf welcher Plattform und in welcher Situation ich sie erreiche.

Ich glaube, es ist besonders wichtig, authentisch zu sein. Deshalb ist es wichtig, dass man auch die Menschen erreicht, die sich möglicherweise zum Hass hinziehen lassen, und dass man diese Leute nicht ausschließt. Es gilt, Lagerbildungen in Gut und Böse zu verhindern. Man muss einen Stoff thematisieren, bei dem sich die Leute wiederfinden, bei dem man sie aber nicht spaltet.

Jessica Einspänner-Pflock

Du bist Medienwissenschaftlerin an der Universität Bonn und forschst zu den Themen Privatheit, Online-Kommunikation und Social Media. Wie hat sich unsere Kommunikation in den letzten Jahren verändert?
Wir digitalisieren unsere Kommunikation immer mehr, unsere Kommunikation wird mediatisiert. Das bedeutet, wie Menschen miteinan-

der umgehen, wie sie miteinander interagieren, findet vermehrt medienvermittelt statt. Es gibt natürlich unterschiedliche Bereiche: Ob ich Medien wirklich zur Rezeption von Inhalten nutze oder zur Informationssuche oder eben – und das ist ja das, was uns auch heute beschäftigt und auch mich in meiner Forschung umtreibt – die Frage, wie Menschen Medien zur Interaktion nutzen. Digital heißt nicht nur online, digital ist computerisiert. Das ist ein ganz klares Charakteristikum der 2000er-Jahre plus, dass sich unsere Kommunikation immer stärker digitalisiert, vernetzt und mediatisiert.

Sind wir in unserer heutigen digitalen Kommunikation weniger privat?

Ich denke, das kann man so nicht pauschal beantworten. Privatheit ist ein stark individuelles Konzept. Was jemand als privat erachtet, entscheidet er immer noch selbst. Oder fühlt er selbst oder bestimmt er selbst beziehungsweise möchte er selbst bestimmen. Ich finde, es geht zu weit zu sagen, dass wir nur aufgrund von Medientechnologie oder Medienkommunikation weniger privat sind oder weniger privat kommunizieren. Es ist auch ein Stück weit – je kompetenter der Mediennutzer, desto eher – eine bewusste Entscheidung, Teile der eigenen Privatheit aufzugeben. Das ist die eine Sache. Die andere Sache ist, dass es auch ganz stark darauf ankommt, wer Medien zu welchem Zweck verwendet und wer das dann interpretiert. Ich habe zum Beispiel in meiner Doktorarbeit zu Jugendlichen und Online-Privatheit geforscht: Das heißt, ich bin der Frage nachgegangen, ob die Jugendlichen ein verändertes Verständnis von Privatsphäre oder Privatheit haben. Zum einen habe ich herausgefunden, dass diese Jugendlichen Online-Medien selbstverständlich nutzen – gerade auch um sich selbst und ihre Persönlichkeit darzustellen. Für die Jugendlichen erscheint dies unproblematisch. Sie glauben nicht, dass sie etwas Persönliches von sich preisgeben. Der Erwachsene, der das auf der Facebook-Seite sieht, glaubt, dass die Jugendlichen ihr ganzes Leben online stellen. Und da sieht man schon sehr deutlich, dass sich das Verständnis von Privatheit tatsächlich gewandelt hat oder im Wandel begriffen ist.

Nicht jeder Jugendliche – das möchte ich betonen – verhält sich so, und nicht jeder Erwachsene interpretiert das so. Aber im Großen und Ganzen neigen wir eben dazu, unsere eigenen Normen und Werte an das anzulegen, was wir gerade sehen. Mein Ziel ist es, auch in der Forschung zu beobachten, was die Menschen mit den Medien machen und wie sie das selbst interpretieren, ohne eine Schablone aufzusetzen und die Jugendlichen zu verurteilen. Sondern eher zu argumentieren, dass es für andere vielleicht so aussieht wie eine Darstellung ihrer Privatsphäre, es aber für sie selbst nicht der Fall ist. Denn – und das ist noch einmal wichtig zu betonen – wenn die Jugendlichen wirklich privat sein wollen oder ihre wirkliche Privatsphäre schützen wollen (zumindest das, was wir Erwachsenen darunter verstehen), treffen sie sich auf anderen Kanälen wie WhatsApp oder SMS etc. Aber wie privat das in Sachen Datenschutz ist, steht wieder auf einem anderen Blatt.

Das »Internet der Dinge« bietet für die Gesellschaft große Chancen, aber auch Risiken. Wird es überhaupt noch einen privaten Raum geben?

Das »Internet der Dinge« ist noch einmal ein anderer Fokus als eine Online-Kommunikation auf einem Social Media Network. »Internet der Dinge« besagt vor allem, dass Geräte miteinander kommunizieren: der Kühlschrank mit der Waschmaschine, mit den Rollläden, mit dem Auto, mit der Haustür etc. Und ich denke, hier muss man auch differenzieren. Das kann ja auch jemandem helfen, ein gewisses Privatheitsgefühl neu zu entwickeln. Denn: Privatheit hat sehr viel mit Kontrolle zu tun. Und wenn Menschen das Gefühl haben, sie können ihren persönlichen privaten Raum wie ihr Haus oder ihre Wohnung selbst komplett kontrollieren – sei es via Handy-App oder sonstiges anderes Gerät – dann kann das bei diesen Personen durchaus dazu führen, dass sie ein gewisses Gefühl von Privatheit und Kontrolle erhalten.

Worauf ihr abzielt, ist die Frage, was mit diesen Daten passieren kann. Und das ist natürlich die große Angst – gerade beim Internet der Dinge –, dass etwas mit meinen Daten passiert und ich keine Kontrolle darüber habe. Dass irgendjemand weiß, dass ich nicht zu Hause bin, obwohl ich das Rollo runterlasse oder der Kühlschrank schon drei Wochen keine Informationen an den Supermarkt gesendet hat, weil ich nicht da bin. In dieser Situation haben viele Menschen Angst, nicht mehr die Kontrolle darüber zu haben, und deswegen erleiden sie einen Sicherheits- und Privatsphärenverlust.

Ich würde nicht sagen, dass wir keinen privaten Raum mehr haben, denn wir sind der Technik nicht ausgeliefert. Der Mensch wird nach wie vor immer versuchen, sich seine privaten Sicherheitsräume zu schaffen. Das wird die Technik auch nicht ändern, wir Menschen machen ja die Technik selbst. Aber natürlich müssen wir eine gewisse Art von Kompetenz entwickeln oder ein Wissen darüber, was mit Daten passieren kann, die digitalisiert sind und unsere Gewohnheiten betreffen.

Stellen wir uns vor: Wir tragen irgendwann alle einen implantierten Chip mit uns herum. Wer könnte in diesem Fall unsere Privatsphäre schützen?
Die Frage ist natürlich immer, was dieser Chip für eine Funktion übernimmt. Also so eine Art Cyborg-Dystopie. Es ist nicht unrealistisch, aber vielleicht ein bisschen hoch gegriffen, dass wir alle demnächst

Chips implantiert haben und dadurch ferngesteuert werden. Das geht schon sehr nah an George Orwells *1984,* an die Dystopie einer Gesellschaft, die durch und durch überwacht wird und die sich dann letztendlich selbst zerstört. Das ist natürlich immer eine Grundangst der Menschen, insbesondere der Technikgegner, Medienkritiker und auch Privatsphärenschützer. Ich pauschalisiere jetzt ein bisschen, aber das ist natürlich ein ganz wichtiger Entscheidungs- und Diskussionspunkt, dem ich mich auch nicht verschließen möchte. Aber ich möchte doch für eine gewisse differenziertere Sichtweise plädieren. Ich würde nicht sagen, dass Medien unsere Privatsphäre und die Gesellschaft zerstören, denn darauf laufen solche Ansichten immer hinaus. Die Frage, wer unsere Privatsphäre schützt, oder wie wir unsere Privatsphäre schützen – sollten wir alle irgendwelche Chip-Implantate haben oder komplett durch und durch digitalisiert sein –, stellt sich dann nicht mehr. Wenn der Mensch sich entscheidet, sein ganzes Leben zu digitalisieren, das heißt von biometrischen Angaben bis hin zu Räumlichkeiten, dann gibt er auch ein Stück Privatsphäre auf. Das wäre jetzt auch mein Ansatz: Privatsphäre ist nicht mehr diese Form von Privatheit oder Privatsphäre, die wir vielleicht noch aus den 80ern, 90ern oder aus früheren Jahrhunderten kennen. Privatsphäre ist dann etwas anderes, und das müssen wir in der mediatisierten Gesellschaft neu aushandeln. Wir müssen ein neues Konzept schaffen und uns auf neue Normen und Formen von Privatheit einigen.

Die Post-Privacy-Bewegung ist im Prinzip auch ein Ansatz, der besagt, dass wir die Digitalisierung nicht aufhalten können. Und jeder, der behauptet, wir seien privat, oder der glaubt, wir könnten unsere Privatsphäre erhalten, wenn wir unsere Daten im Internet schützen, irrt. Denn im Internet ist einfach nichts privat. Das klingt ein bisschen radikal, aber doch auch irgendwo sehr pragmatisch, und das ist eben auch ein Ansatz, mit dieser Entwicklung umzugehen. Dahingehend entwickelt sich dann auch ein Verständnis von Privatsphäre. Mein Plädoyer wäre, dass wir das annehmen müssen, uns nicht hingeben, aber annehmen, und uns überlegen, wie wir nun damit umgehen und wie wir eine bewusste Entscheidung treffen können, die dann auch eine Art von neuer Privatheit schafft.

Bleibt unserer Gesellschaft in 30, 40, 50 Jahren nur noch die Option, Post Privacy zu leben? Ist dieser Lebensstil überhaupt realistisch?
Ich kann dem tatsächlich etwas abgewinnen, nicht komplett und vollständig, und ich würde jetzt vielleicht nicht radikal behaupten: Online oder in der digitalen Kommunikation gibt es überhaupt keine Privatsphäre. Aber ich kann mir durchaus vorstellen, dass es Sinn macht, sich mit dieser Aussage zu beschäftigen. Post-Privacy-Anhänger sagen, dass Datenschutz nichts bringt, denn Daten, die ich heute schütze, könnten morgen schon wieder anderweitig zu Missbrauch führen. Sie könnten also anderweitig modifiziert – oder anders gesagt: gehackt – werden und sind dann nicht mehr privat. Also wenn man sich bewusst und aktiv dafür entscheidet, digitale Medien zu nutzen oder online zu gehen, muss man auch damit leben, dass man dort möglicherweise nicht mehr privat ist.

Darüber kann man natürlich streiten. Wir können uns jedoch nicht mehr von der digitalen Kommunikation ausnehmen und sagen, dass wir dann kein Internet mehr benutzen. Und gerade, das war ja die Frage, nicht in 30, 40, 50 Jahren. Da wird das definitiv noch weniger möglich sein als heute. Heute kann man vielleicht noch irgendwie ohne Internet klarkommen. Ich denke zum Beispiel an meine Großeltern, die keine Ahnung haben, wie das Internet funktioniert. Das ist aber in 30, 40, 50 Jahren definitiv nicht mehr der Fall. Das heißt, so eine

Art Post-Privacy-Ideologie, vielleicht eine andere Form davon, könnte wichtig werden.

Gegen Post Privacy spricht immer so eine leichte Resignation. Es ist ja eine technikoptimistische Perspektive, zumindest in ihrem Kern. Dem stimme ich zu, denn ich bin technikoptimistisch oder medienoptimistisch eingestellt, und ich finde die neuen Medien und deren Möglichkeiten toll. Aber wenn wir einem blinden Optimismus hinterherlaufen, könnte dies gefährlich sein, weil ich dann vielleicht gar nicht merke, was mir fehlt, wie zum Beispiel ein gewisser Verlust von Privatsphäre. Das heißt, ich kann mir durchaus vorstellen, dass ich diesen Kompromiss bewusst eingehe, und sage: Ich nutze diese Technik, weil ich sie nutzen möchte und weil ich weiß, dass sie mir in gewisser Weise mein Leben erleichtert oder gewisse Handlungsmöglichkeiten bietet, die ich ohne digitale Medien nicht hätte. Und zugleich gebe ich dann aber auch bewusst und gewollt einen Teil von »Privatsphäre« auf. Anführungszeichen deshalb, weil Privatsphäre ja ein individuelles Konzept ist. Um für ein gesellschaftliches Konzept wirklich herzuhalten, brauchen wir auch ein gesellschaftliches Konzept von Privatheit. Dies wird eher schwierig.

Menschen werden immer mehr so handeln, dass sie selbst mit einem gewissen Anteil von Aufgabe an Privatsphäre und dem Nutzen, den ihnen die Technik bringt, d'accord sind. Das Problem ist, dass es auch ein gewisser Zwang ist, und das ist auch das Gefährliche. Man kann sich eben den digitalen Medien nicht verschließen, und wenn man dies tut, hinkt man leider hinterher. Man wird schon in gewisser Weise gezwungen, Teile der Privatsphäre aufzugeben. Ich bin aber der Meinung, dass wir das nicht immer nur bedauern sollten, sondern erst einmal den Blick auf die positiven Dinge richten und sehen sollten, welche Vorteile uns die Medientechnik bringt.

Verstärken die sozialen Medien Hass oder Mitgefühl? Oder macht das Netz Hass oder Mitgefühl nur deutlicher spürbar?

Das ist natürlich eine sehr komplexe Frage. Also ich würde ungerne pauschal antworten, dass soziale Medien oder das Internet Hass oder Mitgefühl per se verstärken. Ich muss aber schon sagen, dass aufgrund der Tatsache, dass einfach der Modus der Kommunikation digital ein anderer ist, Hass und Mitgefühl besser nachvollziehbar werden, weil sie sichtbarer werden.

Das heißt, wenn man früher nur miteinander sprach oder Worte aufgeschnappt hat, war Kommunikation flüchtig. Zumindest flüchtiger als online, denn online habe ich immer wieder Manifestationen von Kommunikation, und in dem Fall eben auch eine Manifestation von Hass oder Mitgefühl. Ich kann diesen oder jenen Shitstorm, dieses oder jenes Hater-Zitat, diese oder jene positive Konversation nachverfolgen. Ich kann sehen, wie viele Likes ein Facebook-Beitrag oder wie viele Retweets ein Tweet geerntet hat. Das heißt, ich kann mir hier schon eine gewisse Quantifizierung zurechtlegen und sagen, dass Kommunikation vergleichbar wird oder besser bewertbar, messbar. Die Anzahl von Likes wird plötzlich ein Maßstab dafür, wie positiv etwas gesagt worden ist oder wie viel Zustimmung ein negativer Kommentar geerntet hat. Ich meine, dass aufgrund dieser Nachvollziehbarkeit von Kommunikation Hass oder Mitgefühl, also positive oder negative Gefühläußerungen im Netz, deutlicher sichtbar werden.

Wie schätzt du die Macht der Algorithmen bei unserer Kommunikation ein?

Algorithmen haben eine große Macht, um unsere Kommunikation zu beeinflussen. Vor allem die Algorithmen, die wir nicht kennen und von denen wir nicht wissen, dass sie existieren und dass sie unsere

Kommunikation beeinflussen. Hier muss man unterscheiden: Was weiß ich über das Wirken und Sein von Algorithmen, und wie gehe ich als Nutzer damit um? Oder bin ich vielleicht ein Nutzer, der das nicht weiß und kennt, und lasse mich davon leiten? Also die klassischen Beispiele: Die ganz einfachen Algorithmen, die Werbealgorithmen, die sich aufgrund von Cookies oder der Suchhistorie, die ich bei Google habe, herausbilden und mir online personalisierte Werbung zukommen lassen. Zum Beispiel interessiere ich mich die ganze Zeit für Reisen nach Schweden und google Hotels in Schweden und habe dann, wenn ich die Reise schon angetreten habe, vielleicht ein halbes Jahr später immer noch Werbeannoncen auf Google. Und wundere mich. Also so ziemlich der Klassiker.

Oder auch bei Facebook, wo mir nur die Updates von Freunden in meiner Timeline angezeigt werden, die ich häufig anklicke oder mit denen ich kommuniziere. Weil der Algorithmus, den Facebook einstellt, davon ausgeht, dass mich diese Freunde mehr interessieren, weil ich mehr mit ihnen kommuniziere. Wenn ich das weiß, kann ich mir überlegen, wie ich damit umgehe. Es gibt auch Möglichkeiten, Algorithmen zu umgehen oder auszuschalten. Aber die Frage ist natürlich, was passiert, wenn ich nicht weiß, dass dahinter ein Algorithmus steckt oder dass hier vielleicht auch Daten abgefangen werden, um eine gewisse Gewohnheit von mir herauszufinden.

Vor ein paar Jahren hat Facebook einen Algorithmus eingesetzt, der bereits den Text gesammelt hat, der in das Facebook-Feld eingegeben wurde, ohne dass wir ihn abgesendet haben. Facebook hat sich anschließend überlegt, warum diese Selbstzensur stattfindet, und hat daraus weiter sein Profiling gefüttert. Wenn wir dies als Nutzer von Facebook erfahren, ist das immer ein großer Schock für uns. Dann sind wir wieder beim Ursprungsthema: Wir müssen uns leider einfach, wenn wir im Netz kommunizieren, in gewisser Weise darauf einlassen, dass eben das, was wir im Netz schreiben, klicken und tun, dass dies erhoben und gespeichert wird.

Algorithmen sind nichts anderes als kleine Rechenprogramme, die Daten, die sie sammeln, aggregieren und zu einem gewissen Profil neu zusammenbauen. Das wird auch von uns Menschen vorhergesagt. Ich installiere einen Algorithmus, weil ich damit ein gewisses Ziel verfolge.

Also ja: Das Internet ist ein einziger Algorithmus und hat definitiv Einfluss auf unsere Kommunikation im Internet.

Gibt es Momente, in denen du wegen des rauen Tons, der im Netz manchmal herrscht, ungern vernetzt bist?

Mir ist das noch nicht passiert, meine Reizschwelle ist relativ hoch. Wenn ich sehe, dass jemand irgendetwas schreibt, was mich, egal, aus welchem Grund, nervt – das muss ja nicht unbedingt ein politisch motivierter Text sein, es kann auch sein, dass ich es einfach als störend empfinde, was diese Person ständig postet –, dann entfolge ich ihr oder klicke einfach die Benachrichtigungen aus. Also ich gestalte meine eigene Vernetzung so, dass es für mich passt. Wenn ich das Internet kompetent nutze, weiß ich um seine Effekte. Dann schalte ich die Anzeigen aus oder entfreunde mich, wenn es wirklich notwendig ist. Aber ich habe nicht das Gefühl, dass ich deswegen an einer Art Internetverdrossenheit leide. Ich kenne einige, die sagen, dass Facebook gar nicht geht, dass dort mittlerweile nur noch Quatsch geredet wird oder sie auch mit dem Druck nicht klarkommen, immer kommunizieren zu müssen. So etwas lässt mich kalt. Also: Entweder kommuniziere ich, weil ich darauf Lust habe, oder nicht. Aber ich lasse mir keinen Druck auflasten. Also insofern kann ich die Frage verneinen.

Stimmst du der These zu, dass wir durch die Kommunikation im Netz gefühlsmäßig abstumpfen? Warum/warum nicht?

Das ist eine schwierige Frage. Ich glaube, dass in gewisser Weise eine sehr häufige Kommunikation im Netz – auf zwischenmenschlicher Ebene – dazu führt, dass man eine ganz bestimmte Erwartungshaltung entwickelt. Ein Beispiel: Ich poste bestimmte Informationen auf Facebook öffentlich, damit ich Feedback erhalte. Also Likes oder Kommentare. Das heißt, wenn das nicht erfolgt, bin ich enttäuscht und fühle mich nicht gut. Mein Belohnungszentrum hat zu wenig Belohnung abbekommen. Vielleicht suche ich mir in dieser Situation einen anderen Ausgleich.

Ich glaube, bei bestimmten Menschen, die sich vielleicht einsam fühlen oder denen das Urteil ihrer Freunde einfach unglaublich wichtig ist, kann das zu einer Verstärkung einer Einsamkeit führen. Abstumpfung finde ich einen schwierigen Begriff, aber es kann schon dazu führen, dass man sich in eine Art Spirale begibt, noch mehr Gefühlsbestätigung braucht, um vielleicht alte negative Gefühle wieder positiv aufzuwerten oder im Nachhinein wiedergutzumachen.

Das ist aber eine ganz spezielle Richtung, die Online-Kommunikation nehmen kann. Ich würde jetzt nicht pauschal sagen, dass Kommunikation in der digitalen Welt gefühlsmäßig abstumpft. Im Gegenteil: Der Mensch ist immer auf der Suche nach neuen Kicks, und das wird sich auch nicht ändern. Wir werden weiterhin die Technik dafür nutzen, um uns positive Kicks zu verschaffen. Sei es durch Virtual-Reality-Brillen, die uns die Kommunikation noch einmal in einer anderen Dimension näherbringen, oder dass ich einen anderen Modus wähle und vielleicht ein Videospiel zocke, wenn ich irgendwie Lust habe zu gewinnen. Ich glaube, es wäre zu eindimensional zu sagen, Kommunikation im Internet würde abstumpfen. Schließlich kann jeder Mensch die Art und Weise, wie er mit seiner Umwelt kommuniziert, frei wählen. Wir müssen ja nicht auf Facebook miteinander sprechen, wir können auch telefonieren, einen anderen digitalen Kanal wählen oder uns persönlich treffen. Oder auch eine E-Mail oder einen Brief schreiben. Ich glaube, das kriegen wir schon ganz gut hin. Wichtig ist, dass man es irgendwie wahrnimmt.

Siehst du Felder, auf denen uns das Netz empathischer macht? Gibt es Strategien, welche die Empathie im Netz fördern könnten?
Alleine die Wikipedia ist ein super Beispiel für ein positives Miteinander. Menschen schaffen Wissen, arbeiten zusammen an einer Welt-Enzyklopädie. Und was haben sie davon? Ja eigentlich nichts. Ich würde nicht sagen, dass es konkrete Strategien gibt, diese Form von Empathie zu fördern. Aber ich glaube, wir sollten uns ein gesundes Bewusstsein dafür, dass das Netz auch unglaublich viele positive Herausforderungen bereithält und Chancen bietet, bewahren und uns auch dementsprechend verhalten. Es bringt nichts, immer die negativen Dinge zu betonen, auch wenn sie leider nicht abzustreiten sind.

Es ist schwierig zu beantworten, ob das Positive oder das Negative überwiegt. Es gibt mit Sicherheit Plattformen, bei denen man sagen würde, dass dies jetzt eine Ausgeburt an positiver Energie ist, und dann gibt es eben auch Foren, in denen vielleicht extremistisches Gedankengut kommuniziert wird, wodurch negative Effekte auf die Gesellschaft ausgelöst werden. Deswegen ist es schwierig zu sagen, dass dieses oder jenes überwiegt. Es ist ja auch immer die Frage, was der gesellschaftliche Diskurs daraus macht.

Wenn negative Aspekte im Internet permanent in der Öffentlichkeit diskutiert und als Status quo hingestellt werden, dann erweckt dies den Eindruck, als wäre das Netz hochgradig negativ oder würde negative Stimmung erzeugen. Aber wenn wir die ganze Zeit davon sprechen, wie toll das Netz ist, dann hat dies vielleicht einen anderen Effekt. Aber das ist unsere Bewertung, unsere Interpretation, und ich kann da leider – so gerne ich es möchte – auch kein Ergebnis verkünden. Ich kann nur den Hinweis geben, dass wir immer auf beide Seiten schauen müssen. Und dabei natürlich auf das Beste hoffen.

Patrick Breitenbach

Du nennst dich digitaler Botschafter und beschäftigst dich mit den Themen Shitstorm und emotionale Ansteckung. Gab es diese Phänomene auch schon vor der Etablierung des Netzes?
Ja, die gab es schon vorher, zumindest emotionale Ansteckung. Der Mensch lernt maßgeblich über Imitation. Und das bedeutet, dass wir – bewusst oder sogar unbewusst – ständig darum bemüht sind, andere Menschen zu imitieren. Wenn wir ständig umringt sind von Menschen, die schlechter Laune sind, färbt das langfristig auch auf uns ab. Aber natürlich passiert das auch umgekehrt. Das heißt, wenn man Menschen hat, die stets gut gelaunt sind, sind diese genauso ansteckend. Im öffentlichen Raum ist emotionale Ansteckung seit Beginn der Menschheit vorhanden, weil wir auf diese Weise lernen und uns so weiterentwickeln.

Das Netz hat natürlich eine ganz neue Dynamik hineingebracht, weil es die Welt viel kleiner und mehr Kommunikation sichtbar macht. Es leitet auch ein bisschen dazu an, mehr Missverständnisse in die Kommunikation zu bringen. Es findet viel auf Textebene – das heißt in Eigeninterpretation – ohne Mimik und Gestik statt. Insgesamt kann man sagen, dass wir durch das Netz mehr Kommunikationskontakte haben und vor allem mit den verschiedensten Menschen in Kontakt

245

treten. Damit erhöht sich natürlich tendenziell auch die Gefahr der Ansteckung der jeweiligen Emotion. Von daher ist emotionale Ansteckung nichts Neues.

Was den Shitstorm betrifft: Es ist die Frage, wie man Shitstorm definiert. Diesen Begriff gibt es im Englischen nicht, dort spricht man vom Firestorm. Im Deutschen hat sich der Name Shitstorm etabliert, er bezieht sich aber auf die digitale Variante der Ansteckung oder des Beschimpfens und der Empörung. Auch vor der Entstehung des Internets gab es sicherlich Empörungswellen, aber die liefen sehr viel kleiner, begrenzter und langsamer ab. Gerüchte zum Beispiel sind auch im Dorf umhergegangen, man hat über den anderen gelästert, man hat andere auch zum Teil öffentlich beschimpft, an den Pranger gestellt. Also dieses Urmenschliche und die Motivation, das zu tun, sind nicht neu. Aber die Dynamik hat sich fundamental verändert.

Ist die positive oder negative emotionale Ansteckung größer in ihrer Dimension?

Das ist natürlich am Ende empirisch sehr schwierig nachzuweisen. Es gab eine große Studie von Facebook, bei der herausgekommen ist, dass es auf jeden Fall in die positive Richtung funktioniert. Momentan haben wir natürlich alle das Gefühl, dass die Laune insgesamt schlechter wird und die Ansteckung in Hass und in mieser Laune überwiegt. Aber es funktioniert tatsächlich umgekehrt. Wir sprechen aber eher über die Dinge, die uns aufregen, erregen und Angst machen. Von daher sind solche Themen bei uns unmittelbar im Bewusstsein, und das kann insgesamt den Eindruck verzerren und verfälschen. Deswegen würde ich mich gar nicht hinreißen lassen, eine eindeutige Aussage zu treffen. Was aber klar ist: Die Ansteckung funktioniert definitiv in beide Richtungen.

Wie können User einen Shitstorm eindämmen, und wann lässt man ihn am besten besser über sich ergehen?

Das kommt darauf an, um was für eine Art von Shitstorm es sich handelt. Es gibt Shitstorms, bei denen man als Betroffener gar nicht viel verändern kann, außer es über sich ergehen zu lassen. Vor allem wenn es um Grundwerte und Werterhaltung geht. Ein Beispiel: Man verletzt die eine Seite in ihren Grundwerten, diese empört sich und drischt ein. Man selbst hat aber eine ganz andere Haltung, die man auch gar nicht verändern möchte. In dieser Situation macht es keinen Sinn, seine Haltung zu verändern, nur weil sich andere empören.

Etwas anderes ist es, wenn man als Unternehmen ein mangelhaftes Produkt in Umlauf gebracht oder sogar betrügerisch gehandelt hat. Wenn eine Reaktion des Unternehmens erwartet wird, dieses Fehlverhalten zum einen einzugestehen und zum anderen zeitnah zu beseitigen, ist es in aller Regel geraten, als Unternehmen zu reagieren, um damit den Shitstorm zu beenden oder sogar ins Positive zu wenden. Auch dies ist möglich. Shitstorms können mitunter eine Chance für Unternehmen sein, diesen Shitstorm kommunikativ zu nutzen. Fast alle Shitstorms haben gemeinsam, dass sie irgendwann vorbeigehen. Die Erfahrung zeigt, dass die Empörungswelle zwar immer sehr groß und heftig ist, aber der nächste Shitstorm zum Glück bereits an der nächsten Ecke wartet, sodass das Gewitter an den nächsten Schauplatz zieht. Für denjenigen, der betroffen ist, ist das natürlich immer saublöd. Aber mitunter kann man sagen, dass so etwas sehr schnell auch von alleine wieder vorbeigeht. Oder wenn man Glück und eine breite *fan base* hat – also viele Sympathisanten auf seiner Seite –, kann man hoffen, dass diese vielleicht in die Bresche springen und den Kampf sozusagen für einen mit ausfechten. Auch hier gilt es dann, eher ein bisschen zurückhaltend und abwartend zu sein. Es gibt kein pauschales Rezept, es kommt tatsächlich auf den jeweiligen Fall in dem entsprechenden Kontext an.

Transparenz ist wahrscheinlich auch ein guter Ratgeber?

Mein erster Tipp wäre: Sobald man merkt, dass man sich emotional angegriffen fühlt – und das merkt man ja sehr schnell, wenn man ein bisschen auf sich achtet –, wenn man Herzrasen kriegt, wenn man sich aufregt, dann sollte man nicht reagieren. Also in dieser Situation hilft es, einen Außenstehenden, der ein bisschen Distanz hat, dem man aber auch vertrauen kann, einfach zurate zu ziehen. Mein Tipp wäre, nicht sofort auf alles zu reagieren, sondern erst einmal Abstand zu den Emotionen zu gewinnen. Diese Erregung, diese Emotion, diese Wut sind ja das, was einen Shitstorm antreibt. Ich würde nicht per se sagen, dass man sich ganz transparent machen und sich dem aussetzen sollte. Das auf keinen Fall, dies wäre kein guter Rat.

Manche Menschen trauern im Netz öffentlich, andere kritisieren diese Trauer. Brauchen wir mehr Toleranz und Offenheit?

Ich würde es anders formulieren. Je offener und toleranter eine Gesellschaft ist, desto weniger Reibungspunkte gibt es. Auf der anderen Seite ist es mir lieber, dass Menschen mit Worten miteinander in den Kampf, in den Streit oder in den Konflikt gehen. Wir wären auch nicht gut beraten, konfliktscheu zu werden. In Zukunft gilt es eher, Regeln für Konfliktlösungen zu entwickeln, um Konflikte auf vernünftige Art und Weise auszutragen. Solche Entwicklungen wie Hate Speech sind natürlich extrem schlecht, und das verurteile ich. Aber diese Stufe finde ich immer noch weniger krass als körperliche und physische Gewalt. Das ist für mich noch ein Zivilisationsschritt weiter. Aber wünschenswert ist natürlich, wenn man die Zivilisierung im Bereich der Sprache, der Kommunikation und auch im Umgang miteinander fortsetzt. Die Höflichkeit ist im Mittelalter verortet. Wir haben den anderen nicht provoziert, damit er nicht sein Breitschwert herausholt und uns köpft, wenn wir beispielsweise etwas Blödes gesagt haben. Aus diesem Grund hat sich die Höflichkeit entwickelt ebenso wie die Achtsamkeit auf Sprache, damit man das Gegenüber nicht unnötig zu Gewalttaten provoziert. Dadurch entstand eben auch neben anderen Faktoren ein Zivilisierungsprozess. Durch die Entstehung des Internets hat man jedoch das Gefühl, dass es wieder zu einem Rückschritt in der Zivilisierung gekommen ist. Aber da prophezeie ich optimistisch, dass im Netz wieder mehr Zivilisierung stattfinden wird. Denn niemand ist auf Dauer glücklich, selbst die Hater sind nicht glücklich, sonst würden sie ja nicht haten. Dies wird sich in Zukunft weiterentwickeln, und es finden ja auch schon Dinge im Kleinen statt.

Verstärken die sozialen Medien Hass oder Mitgefühl? Oder macht das Netz Hass oder Mitgefühl nur deutlicher spürbar?
Auch da gilt: sowohl als auch. Ich würde weder ausschließen, dass Hate Speech noch einmal anstachelt, noch dass es Leute abstößt, die wiederum Empathie mit den Opfern haben, sich auf ihre Seite stellen. Das ist ein permanenter Kampf. Es ist ein bisschen vergleichbar mit der These, ob Gewaltspiele gewalttätiger machen. Dafür gibt es bis heute keine eindeutige wissenschaftlich fundierte Aussage. Es gibt Theorien, die sagen, dass es nur bei den Menschen eine Gefahr darstellt, die noch andere Risikofaktoren haben. Ich glaube, dass dieses Risikofaktorbild auch sehr passend ist für Hate Speech. Das bedeutet: Menschen, die noch andere Risikofaktoren haben, die beispielsweise in einem Gewaltkontext sozialisiert wurden, in dem Hate Speech an der Tagesordnung war, sind eher in die negative Richtung beeinflussbar.

Und andere, die eher zivilisierter sozialisiert wurden, lassen sich davon nicht sofort anstecken. Im Gegenteil. Diese stellen sich eher als Schutz vor die jeweiligen Opfer. Man kann nicht pauschal sagen, dass alles in Richtung Hate abdriften wird, nur weil es Hate Speech gibt. Das ist natürlich ein Problem, und Hate Speech ist ein Akt des Sadismus, das ist auch keine Spielerei. Studien haben tatsächlich nachgewiesen, dass die Täter oftmals denken, das sei alles nur ein Spiel vor dem Bildschirm. Sie vergessen dabei, dass am anderen Ende eine Person sitzt, die verletzt wird. Deshalb gilt es natürlich, Hate Speech immer wieder zu thematisieren, vor allen Dingen im Bildungsbereich, in der Pädagogik und in der Schule. Dort findet sich oft die Keimzelle von solchen Dingen.

Wie schätzt du die Macht der Algorithmen bei unserer Kommunikation ein?
Algorithmus ist irgendwie das neue Phantasma, das überall herumgeistert und wahlweise die Leute begeistert oder verängstigt. Ich glaube tatsächlich, dass dies extrem aufgekocht wird. Ja, es gibt Algorithmen, und sie haben auch eine gewisse Macht, aber ich glaube, noch längst nicht in dem Maße, wie man uns das immer vermitteln will. Es gab jüngst ein Facebook-Beispiel zum Thema Trending Topics in den USA. Dort wurden uns bei Facebook Trending Topics anzeigt, ähnlich wie bei Twitter. Jeder Nutzer ging von einem Algorithmus aus, aber letztendlich waren es Facebook-Mitarbeiter, die nichts anderes gemacht haben, als die Mainstream-Medien zu durchforsten und selbst festzulegen, welche die Trending Topics sind.

Die Algorithmen-Geschichte ist wie ein gutes Marketing. Das hilft auch Facebook, wenn sein Algorithmus aufgeblasen wird und sich herumspricht, was er alles Tolles kann. Aber nichtsdestotrotz bemerken wir den Algorithmus im alltäglichen Gebrauch bei Facebook, und natürlich wird es auch ein Zukunftsthema werden. Gerade wenn es in wirklich existenzielle Bereiche wie zum Beispiel Versicherung oder Kreditwürdigkeit geht. Deswegen warne ich auch immer, diesen Algorithmus so zu verherrlichen, weil er am Ende dann doch so schlecht gemacht ist, aber so viele Existenzen daran hängen. Es wäre fatal, sich voll und ganz auf Algorithmen zu verlassen.

Ich sehe die Gefahr, dass Menschen diese Verantwortung am liebsten an Algorithmen abgeben würden, gerade wenn es um Bereiche wie das Militär geht. Dort wird angedacht, dass in Zukunft Drohnen aufgrund von Datensätzen selbst entscheiden können, wen sie abschießen. Dies ist natürlich eine riesige ethische Gefahr. Aber daran ist letztendlich nicht der Algorithmus schuld, sondern das, was der Mensch aus dem Konstrukt »Algorithmus« macht.

Gibt es Momente, in denen du wegen des rauen Tons, der im Netz manchmal herrscht, ungern vernetzt bist?
Ich schaue mir längst nicht mehr alles an. Manchmal reichen mir Ausschnitte, um zu wissen, was in den Kommentarspalten abgeht. Das muss ich mir nicht komplett reinziehen. Ich weiß, wie das funktioniert, wer da alles auftaucht und mit welchen Sprüchen. Deshalb ist es manchmal auch ganz gut, sich nicht hineinzuvertiefen und sich alles anzutun. Höchstens um reinzugehen, um dagegenzuhalten. Das halte ich auch für wichtig, aber nicht, um den anderen wieder zu beschimpfen, sondern eher, um sich vielleicht auch im Sinne des Opfers auf dessen Seite zu positionieren, ohne dass ich den Angreifer wieder angreife. Dies stachelt ja meistens nur an.

Und ansonsten zur Frage, ob ich mich weniger gerne vernetze. Auf keinen Fall, im Gegenteil. Dadurch ist die Vernetzung noch einmal qualitativ wertvoller geworden, weil man tatsächlich eher darauf achtet, mit welchen Menschen man sich vernetzt. Das verstärkt auch die Solidarität unter denjenigen, die genau das Gleiche ablehnen. Für mich stellt sich daher überhaupt nicht die Frage, warum ich mich nicht weiter vernetzten sollte. Ich glaube, Vernetzung ist an dieser Stelle sogar extrem wichtig, um auch Gegennetzwerke oder Widerstandsnetzwerke zu bilden. Dies entwickelt ja auch eine gewisse Sichtbarkeit und Schlagkraft.

Siehst du Felder, auf denen uns das Netz empathischer macht? Gibt es Strategien, welche die Empathie im Netz fördern könnten?
Ja. Ich glaube, dass eine Sensibilisierung und ein Bewusstsein für Sprache weitaus stärker stattfinden, als es vor dem Internet der Fall war. Dies löst natürlich zunächst einmal eine riesen Reaktanz bei denjenigen aus, die sich nicht vorhalten lassen wollen, wie sie zu sprechen haben. Aber letztendlich ist eine Sensibilisierung für Sprache – verbunden mit einer Empathie – eher angestiegen.

Der erste Schritt wäre, sich bewusst zu machen, was mit Kommunikation passiert und was Kommunikation mit uns macht. Das kann auch als Selbstreflektion verstanden werden. Einfach darauf zu achten, was mit mir passiert, wenn ich einen Newsfeed angucke oder gewisse Meldungen lese. Welche Regungen fühle ich innerlich? Der erste Schritt wäre, eine Selbstachtsamkeit zu entwickeln, um Medien bewusster wahrzunehmen. Ich denke, vielen Menschen ist noch nicht klar, was Kommunikation mit ihnen und ihren Emotionen macht. Der zweite Schritt wäre – wenn man erkannt hat, was dies mit einem macht –, anzufangen, strategisch dagegenzugehen. Indem man zum Beispiel bewusst sagt: Okay, das regt mich jetzt tierisch auf, aber ich teile jetzt mein Leid nicht mit meinen Freunden, denn dann regen sie sich ja genauso auf. Warum sollte ich ihnen das antun? Das sollte man natürlich nur sagen, wenn man selbst an einem Punkt angelangt ist, an dem man nichts mehr ändern kann. Oder wenn ich etwas daran ändern kann, dann mache ich es, indem ich mich auf einer gewissen Ebene engagiere. Man sollte sich aber dreimal überlegen, ob man diese eine Meldung wirklich weiterverbreiten möchte. Das hört sich jetzt sehr leicht an, ist aber unfassbar schwer. Ich habe das selbst öfters probiert und bin immer selber in die Falle getappt: Emotionen sind stärker als Achtsamkeit und eine bewusste vernünftige Handlung. Das liegt daran, dass wir als Menschen maßgeblich von unserem limbischen System, von unserem Gefühlszentrum, auf Überleben programmiert sind.

Deshalb würde ich raten, eine Achtsamkeit zu trainieren, daraus eine gewisse Gelassenheit zu entwickeln und dann zu überlegen, welche Botschaften ich weitertragen möchte. Dazu gehört natürlich auch, die positiven Sachen im Netz stärker zu verbreiten, auch wenn sie nicht so viele Empörungs-Klicks und Likes bekommen. Aber ich kann mir bewusst werden, dass wir natürlich auch Freude miteinander teilen und die Ansteckung auch in eine andere Richtung forcieren können.

Wenn wir so einen Umgang miteinander pflegen würden: nicht bei jeder Kleinigkeit drauflospreschen, sondern auch mal Fünfe gerade sein lassen – Stichwort »Toleranz« –, ein Stück weit einfach leben und leben lassen und bei Gewaltandrohung handeln, die Justiz einschalten oder sich engagieren, wäre dies sehr sinnvoll.

Es gibt keine Patentlösung. Mein Aufruf wäre eher eine Sensibilisierung für das Ganze und auch ein Hinterfragen des eigenen Sharing-Verhaltens, des eigenen Streuens. Denn das ist ja das Neue: Jeder ist heute Publizist geworden. Die Gatekeeper, die das in der Vergangenheit geregelt haben, gibt es nicht mehr. Es gab spürbar weniger Emotionen in der Medienlandschaft, auch wenn Medien immer wieder mit

Emotionen gearbeitet haben. Aber wir beobachten aktuell eine extreme Boulevardisierung von Medien: Alle setzen nur noch auf Reizemotionen, um Teilbarkeit herzustellen, um Klicks zu generieren. Dies gilt es, ein Stück weit kritisch zu hinterfragen und vielleicht an der einen oder anderen Stelle zu durchbrechen.

Hier ein Positivbeispiel: *Perspective Daily*, ein journalistisches Angebot, das ganz bewusst auf das Konstruktive setzt. Die Macher stellen ein großes Problem vor, wie beispielsweise Wassermangel in Namibia oder gestohlenes Öl. Aber zugleich bieten sie einen konstruktiven Lösungsvorschlag an, wie man sich zum Beispiel engagieren kann. Ich glaube, dies könnte ein neuer Weg sein, der ganz gut veranschaulicht, wie man auch anders mit Emotionen im Netz umgehen könnte.

Anne Wizorek

Du bist Feministin und hast den Hashtag #Aufschrei ins Leben gerufen. Was hat sich seit der Aktion in unserer digitalen Gesellschaft verändert?
Ich glaube mehr, als die Leute auf den ersten Blick sehen. Es ist immer ein größerer Anspruch da, als eine Hashtag-Aktion im Einzelnen erledigen kann. Andererseits hat #Aufschrei erst einmal in Deutschland dazu geführt, dass viel mehr Leute verstanden haben, was Twitter für ein Medium ist, welches Potenzial es gerade auch für Aktivismus hat, und dass es darüber hinausgeht, Bilder von seinem Frühstück zu posten. Und es hat auch dazu geführt, dass seitdem Medien auch eher andere Hashtag-Aktionen aufgreifen. Aktionen wie #SchauHin zum Thema Alltagsrassismus, #NotJustSad, wo es um Depressionen ging,

oder auch um andere aktuelle Debatten in Schwung zu bringen. Das wurde durch #Aufschrei nachhaltig noch einmal gefördert. Und das ist eine sehr positive Entwicklung.

Bei #Aufschrei speziell war es natürlich wie bei jeder Awareness-Aktion, obwohl diese nicht als solche geplant war, sondern aus der Situation heraus entstanden ist. Das Resultat war, dass sich Betroffene ausdrücken und verstehen konnten, sie sind nicht alleine. Dass sie Anspruch auf Hilfe haben und nicht die Schuld bei sich selbst suchen müssen. Und dass natürlich auch eine Sensibilisierung für diese Form von Diskriminierung stattfindet, die es immer noch gibt. Viele tun so, als ob wir Sexismus nicht mehr als Problem hätten, weil wir mit Angela Merkel eine Frau als Kanzlerin haben. Auf der anderen Seite hat #Aufschrei noch einmal sichtbar gemacht, wie Diskriminierung im Netz durch Hasskommentare funktioniert. Sie zielt gerade darauf, Leute wieder zum Schweigen zu bringen und diese aus dem Netz zu verdrängen.

Werden Frauen im Netz härter angegangen als Männer?
Für den deutschen Sprachraum gibt es leider noch nicht genug Datenmaterial, aber wenn man sich an dem amerikanischen orientiert, wird deutlich, dass Frauen und Männer ungefähr im selben Ausmaß von Hasskommentaren betroffen sind. Aber die Form, in welcher dies passiert, ist bei Frauen drastischer. Während Männer eher beschimpft werden, werden Frauen konkret bedroht, und das auch meist sexualisiert, also geschlechtsspezifisch. Das gilt vor allem für junge Frauen.

Wenn dann zum Beispiel noch andere Diskriminierungsformen wie Rassismus und Islamfeindlichkeit hinzukommen, weil die Frau vielleicht Hidschab trägt und dies auf dem Profilfoto erkennbar ist, führt dies oft nochmals zu einer Potenzierung von solchen Angriffen.

Wie schützt du dich selbst mittlerweile vor Hass im Netz?

Aktuell habe ich wieder mit einer krassen Welle zu tun. Aber allgemein schütze ich mich bei Twitter darüber, dass mein bester Freund meinen Account filtert. Das heißt, dass ich nur die konstruktiven und positiven Sachen sehe. Am Ende kann und möchte ich nicht auf diese Werkzeuge verzichten.

Mein E-Mail-Postfach wird ebenfalls von meinem Freund gefiltert. Das heißt, dass ich auch dort nur die konstruktiven Sachen weitergeleitet bekomme. Es ist dennoch wichtig, dass jemand aus meinem Umfeld in Kenntnis gesetzt wird, falls eine ernst zu nehmende Drohung dabei ist, damit man notfalls rechtliche Schritte einleiten kann. Dies auf dem Schirm zu haben und nicht komplett auszublenden ist leider notwendig. Im Zweifelsfall bedeutet es, dass jemand mit Gewalt droht und ankündigt, bei einer Veranstaltung von mir vor Ort zu sein, und dann muss ich mich mit dem Risiko auseinandersetzen.

Es wäre übertrieben zu sagen, dass den ganzen Tag nur solche Sachen reinballern, das ist phasenweise mitunter so, aber auch danach ist es nie ganz weg. Ich bezeichne das immer als Grundrauschen meines Alltags. Alleine die Tatsache, ständig mit Hasskommentaren rechnen zu müssen, gerade auch in Momenten, in denen man sich nicht so gut fühlt, belastet extrem. Und selbst wenn man schon abgehärteter ist – ich bin schon abgehärteter als andere Leute, die mit dem Netz zu tun haben –, arbeiten diese Kommentare in uns weiter. Das ist auch psychologisch belegt. Deshalb sollte das jeder Mensch, der damit konfrontiert ist, nicht auf die leichte Schulter nehmen. Ein Filtersystem ist gerade für mich die beste Möglichkeit, um das Netz weiter als Werkzeug und für meine Arbeit nutzen zu können, ohne mich komplett rausziehen zu müssen.

Welche Tipps kannst du Frauen geben, die sich wegen sexistischer Kommentare aus dem Netz zurückziehen?

Ich möchte betonen, dass das meine individuelle Lösung ist. Ich sage nicht, dass dies für alle anderen auch funktioniert. Ich kenne genug Leute, die sich aus einem Kontrollverlust-Gefühl nicht vorstellen könnten, ihren Account abzugeben. Das muss man auch total respektieren.

Nichtsdestotrotz gibt es ein paar Basics, etwa, dass gerade Frauen – oder überhaupt marginalisierte Menschen – gucken sollten, dass sie auf ihrem Blog einen Weg finden, die Impressumpflicht zu umgehen. Das ist leider ein bisschen tricky, denn diese Impressumpflicht ist gesetzlich festgelegt. Bei der Entscheidung für eine Impressumpflicht wurde eben nicht über das Worst-Case-Szenario durch Hassattacken nachgedacht.

Es ist auch wichtig, Back Channels zu entwickeln. Ob das eine Mailingliste ist oder geschlossene Twitter-Accounts, die miteinander vernetzt sind, oder ein Slack Channel. Es ist ratsam, dass man sich mit anderen Betroffenen austauscht oder Leute hat, die notfalls mithelfen können, Accounts zu reporten, die aber auch genauso gut mit dem niedlichen Katzen-GIF gegensteuern können, um dir ein bisschen Ausgleich zu verschaffen. Manchmal hilft es auch einfach, das Ganze ins Absurde zu bringen. Es gibt unterschiedliche Strategien. Back Channels oder zumindest Netzwerke, in denen man sich im Zweifelsfall recht schnell austauschen kann, damit man das nicht so lange alleine mit sich rumträgt, ist schon das Wichtigste, was ich empfehlen würde.

Verstärken die sozialen Medien Hass oder Mitgefühl? Oder macht das Netz Hass oder Mitgefühl nur deutlicher spürbar?

Ich würde sagen, beides. Es ist sehr symptomatisch, dass Menschen auf Facebook, wo durchaus viele mit dem Klarnamen unterwegs sind,

Hasskommentare posten. Und es wird ganz klar ersichtlich, dass sie sich im Recht fühlen, dies zu tun. Das ist einerseits ein Reality-Check, den ich sehe, aber natürlich haben wir auch Dynamiken wie den Echokammer-Effekt: Dass eben Leute in ihrer Echokammer nur noch mit Quellen in Kontakt kommen, die ihre Weltansicht bestätigen. Also zum Beispiel Pegida, bei denen man mit echten Fakten kaum noch reinkommt.

Wir reagieren oft auch aggressiver, als es notwendig wäre, weil unsere Kommunikation im Netz textbasiert ist und Mimik, Gestik und Tonfall in der Auseinandersetzung mit anderen Leuten fehlen. Das soll keine Hasskommentare entschuldigen, aber gerade bei Empörungszyklen überschreiten dann auch mal Leute, die vielleicht zu Recht etwas kritisieren, eine Linie, indem sie den richtigen Ton vermissen lassen. Wenn ich zum Beispiel ein sexistisches Produkt kritisiere, muss ich nicht anfangen, Leute zu beschimpfen.

Vielen Menschen ist gar nicht bewusst, was sich in solchen Momenten in ihrem Hirn abspielt. An dieser Stelle ist auch wieder Medienkompetenz gefragt: um mit Stresssituationen vor dem Bildschirm besser umgehen zu können und um zu verstehen, warum ich gerade so aufgebracht bin. Vielleicht würde ich nach einem Durchatmen bereits merken, dass ich gerade dabei bin, mich im Ton zu vergreifen und andere zu beleidigen.

Wie schätzt du die Macht der Algorithmen bei unserer Kommunikation ein?
Bei Facebook sind die Algorithmen bisher am stärksten zum Einsatz gekommen. Das spielt schon eine Rolle bei unserer Kommunikation. Ich glaube, dass es auch eine Frage von Medienkompetenz ist, damit bewusst umzugehen. Es ist durchaus menschlich, dass sich Menschen

eher mit Gleichgesinnten zusammenzutun als mit Menschen, zu denen eine gewisse Distanz besteht. Aber das ändert natürlich nichts an der Notwendigkeit, sich bei einer Debatte auch mit anderen Positionen zu beschäftigen und nicht immer nur den eigenen Confirmation Bias zu füttern, sondern eben auch noch andere Perspektiven zuzulassen. Es ist problematisch, wenn Algorithmen dazu führen, das eigene »gefestigte« Weltbild nur weiter zu zementieren.

Gibt es Momente, in denen du wegen des rauen Tons, der im Netz manchmal herrscht, ungern vernetzt bist?
Ja. Gerade als die Aufschrei-Aktion eine große mediale Aufmerksamkeit bekommen hat, war es sehr krass festzustellen, auf wie vielen Ebenen ich im Netz erreichbar bin. Das ist einerseits etwas Positives, gerade weil ich mich mit anderen Menschen zu diesen Themen austauschen möchte. Andererseits bin ich aber auch schnell erreichbar für Menschen, die sich dort einfach mal komplett über mich auskotzen möchten, und das ist noch die nett formulierte Variante. Ich fasse das immer mit dem Satz zusammen: Das Netz kann halt auch nur so gut sein wie die Menschen, die es benutzen. Es gibt Technologien, die eine Rolle spielen, insgesamt ist es aber auch immer noch ein Abbild dessen, wie bestimmte Menschen eh schon ticken.

Stimmst du der These zu, dass wir durch die Kommunikation im Netz gefühlsmäßig abstumpfen? Warum/warum nicht?
Nein. Ich glaube schon, dass man abstumpft, wenn man den ganzen Tag Hasskommentare lesen muss. Deswegen ist es auch wichtig, dafür einen Ausgleich zu haben. Aber wenn ich mir angucke, wie Leute immer noch wegen des neuesten niedlichen Katzenvideos oder den Lamas, die bei der Tour de France die Straße blockieren, begeistert aus-

rasten, ist das keine Abstumpfung. Das sind ja auch Emotionen, und die sind stark. Genauso wie die Tatsache, dass das Internet auch viele wunderbare Beispiele dafür liefert, was zum Beispiel Crowdfunding angeht. Leute, die sonst nie Gelder für ihre tollen Projekte bekommen hätten, bekommen plötzlich ganz viel Unterstützung von Menschen, mit denen sie noch nie zu tun hatten.

Siehst du Felder, auf denen uns das Netz empathischer macht? Gibt es Strategien, welche die Empathie im Netz fördern könnten?
Ja, ich glaube schon. Gerade um all die Themen rund um soziale Gerechtigkeit in der Gesellschaft besser zu verstehen. Ich bin nicht von Rassismus betroffen, aber ich habe durch das Netz überall auf der Welt Zugang zu unterschiedlichen Positionen von Rassismusbetroffenen. Das heißt, dass ich mir das, neben der deutschen, auch im Kontext der amerikanischen, der britischen oder der französischen Debatte angucken kann. Wer das Privileg hat, nicht von Rassismus betroffen zu sein, kann dieses Problem theoretisch ausblenden. Aber das Potenzial, mit diesen Perspektiven übers Netz noch einmal Leute zu erreichen und auch zu aktivieren, um sich für eine gerechtere Gesellschaft zu engagieren, das ist definitiv da. Und dafür ist das Netz – gerade für mich als Aktivistin – natürlich unerlässlich.

Interessant ist, dass Menschen so gestrickt sind, dass sie schneller auf negative Impulse reagieren. Dass dies eher ein Potenzial ist, das aktiviert wird, als ein positiver Impuls. Was nicht heißen soll, dass Empörung per se ausgeschlossen oder reduziert werden sollte. Aber gerade für Menschen, die sich für eine gerechte Gesellschaft engagieren, die respektvoll mit allen ihren Mitgliedern umgeht, sollten wir uns anschauen, wie wir unsere Kraft gewichten. Natürlich kann ich mich über die neueste Fleischhauer-Kolumne empören, und ich weiß auch, dass mich die Auseinandersetzung darüber aufregen würde. Die Frage ist aber, ob mir dies überhaupt etwas bringt oder ob es nicht sinnvoller wäre, dafür drei tolle Projekte von Menschen zu teilen, um auf diese aufmerksam zu machen und so etwas Positives zu bewirken.

Ich glaube, dies ist etwas, womit wir bewusster mit unserem Medienkonsum, insbesondere aber eben auch im Netz, umgehen sollten. Auch wieder mehr Leuten zu sagen und zu zeigen: Das, was du machst, ist gut, und ich unterstütze dich. Das klingt total simpel, aber das ist etwas, was wir viel zu wenig tun. Und es kann auch, so wie wir es bei »Organisierte Liebe« versucht haben, ein Impuls reichen, um zu verdeutlichen, wohin wir wollen.

Am Ende ist meine Vorstellung von einem humanen Netz ja auch eines, in dem Fehler passieren, in dem Menschen aber auch daran wachsen dürfen und nicht sofort alle komplett fertiggemacht werden müssen. Das ist auch gerade für Menschen wichtig, die mit dem Netz aufwachsen. Es ist klar, dass ich mit Anfang 20 nicht so reflektiert über Dinge sprechen kann wie zehn Jahre später. Dies muss man in dem jeweiligen Kontext betrachten, und das muss das Netz auch erlauben. Ich finde es jedes Mal schade, wenn ich über Aktivismus im Netz spreche, denn ich möchte eigentlich nur von den tollen Dingen und den großen Potenzialen berichten, die es hat. Aber man muss ehrlicherweise auch darauf hinweisen, welche Risiken das Internet birgt. Wir dürfen uns aber auch nicht von dieser Angst beherrschen lassen. Das ist das Letzte, was ich möchte. Dann haben die Hater gewonnen. Und dies dürfen wir nicht zulassen.

Victoria Schwartz

Du hast auf deinem Blog darüber berichtet, auf ein Fake-Profil hereingefallen zu sein. Was versteht man unter einem Realfake?
Ein Realfake ist ein männlicher oder weiblicher Fake, der so gut und aufwendig gemacht ist, dass er absolut real erscheint. Realfakes arbeiten sehr planvoll und organisiert. Sie verfügen über komplexe, bis ins kleinste Detail stimmige Lebensgeschichten und können jedes ihnen angeblich widerfahrene Erlebnis mithilfe von gefälschten »Beweisen« mühelos belegen. In der Regel warten sie mit einem regelrechten Netzwerk falscher Familienmitglieder und Freunde auf und sind mit diversen Fake-Accounts (unter Verwendung unzähliger gestohlener Fotos) auf unterschiedlichsten Internetplattformen zu finden.

Im Gegensatz zu Scammern geht es Realfakes nie um Geld. Häufig beschenken sie ihre Opfer sogar. Sie wollen Gefühle wecken, echte Emotionen hervorrufen und genießen die Aufmerksamkeit, die ihnen entgegengebracht wird. Je nach Psychostruktur des Menschen, der dahintersteckt, spielt auch der Wunsch nach Macht und Kontrolle eine Rolle, und fast alle beherrschen die psychologische Manipulation erschreckend gut. So schaffen sie es, entgegen jeder Logik und oft über einen langen Zeitraum, die Zweifel ihrer Opfer immer wieder zu zerstreuen.

Wie können wir uns im Netz vor Realfakes schützen, ohne gleich in Kulturpessimismus zu verfallen?
Realfakes beteuern zu jedem Zeitpunkt, eine Beziehung mit ihrem Gegenüber im Real Life anzustreben. Da das natürlich nicht möglich ist, werden geplante Treffen immer wieder abgesagt und verschoben. Auch Videochats können logischerweise nicht stattfinden. Die Ausreden da-

für sind gut und vielfältig – und da die Opfer meist recht schnell in eine Art emotionale Abhängigkeit rutschen, lassen sie sich viel zu leicht hinhalten. Dabei wäre es ganz einfach: Nichts spricht dagegen, mit Fremden im Netz zu kommunizieren. Im Gegenteil! Das Internet ist eine großartige Möglichkeit, Kontakte zu knüpfen und sich mit Menschen aus der ganzen Welt zu vernetzen. Sobald aber Gefühle ins Spiel kommen, *muss* man sich so schnell wie möglich treffen. Nicht nur, um zu überprüfen, ob der andere echt ist. Auch weil man erst dann erkennen kann, ob die Chemie wirklich stimmt. Schöne Worte sind das eine, aber wie der andere riecht und sich bewegt, ist natürlich genauso wichtig. Sollte ein Treffen aus realistischen Gründen nicht möglich sein (zum Beispiel weil sich der andere im Ausland befindet), muss auf einem Videochat bestanden werden. Ist das Gegenüber auch dazu nicht bereit, sollten alle inneren Alarmsirenen schrillen!

Ich kenne Menschen, die routinemäßig jeden Fremden überprüfen, mit dem sie im Netz zu tun haben. Ich persönlich finde das fragwürdig und zeitraubend. Hat man allerdings mit einer Person intensiveren Kontakt, und es regen sich Zweifel an ihrer Echtheit, kann eine Rückwärtsbildersuche sinnvoll sein. Dabei wird überprüft, ob die von ihr verwendeten Fotos sich schon an anderer Stelle im Internet befinden, zum Beispiel in einem fremden Social Media Account. Bleibt die Suche ergebnislos, sollte man sich nicht in Sicherheit wähnen, denn Gründe dafür gibt es viele. Von Instagram gestohlene Fotos können zum Beispiel grundsätzlich nicht gefunden werden.

Versuchen wir nicht auch, uns in heiklen Situationen im besten Licht darzustellen?

Solange Fakes nicht mit dem Ziel erschaffen werden, zu trollen oder anderen zu schaden, halte ich es für durchaus legitim, die eigene Anonymität dadurch zu wahren, dass man zum Beispiel einen falschen Namen verwendet. Die Fotos einer anderen Person als seine eigenen auszugeben ist allerdings ein absolutes No-Go.

Wie authentisch jeder Einzelne sich und sein Leben im Netz darstellen möchte, bleibt ihm überlassen. Ich denke, dass es ein sehr menschlicher Wesenszug ist, die Realität ein wenig »beschönigen« zu wollen – ganz besonders, weil das in Social Networks so einfach geht und darum die Verlockung entsprechend groß ist. Es ist allerdings fraglich, ob man sich mit solchen Schummeleien langfristig selbst einen Gefallen tut.

Verstärken die sozialen Medien Hass oder Mitgefühl? Oder macht das Netz Hass oder Mitgefühl nur deutlicher spürbar?

Soziale Medien bringen in der Regel nur ans Tageslicht, was sowieso schon in den Menschen schlummert. Im Netz prallen Personen aufeinander, die sich vermutlich unter normalen Umständen im Real Life nie begegnet wären: Soziale Herkunft, intellektuelle Unterschiede sowie differente politische Einstellungen bieten jede Menge Sprengstoff. Durch die räumliche Distanz, noch verstärkt bei Usern von Fake- oder anonymen Accounts, sinkt die Hemmschwelle rapide, sodass einige Menschen nicht einmal mehr rudimentärste Regeln einer angemessenen Kommunikation befolgen.

Wie schätzt du die Macht der Algorithmen bei unserer Kommunikation ein?

Wie diverse Studien zeigen, sind Algorithmen dazu in der Lage, Meinungen und sogar Emotionen von Usern maßgeblich zu manipulieren. Sie sind also nicht nur unsere Kommunikation betreffend ein absolut unterschätztes Problem. Zeigt man einem Menschen ausschließlich Inhalte an, die mit seinen bisherigen Ansichten konform gehen, isoliert man ihn in einer Filter Bubble. Diese tendiert dazu, Informationen, die seiner bisherigen Perspektive widersprechen, auszublenden. Permanent wird der Nutzer nur in seiner eigenen Sichtweise bestärkt. Statt ausgewogene, objektive Informationen zu liefern, schüren Plattformen damit plattes Schwarz-Weiß-Denken, was sich wiederum deutlich in Internetdiskussionen widerspiegelt.

Gibt es Momente, in denen du wegen des rauen Tons, der im Netz manchmal herrscht, ungern vernetzt bist?
Jeder sollte im Internet für sich selbst die Verantwortung übernehmen und beobachten, was ihm guttut oder ihn emotional schwächt. Ist man in einer Filter Bubble gefangen, in der fast ausschließlich pessimistische Inhalte angezeigt werden, und ist man vernetzt mit Usern, die nicht produktiv, sondern aggressiv kommunizieren, tut man eventuell gut daran, einen Cut zu machen und seine Bubble zu verlassen, einen »Blick über den Tellerrand« zu wagen.

Ich persönlich kommuniziere ausschließlich mit Menschen, die in der Lage sind, kontroverse Meinungen respektvoll zu diskutieren.

Siehst du Felder, auf denen uns das Netz empathischer macht? Gibt es Strategien, welche die Empathie im Netz fördern könnten?
Ich sehe es als riesige Chance, dass in sozialen Netzwerken Menschen aus aller Welt dichter zusammenrücken und in Echtzeit miteinander kommunizieren können. Dadurch, dass wir uns global mit anderen Usern vernetzen, deren Ängste, Freuden, Sorgen, Sichtweisen und Lebenseinstellungen kennenlernen, kann ein sehr intensiver, erfüllender Austausch entstehen, aus dem als Konsequenz ein tieferes Verständnis füreinander erwächst.

Endnoten

1. Vgl. Thomas Assheuer, »Der Magier«, http://www.zeit.de/2011/30/ Medientheoretiker-McLuhan (aufgerufen am 13.01.2017).
2. Niklas Luhmann, *Die Realität der Massenmedien,* Opladen 1996, S. 9.
3. Vgl. Dominik Landwehr, »Digitaler Wandel«, in: Hedy Graber/ Dominik Landwehr/Veronika Sellier (Hrsg.), *Kultur digital: Begriffe, Hintergründe, Beispiele,* Basel 2011, S. 13.
4. Vgl. George Orwell, *1984,* Berlin 2009.
5. Vgl. Stefan Münker, *Emergenz digitaler Öffentlichkeiten: Die Sozialen Medien im Web 2.0,* Frankfurt/Main 2009, S. 132.
6. Münker, a.a.O., S. 33.
7. Friedhelm Greis, »Chronologie der Enthüllungen«, in: Philipp Otto (Hrsg.), *Das Netz. Jahresrückblick Netzpolitik 2013–2014,* Berlin 2013, S. 81 f.
8. Patrick Beuth, »Mein digitaler Schutzschild«, http://www.zeit.de/ digital/datenschutz/2013-01/serie-mein-digitaler-schutzschild-einleitung (aufgerufen am 13.01.2017).
9. Vgl. Jeff Jarvis, *Mehr Transparenz wagen! Wie Facebook, Twitter & Co die Welt erneuern,* Berlin 2012.
10. Vgl. Manfred Spitzer, *Digitale Demenz. Wie wir uns und unsere Kinder um den Verstand bringen,* München 2012.
11. Vgl. Kai Biermann, »Alles gehört allen!«, in: *fluter* Nr. 46, Ich bin dann mal web, Bonn 2013, S. 14.

12. Vgl. Biermann, a.a.O., S. 15.

13. Bernhard Dotzler, »Analog/digital«, in: Bernd Stiegler/Alexander Roesler (Hrsg.), *Grundbegriffe der Medientheorie,* Paderborn 2005, S. 9.

14. *Tui digiti* = wörtlich »deine Finger« bedeutet im übertragenen Sinne »deine Rechenfertigkeit« (Stowasser, *Lateinisch-deutsches Schulwörterbuch*).

15. Daniela Kloock/Angelika Spahr, *Medientheorien: Eine Einführung,* Stuttgart 2012, S. 166 f.

16. Vgl. Frank Hartmann, *Medien und Kommunikation,* Stuttgart 2008, S. 102.

17. Vgl. Andreas Böhn/Andreas Seidler, *Mediengeschichte,* Tübingen 2008, S. 32.

18. Vgl. Böhn/Seidler, a.a.O., S. 33.

19. Vgl. Platon, *Platon Werke,* Göttingen 1993.

20. Die Maschine ist im Berliner Technikmuseum zu besichtigen. Vgl. Böhn/Seidler, a.a.O., S. 144.

21. Vgl. Böhn/Seidler, a.a.O., S. 144 f.

22. Böhn/Seidler, a.a.O., S. 145.

23. Vgl. Jan Schmidt, *Das neue Netz. Merkmale, Praktiken und Folgen des Web 2.0.,* Konstanz 2011, S. 14.

24. Vgl. Schmidt, a.a.O., S. 39.

25. Vgl. Schmidt, a.a.O., S. 24.

26. Vgl. Landwehr, a.a.O., S. 11.

27. Münker, a.a.O., S. 64.

28. Vgl. Münker, a.a.O., S. 55.

29. Vgl. Böhn/Seidler, a.a.O., S. 152.

30. Vgl. Robert Bodle, »Regime des Austauschs«, in: Oliver Leistert/Theo Röhle (Hrsg.), *Generation Facebook,* Bielefeld 2011, S. 86.

31. Benjamin Romberg/Nakissa Salavati, »Vom Gekritzel zum Milliardenkonzern«, http://www.sueddeutsche.de/wirtschaft/kurznachrichtendienst-twitter-vom-gekritzel-zum-milliardenkonzern-1.1598133 (aufgerufen am 13.01.2017).

32. ARD-ZDF-Online-Studie 2016, http://www.ard-zdf-onlinestudie.de/fileadmin/Onlinestudie_2016/Kern-Ergebnisse_ARD-ZDF-Onlinestudie_2016.pdf (aufgerufen am 13.01.2017).

33. Facebook, »Wie starte ich eine Live-Übertragung auf Facebook«, https://de-de.facebook.com/help/1636872026560015 (aufgerufen am 13.01.2017).

34. Vgl. Helmut H. Diederichs, »Massenmedien«, in: Bernd Stiegler/Alexander Roesler (Hrsg.), *Grundbegriffe der Medientheorie,* Paderborn 2005, S. 138.

35. Landwehr, a.a.O., S. 13.

36. Vgl. Mercedes Bunz, *Die stille Revolution,* Berlin, 2012.

37. Vgl. Mercedes Bunz, »Technologie fällt nicht vom Himmel«, in: *Stuttgarter Zeitung* vom 20. März 2013, S. 31.

38. Vgl. Colin Crouch, *Postdemokratie,* Frankfurt/Main 2008, S. 10.

39. Vgl. Crouch, a.a.O., S. 133.

40. Vgl. Clay Shirky, »Das Unsichtbare College«, in: John Brockman (Hrsg.), *Wie hat das Internet ihr Denken verändert?,* Frankfurt/Main 2011, S. 40.

41. Vgl. Grundgesetz Artikel 5, Absatz 1.

42. ARD-ZDF-Onlinestudie 2016, a.a.O.

43. Vgl. Hans Krah, »Privatheit im Wandel«, in: Petra Grimm/Oliver Zöllner (Hrsg.), *Schöne neue Kommunikationswelt oder Ende der Privatheit?,* Stuttgart 2012, S. 128.

44. Vgl. Petra Grimm/Karla Neef, »Privatsphäre 2.0. Wandel des Privat-

heitsverständnisses und die Herausforderungen für Gesellschaft und Individuen«, in: Petra Grimm/Oliver Zöllner (Hrsg.), *Schöne neue Kommunikationswelt oder Ende der Privatheit?,* Stuttgart 2012, S. 42.

45. Krah, a.a.O., S. 130.

46. Vgl. Alexander Roesler, »Bequeme Einmischung. Internet und Öffentlichkeit«, in: Stefan Münker/Alexander Roesler (Hrsg.), *Mythos Internet,* Frankfurt/Main 2010, S. 173.

47. Vgl. Grimm/Neef, a.a.O., S. 43.

48. Louis Brandeis/Samuel Warren, »The Right to Privacy«, in: *Harvard Law Review,* Vol. 4 (1890–91), S. 193–220.

49. Vgl. Roesler, a.a.O., S. 176.

50. Vgl. Jürgen Habermas, *Strukturwandel der Öffentlichkeit,* Frankfurt/Main 1990.

51. Habermas, a.a.O., S. 51.

52. Jarvis, a.a.O., S. 129.

53. Vgl. Jarvis, a.a.O., S. 21.

54. Vgl. Roesler, a.a.O., S. 179.

55. Vgl. Roesler, a.a.O., S. 180.

56. Vgl. Jarvis, a.a.O., S. 20.

57. Vgl. Roesler, a.a.O., S. 182.

58. Vgl. Schmidt, a.a.O., S. 132.

59. Vgl. Schmidt, a.a.O., S. 117.

60. Vgl. Schmidt, a.a.O., S. 130.

61. Vgl. Steven Jones, »Kommunikation, das Internet und Elektromagnetismus«, in: Münker/Roesler (Hrsg.), *Mythos Internet,* Frankfurt/Main 2010, S. 136.

62. Frank Rieger, »Von Daten und Macht«, in: *Aus Politik und Zeitgeschichte,* 15–16/2013, S. 4.

63. Vgl. Rieger, a.a.O., S. 4.

64. Vgl. Rieger, a.a.O., S. 5.

65. Vgl. Rafaela von Bredow et al., »Ende der Privatheit«, in: *Spiegel* vom 11.01.2010, S. 64.

66. Vgl. von Bredow et al., a.a.O. S. 58–69.

67. Vgl. von Bredow et al., a.a.O., S. 61.

68. Vgl. Ebda.

69. Vgl. Pablo Abend, »Muss die ganze Welt sichtbar sein?«, http://www.taz.de/!5144204/ (aufgerufen am 13.01.2017).

70. Vgl. Jan Schmidt, *Interview mit Jan-Hinrik Schmidt,* http://medienfische.de/interview-mit-jan-hinrik-schmidt/ (aufgerufen am 07.02.2017).

71. Vgl. Christian Schertz/Dominik Höch, *Privat war gestern. Wie Medien und Internet unsere Werte zerstören,* Berlin 2011, S. 213.

72. Vgl. Eli Pariser, *Filter Bubble. Wie wir im Internet entmündigt werden,* München 2011, S. 120.

73. Vgl. Andreas Geldner, »Die Schnüffelei ist der Alltag«, in: *Stuttgarter Zeitung* vom 20.07.2013, S. 12.

74. Juli Zeh, »Ein observierter Mensch ist nicht frei«, http://www.donaukurier.de/nachrichten/digital/datenschutz/Frauwochennl302013-Juli-Zeh-im-Interview-Ein-observierter-Mensch-ist-nicht-frei;art251975,2793492 (aufgerufen am 16.01.2017).

75. Vgl. Peter Schaar, *Das Ende der Privatsphäre. Der Weg in die Überwachungsgesellschaft,* München 2009, S. 224.

76. Schaar, a.a.O., S. 235.

77. Vgl. Anja Seeliger, »Die Öffentlichkeit hält nicht Schritt«, https://irights.info/artikel/die-offentlichkeit-halt-nicht-schritt/16752 (aufgerufen am 13.01.2017).

78. Vgl. Jan Philipp Albrecht, »Die Reform des europäischen Daten-

schutzrechts«, in: Markus Beckedahl/Andre Meister (Hrsg.), *Jahrbuch Netzpolitik 2012,* Berlin 2012, S. 82.

79. Europäischer Gerichtshof, »Pressemitteilung vom 21. Dezember 2016«, http://curia.europa.eu/jcms/upload/docs/application/pdf/2016-12/cp160145de.pdf (aufgerufen am 14.01.2017).

80. Vgl. Prokop Bowtromiuk, »Menschenrechte online – Das Recht auf Privatheit im digitalen Zeitalter«, http://www.dgvn.de/meldung/menschenrechte-online-das-recht-auf-privatheit-im-digitalen-zeitalter/ (aufgerufen am 14.01.2017).

81. Vgl. Bundesministerium für Bildung und Forschung, »Der Schutz der Privatsphäre muss selbstverständlich sein«, https://www.bmbf.de/de/der-schutz-der-privatsphaere-muss-selbstverstaendlich-sein-1927.html (aufgerufen am 14.01.2017).

82. Vgl. Benjamin Lauterbach, https://twitter.com/kuenstlerpech/status/509611693052534784 (aufgerufen am 13.01.2017).

83. Michel Serres, *Erfindet euch neu! Eine Liebeserklärung an die vernetzte Generation,* Frankfurt/Main 2013, S. 14.

84. Serres, a.a.O., S. 14.

85. Michael Seemann, »Offene Daten statt heimlicher Überwachung«, http://www.zeit.de/digital/datenschutz/2013-07/prism-post-privacy (aufgerufen am 14.01.2017).

86. Vgl. Böhn/Seidler, a.a.O., S. 50.

87. Vgl. Diederichs, a.a.O., S. 137.

88. Vgl. Diederichs, a.a.O., S. 137.

89. Böhn/Seidler, a.a.O., S. 124.

90. Vgl. Böhn/Seidler, a.a.O., S. 132.

91. *Der Spiegel* Nr. 20, 16.05.1988, S. 234; vgl. auch Hans Magnus Enzensberger, *Mittelmaß und Wahn. Gesammelte Zerstreuungen,* Frankfurt/Main 1988.

92. Duden, »Eintrag Shitstorm«, http://www.duden.de/rechtschreibung/Shitstorm (aufgerufen am 14.01.2017).

93. Vgl. Bernhard Pörksen/Hanne Detel, *Der entfesselte Skandal. Das Ende der Kontrolle im digitalen Zeitalter,* Köln 2012, S. 114.

94. Sascha Lobo, Vortrag auf der re:publica 2010, »How to survive a shitstorm«, https://www.youtube.com/watch?v=-OzJdA-JY84 (aufgerufen am 14.01.2017).

95. Sascha Lobo, »Ich habe das alles nicht gewollt«, http://www.spiegel.de/netzwelt/web/sascha-lobo-ueber-die-entstehung-des-begriffs-shitstorm-a-884199.html (aufgerufen am 14.01.2017).

96. Ed Pilkington, »Justine Sacco, PR executive fired over racist tweet ›ashamed‹«, https://www.theguardian.com/world/2013/dec/22/pr-exec-fired-racist-tweet-aids-africa-apology (aufgerufen am 13.01.2017).

97. O. V., »Barilla-Chef löst Empörungswelle aus«, http://www.tagesspiegel.de/weltspiegel/aeusserungen-ueber-schwule-barilla-chef-loest-empoerungswelle-aus/8857896.html (aufgerufen am 14.01.2017).

98. Vgl. Paul Munzinger, »Wie die Kanzlerin ein Flüchtlingsmädchen zum Weinen bringt«, http://www.sueddeutsche.de/politik/kanzlerin-im-buergerdialog-wie-merkel-ein-fluechtlingsmaedchen-zum-weinen-bringt-1.2568813 (aufgerufen am 14.01.2017).

99. ZDF heute, »*ZDF heute* bei Facebook«, https://www.facebook.com/ZDFheute/photos/a.275406990679.144521.11278495 5679/10154307014140680/?type=3&theater (aufgerufen am 14.01.2017).

100. O. V., »Ich bin hier das Opfer, nicht der«, http://www.zeit.de/

digital/internet/2013-01/ariane-friedrich-stalking-facebook (aufgerufen am 14.01.2017).

101. Vgl. Pörksen/Detel, a.a.O., S. 20 f.

102. Jörg Meibauer, »Hassrede – von der Sprache zur Politik«, in: Jörg Meibauer (Hrsg.), *Hassrede/Hate Speech,* Gießen 2013, S. 1.

103. Dunja Hayali, »Dankesrede bei der Verleihung der Goldenen Kamera«, http://www.facebook.com/GoldeneKamera/videos/10153375629807596/ (aufgerufen am 14.01.2017).

104. Pressemitteilung der lfm NRW, »Der Hass im Netz ist zum gesamtgesellschaftlichen Problem geworden«, http://www.lfm-nrw.de/service/pressemitteilungen/pressemitteilungen-2016/2016/juni/der-hass-im-netz-ist-zum-gesamtgesellschaftlichen-problem-geworden.html (aufgerufen am 14.01.2017).

105. Forsa-Studie, »Ethik im Netz«, http://www.lfm-nrw.de/fileadmin/user_upload/lfm-nrw/Service/Veranstaltungen_und_Preise/Medienversammlung/2016/EthikimNetz_Hate_Speech-PP.pdf (aufgerufen am 14.01.2017).

106. Allensbach-Umfrage, »Zeitschriften und Zeitungen deutlich glaubwürdiger als soziale Netzwerke«, http://www.vdz.de/nachricht/artikel/allensbach-umfrage-zeitschriften-und-zeitungen-deutlich-glaubwuerdiger-als-soziale-netzwerke/ (aufgerufen am 14.01.2017).

107. O. V., »Richard Gutjahr: ›Facebook, Google & Co. haben uns etablierten Medien komplett die Butter vom Brot genommen‹«, http://meedia.de/2016/11/11/richard-gutjahr-facebook-google-co-haben-uns-etablierten-medien-komplett-die-butter-vom-brot-genommen/ (aufgerufen am 14.01.2017).

108. Vgl. Theo Röhle, *Der Google Komplex. Über Macht im Zeitalter des Internets,* Bielefeld 2010, S. 74.

109. Pariser, a.a.O., S. 23.

110. Vgl. Seth Flaxman et al., »Filter Bubbles, Echo Chambers and Online News Consumption«, http://poq.oxfordjournals.org/content/early/2016/03/21/poq.nfw006.short (aufgerufen am 14.01.2017).

111. Zeit Online, »Community Netiquette«, http://www.zeit.de/administratives/2010-03/netiquette (aufgerufen am 14.01.2017).

112. Facebook, »Community-Standards«, https://www.de-de-facebook.com/communitystandards (aufgerufen am 14.01.2017).

113. O. V., »Facebook will stärker gegen rassistische Beiträge vorgehen«, http://www.zeit.de/digital/2015-09/facebook-fluechtlinge-fremdenhass-hass-kommentare (aufgerufen am 14.01.2017).

114. Vgl. Simon Hegelich, »Invasion der Meinungs-Roboter«, http://www.kas.de/wf/doc/kas_46486-544-1-30.pdf?161021112447 (aufgerufen am 14.01.2017).

115. Simon Hegelich, a.a.O.

116. Vgl. Böhn/Seidler, a.a.O., S. 146.

117. Vgl. Inke Arns, *Netzkulturen,* Hamburg 2002, S. 14.

118. Vgl. Böhn/Seidler, a.a.O., S. 39.

119. Vgl. Arns, a.a.O., S. 20.

120. Vgl. Münker, a.a.O., S. 22.

121. Vgl. Biermann, a.a.O., S. 13.

122. Julia Schönborn, »Katastrophe! Kommunikation im Ausnahmenzustand«, http://dasnetz.online/katastrophe-kommunikation-im-ausnahmezustand/ (aufgerufen am 14.01.2017).

123. O. V., »›Postfaktisch‹ ist internationales Wort des Jahres«, http://www.spiegel.de/kultur/gesellschaft/postfaktisch-internationales-wort-des-jahres-a-1121598.html (aufgerufen am 14.01.2017).

124. Susanne Schrammar, »Früher war das die psychologische

Kriegsführung«, http://www.deutschlandfunk.de/fake-news-frueher-war-das-die-psychologische-kriegsfuehrung.766. de.html?dram:article_id=373863 (aufgerufen am 14.01.2017).

125. Hunt Allcott/Matthew Gentzkow, »Social Media and Fake News in the 2016 Election«, http://web.stanford.edu/~gentzkow/research/fakenews.pdf (aufgerufen am 14.01.2017).

126. RIP steht ursprünglich für lat. »Requiescat in pace« (Ruhe in Frieden) aus der Liturgie der röm.-kath. Kirche, inzwischen auch für engl. »rest in peace« mit derselben Bedeutung.

127. Vgl. Daniel Fiene, »Der Terror von Paris – so emotional reagierte das Netz noch nie«, http://www.rp-online.de/digitales/internet/paris-und-der-terror-so-emotional-war-das-netz-noch-nie-aid-1.5561480 (aufgerufen am 14.01.2017).

128. Edward Snowden auf Twitter, https://twitter.com/snowden/status/742037908480217088?lang=de (aufgerufen am 07.02.2017).

129. Vgl. o.V., »Ein Kinderschicksal erschüttert die Welt«, http://www.faz.net/aktuell/politik/fluechtlingskrise/fluechtlingskrise-kleinkind-aus-syrien-stirbt-bei-flucht-13782796.html (aufgerufen am 14.01.2017).

130. Vgl. Münker, a.a.O., S. 58.

131. Vgl. Horst A. Wessel, »Das Telefon – ein Stück Allgegenwart«, in: Stefan Münker/Alexander Roesler (Hrsg.), *Telefonbuch. Beiträge zu einer Kulturgeschichte des Telefons,* Frankfurt/Main 2000, S. 15.

132. Vgl. Böhn/Seidler, a.a.O., S. 39.

133. Vgl. Wessel, a.a.O., S. 33.

134. Vgl. Wessel, a.a.O., S. 16.

135. Sven Leonhardt, »Ich habe sie ständig auf dem Schirm«, http://www.zeit.de/community/2015-04/liebe-facebook-beziehung (aufgerufen am 15.01.2017).

136. Leonhardt, a.a.O.

137. Vgl. Bruhns, Annette, »Kopf hoch!«, *Der Spiegel Wissen,* Ausgabe 4/2016, S. 24.

138. Vgl. Nina Fargahi, »Gefühle für einen Roboter«, http://www.nzz.ch/gesellschaft/lebensart/gesellschaft/gefuehle-fuer-einen-roboter-1.18710066 (aufgerufen am 15.01.2017).

139. Vgl. Münker, a.a.O., S. 95.

140. Vgl. Schmidt, a.a.O., S. 175 f.

141. Vgl. Schmidt, a.a.O., S. 27.

142. ARD-ZDF-Onlinestudie 2016, http://www.ard-zdf-onlinestudie.de/index.php?id=569 (aufgerufen am 15.01.2017).

143. Vgl. Helge Denker, »Am Anfang war der Geldmangel«, http://www.sueddeutsche.de/digital/massenphaenomen-crowdfunding-am-anfang-war-der-geldmangel-1.1631288 (aufgerufen am 15.01.2017).

144. Vgl. Christian von Hiller/Franz Nestler, »Die Internetfinanzierer schwärmen aus«, http://www.faz.net/aktuell/finanzen/fonds-mehr/crowdfunding-die-internetfinanzierer-schwaermen-aus-11812554.html (aufgerufen am 15.01.2017).

145. Vgl. Karsten Wenzlaff, »10 Fragen – 10 Antworten« in: Karsten Wenzlaff/Jörg Eisfeld-Reschke, *Crowdfunding Handbuch,* Berlin 2011, S. 4.

146. Startnext, »Über Startnext«, https://www.startnext.com/info/startnext.html (aufgerufen am 15.01.2017).

147. Anna Theil, »Crowdfunding – Kulturfinanzierung online?«, in: Karsten Wenzlaff, Jörg Eisfeld-Reschke (Hrsg.), *Crowdfunding Handbuch,* Berlin 2011, S. 6.

148. Vgl. Christian Stöcker, »Uno-App soll den Welthunger besiegen helfen«, http://www.spiegel.de/netzwelt/apps/uno-app-

sharethemeal-welthunger-mit-dem-smartphone-bekaempfen-a-1041202.html (aufgerufen am 15.01.2017).

149. Sharethemeal, »Was wir tun«, https://sharethemeal.org/de/help.html (aufgerufen am 15.01.2017).

150. O. V., »Was bleibt von der ›Ice Bucket Challenge‹?«, http://www.heute.de/zwei-jahre-nach-dem-hype-was-bleibt-von-der-ice-bucket-challenge-44798166.html (aufgerufen am 15.01.2017).

151. Marie-Astrid Langer, »Statt Eiswasser nun Sandbäder«, http://www.nzz.ch/international/naher-osten-und-nordafrika/statt-eiswasser-nun-sandbaeder-1.18371486 (aufgerufen am 15.01.2017).

152. Nicole Sagener, »Das Empathie-Netzwerk«, http://www.zeit.de/digital/mobil/2013-06/hochwasser-hilfe-facebook (aufgerufen am 15.01.2017).

153. Vgl. Tobias Dorfer, »Warum ein Australier dem weinenden Rentner hilft«, http://blog.zeit.de/teilchen/2015/07/07/griechenland-krise-australier-hilft-weinenden-rentner/ (aufgerufen am 15.01.2017).

154. Jugend hackt, https://jugendhackt.org/ (aufgerufen am 15.01.2017).

155. Vgl. Claire Horst, »Wie mit Gewalt im Netz umgehen?«, http://www.gwi-boell.de/de/2015/10/20/shitstorms-hate-speech-cybermobbing-wie-mit-gewalt-im-netz-umgehen (aufgerufen am 15.01.2017).

156. Kübra Gümüşay, Vortrag auf der re:publica 2016, »Organisiert Liebe«, http://www.re-publica.de/16/session/organisierte-liebe (aufgerufen am 15.01.2017).

157. Martin Weigert, »Trolle füttern bis sie platzen«, http://t3n.de/news/trolle-fuettern-756785/ (aufgerufen am 15.01.2017).

158. Vgl. Simon Hurtz, »Dieser Mann stellt Rassisten bloß«, http://www.sueddeutsche.de/digital/hasskommentare-auf-facebook-dieser-

mann-stellt-rassisten-bloss-1.2645936 (aufgerufen am 15.01.2017)

159. Dirk von Gehlen, »Digitaler Heimat- und Brauchtumsverein«, http://www.dirkvongehlen.de/index.php/netz/kleiner-drei-internet-e-v-digitale-oktober-notizen/ (aufgerufen am 15.01.2017)

160. Dirk von Gehlen, a.a.O.

161. Christoph Kappes, »Projekt ›Schmalbart‹ – eine Einladung«, http://christophkappes.de/projekt-schmalbart-eine-einladung/ (aufgerufen am 15.01.2017).

162. Simon Rebiger, »Interview mit Hoammap.org über Falschmeldungen: Medienkompetenz statt gesetzliche Maßnahmen«, http://netzpolitik.org/2016/interview-mit-hoaxmap-org-ueber-falschmeldungen-medienkompetenz-statt-gesetzliche-massnahmen (aufgerufen am 06.02.2017).

163. ARD-ZDF-Onlinestudie 2016, a.a.O.

164. Vgl. o. V., »Profilbild-Protest: Wir üben!«, http://phaenomeme.sueddeutsche.de/post/133338877384/profilbild-protest-wir-%C3%BCben (aufgerufen am 14.01.20,17).

165. Ulrich Trottenberg, »Kinder müssen lernen, Algorithmen zu lieben«, http://www.sueddeutsche.de/digital/digitalisierung-kinder-muessen-lernen-algorithmen-zu-lieben-1.2840333 (aufgerufen am 15.01.2017).

166. Clark Parsons, »Fair Play in der digitalen Welt«, https://www.ie.foundation/blog/fair-play-in-der-digitalen-welt (aufgerufen am 15.01.2017).

167. Vgl. Bitkom, »Jeder zweite Lehrer würde gerne häufiger digitale Medien einsetzen«, https://www.bitkom.org/Presse/Presseinformation/Jeder-zweite-Lehrer-wuerde-gerne-haeufiger-digitale-Medien-einsetzen.html (aufgerufen am 15.01.2017).

168. Vgl. Birgit Eickelmann, »Bildungsgerechtigkeit 4.0«, https://www.boell.de/sites/default/files/uploads/2015/04/2015-04-eickelmann_-_bildungsgerechtigkeit-4.0.pdf (aufgerufen am 15.01.2017).

169. Vgl. Medienpädagogischer Forschungsverbund Südwest, »JIM-Studie 2016«, http://www.mpfs.de/studien/jim-studie/2016/ (aufgerufen am 15.01.2017).

170. Vgl. Medienpädagogischer Forschungsverbund Südwest, a.a.O.

171. Enno Park, »Wir sind im Grunde alle längst Cyborgs«, http://www.jetzt.de/interview/wir-sind-im-grunde-alle-laengst-cyborgs-582718 (aufgerufen am 15.01.2017).

172. Park, a.a.O.

173. Vgl. Ilija Trojanow/Juli Zeh, *Angriff auf die Freiheit. Sicherheitswahn, Überwachungsstaat und der Abbau bürgerlicher Rechte,* München 2011, S. 19.

174. Vgl. Trojanow/Zeh, a.a.O., S. 13.

175. Zygmunt Baumann, »Wir wollen überwacht werden«, in: *FAS* vom 15.09.2013, S. 55.

176. Jan Schmidt, »Linked. Vom Individuum zur Netzgemeinschaft«, in: Christian Stiegler/Patrick Breitenbach/Thomas Zorbach (Hrsg.), *New Media Culture. Mediale Phänomene der Netzkultur,* Bielefeld 2015, S. 94.

177. Vgl. Schaar, a.a.O., S. 113.

178. Verhalte dich so, dass dein Verhalten zur Norm für die gesamte Gesellschaft erhoben werden könnte.

Register

Um die ganze Welt des
GOLDMANN Verlages
kennenzulernen, besuchen Sie uns doch
im Internet unter:

www.goldmann-verlag.de

Dort können Sie
nach weiteren interessanten Büchern *stöbern*,
Näheres über unsere *Autoren* erfahren,
in *Leseproben* blättern, alle *Termine* zu Lesungen und
Events finden und den *Newsletter* mit interessanten
Neuigkeiten, Gewinnspielen etc. abonnieren.

Ein *Gesamtverzeichnis* aller Goldmann Bücher finden
Sie dort ebenfalls.

Sehen Sie sich auch unsere *Videos* auf YouTube an und
werden Sie ein *Facebook*-Fan des Goldmann Verlags!